安徽省高校人文社科重点项目“高职高专公共文化服务与管理专业人才培养的理论与实践”(SK2016A0213)、安徽省高职教育创新发展行动计划(2015-2018年)骨干专业建设“公共文化服务与管理专业”(XM-01-163)、省级规划教材《文艺编排与策划教程》(2017ghjc424)阶段性成果

文艺编排与策划教程

主　编　李光南　林照华

合肥工业大学出版社

图书在版编目(CIP)数据

文艺编排与策划教程/李光南，林照华主编．—合肥：合肥工业大学出版社，2019.6(2024.12 重印)

ISBN 978-7-5650-4496-0

Ⅰ.①文…　Ⅱ.①李…②林…　Ⅲ.①文化活动—策划—高等学校—教材　Ⅳ.①G114

中国版本图书馆 CIP 数据核字(2019)第 108786 号

文艺编排与策划教程

李光南　林照华　主编　　　　责任编辑　王钱超

出　版	合肥工业大学出版社	版　次	2019 年 6 月第 1 版
地　址	合肥市屯溪路 193 号	印　次	2024 年 12 月第 2 次印刷
邮　编	230009	开　本	710 毫米×1010 毫米　1/16
电　话	人文社科出版中心：0551-62903205 营销与储运管理中心：0551-62903198	印　张	14.75
		字　数	238 千字
网　址	press.hfut.edu.cn	印　刷	安徽联众印刷有限公司
E-mail	hfutpress@163.com	发　行	全国新华书店

ISBN 978-7-5650-4496-0　　　　定价：45.00 元

如果有影响阅读的印装质量问题，请与出版社营销与储运管理中心联系调换

编 委 会

前 言

习近平同志强调，文艺是时代前进的号角，最能代表一个时代的风貌，最能引领一个时代的风气。文运同国运相牵，文脉同国脉相连。实现中华民族的伟大复兴，需要坚韧不拔的伟大精神，需要振奋人心的伟大作品。

文艺是时代的产物，文艺是时代的心声。古人早就说过，文章合为时而著，歌诗合为事而作。文艺创作历来不是精英创作，文艺表演更不是精英而为。随着时代的发展和社会的进步，随着人民文化素质的不断提升和人民对精神文化需求的不断增加，文艺创作和表演会越来越大众化，这是时代的进步，是好的气象。其实，早在1942年，毛泽东同志《在延安文艺座谈会上的讲话》就敏锐地提出“文艺大众化”的问题，强调要发展和繁荣“人民的”“大众”的文艺。习近平同志在2014年10月15日召开的文艺座谈会上的讲话阐释和发展了毛泽东同志的“文艺思想”。习近平同志重申，社会主义文艺，从本质上讲，就是人民的文艺。人民既是历史的创造者，也是历史的见证者，既是历史的“剧中人”，也是历史的“剧作者”。文艺要反映好人民的心声，必须坚持为人民服务的方向，同时还要坚持“人民写”“人民看”的原则。让所谓的“精英”们包办“创作”，或者“替人民发声”，这样的作品是“无根之木”“无水之萍”，是没有生命力的，不能增添民族精神，丰富民族的文化内涵，更不能引起人民的兴趣，使人民欢迎和热爱。因此，解决人民求知求乐的需求，必须要让文艺创作和表演走出殿堂，走向民间，走进人民大众之间。

党的十八大以来，党和政府高度重视文化建设，着力构建现代公共文化服务体系，不断加大政策支持和投入保障力度。2015年1月，中共中央办公厅、国务院办公厅就下发了《关于加快构建现代公共文化服务体系的意见》；2016年12月，全国人民代表大会常务委员会发布了《中华人民共和国公共文化服务保障法》，把构建公共文化服务体系，满足人民求知求乐的文化需求，塑造民族精神上升到法律层面予以保障。这些政策或法律的制定为丰富广大人民群众的精神文化生活，满足人民群众的美好生活需要提供了有力的保障。从目前各地公共文化服务体系建设来看，在推进公共文化设施建设方面，这些政策或法律基本做到了全覆盖。但是，公共文化服务的质量和效能与人民群众对美好生活的向往相比，还有一定的差距。值得我们注意的是，公共文化的从业人员专业水平偏低。目前国内"公共文化服务与管理"专业的最高文凭也才只有大专。安徽黄梅戏艺术职业学院是在安徽省较早开设这一专业的高等艺术职业学院。这些年，我们培养了一批公共文化服务人才，有不少都是市县文化馆站的文艺骨干。从事公共文化服务工作的人员既是"杂家"，又是"专家"，既要有热情，又要有水平，既要有组织能力，又要有创作能力。为更好地推动公共文化服务供给，帮助众多的服务于公共文化前沿的同志熟悉业务，提高专业水平，安徽黄梅戏艺术职业学院组织了教学一线教师编写了这本教材。

本书主要分为文艺理论基本知识、文艺活动编排与策划两大块。文艺理论基本知识主要从声乐、朗诵、舞蹈、小品、曲艺等五个部分进行介绍；"剧本创作"一章主要介绍相关文艺作品的编创，起到了承上启下的作用；文艺活动编排主要从前五章介绍的文艺类别着手具体分析相关节目的表演编排；最后一章"文化活动策划"介绍了节庆活动策划、晚会组织策划、会展创意策划及策划案的编写。整本书内容紧凑，结构合理。

本书由李光南、林照华担任主编，赵岚、韩莹莹、储诚系（安庆大别山科技学校）担任副主编。编写分工为：韩莹莹、方茜（第四章、第十章），柏培君、高赵宏、储天鹏（第五章、第十一章），方靖、夏洁、高芸（第一章、第七章），查俊、储诚系（第二章、第八章），张金晶、林照华、陈成（第三章、第九章），林照华、储诚系、江爱华（第六章），林照华、周海生、杨晨（第十二章）。全书由林照华进行统稿，由李光南审核。

本书在编写过程中，参考了许多同类教材和相关资料，在本书出版之际，谨向这些作者表示衷心的感谢！由于编者的水平有限，书中难免存在错漏和不妥之处，敬请专家和读者指正。

编　者

2018 年 12 月

目录

第一章　声乐基础知识

第一节　声乐的起源和发展

一、欧洲声乐发展简史

1. 圣咏音乐是美声唱法的萌芽

美声唱法起源于欧洲，它的产生不仅与欧洲音乐的发展过程有着密切联系，而且作为人类文化意识形态的一部分，它同样也是社会、时代发展的产物。13 世纪前的欧洲音乐均为单声部音乐，其中古希腊的声乐也以单声部为主，并受到严格的诗歌韵律的支配，主要以独唱、齐唱、领唱、说唱和吟唱为歌唱形式。在这一时期产生了诸如《荷马史诗》《伊利亚特》《奥德赛》这样出色的作品，它们是由盲人诗人荷马创作并以说唱的方式演唱的。可以说这就是比较初期的声乐表现形式。随着古罗马帝国不断对外扩张，欧洲进入了长期的教会统治的时期，在历史上称这一时期为“中世纪”，教会教义几乎垄断了一切思想意识领域，歌唱同样成为各种宗教的附属品。古罗马帝国扩张不仅带来了领土的扩大，也为音乐世界带来了许多来自亚洲、非洲、欧洲的优秀艺人及丰富的音乐文化，优秀艺人们聚集到罗马并使罗马成为当时欧洲最大的音乐中心。当时的教会演唱圣诗和朗诵《圣经》，这就成为最早的合唱形式。教堂中用拉丁文演唱与宗教相关的内容即为被称咏的音乐形式。公元 590 年，罗马教皇格里高利一世选编、修订了配合教仪的《唱经本》，即著名的《格里高利圣咏》，实际上相当于规定了教堂中演唱教义的歌调。圣咏是欧洲声乐艺术的萌芽，它要求庄严、肃穆的演唱以配合教堂的氛围。虽然圣咏有宣叙性和旋律性两种歌调，但由于它只是单旋律音乐，使人乏味。随着发展，演唱者将它作了一些华丽、流畅的“再创造”，形成了新的、更好的演唱方法。在圣咏音乐流行的时期，从11世纪起出现了一些促进音乐艺术的发展、丰富声乐艺术内容的音乐形式。由于当时手工业和商业得到了发展，城市开始出现针对宗教音乐的世俗音乐，它要求人们用音乐反映生活和世俗的情感。此后，又相继出现了游吟歌手、恋诗歌手、民歌手等专业的歌唱者，他们虽无法完全摆脱宗教的浓厚色彩，但已堪称对宗教音乐的大胆突破。

2. 阉人歌手促使歌唱技巧的发展

13世纪中期的欧洲音乐逐步突破单声部，开始进入复调音乐时期，声乐演唱也为多声部合唱形式，分别由女高音和女低音担任，圣咏旋律则由男高音担任，后来又加入了男低音声部。由于圣经的古训规定“妇女在教堂中应保持缄默”，因此，演唱中的女声部均由男童声代替。这些男童是被阉割的男童声歌手，他们在声乐发展史上被称作“阉人歌手”。他们的出现曾为欧洲声乐艺术的发展做出了巨大的贡献，并奠定了“美声唱法”的基础，也在一定程度上推动了歌剧的产生与发展，阉人歌手盛极的时代同时也带来了美声唱法的黄金时代。早在4世纪，意大利就建立了专门训练童声演唱圣咏的歌唱学校，他们遵循古训，严禁妇女在唱诗班演唱，由于童声会随着年龄的增长而发生音色的变化，不能再唱出符合圣咏需要的优美自然的歌声，所以出现了这种不人道的“阉人歌手”现象。阉人歌手的声带及喉头不会随着年龄和身体的成熟而变化，阉人歌手具有女声的声带，同时又具备男子的体魄，所以，无需用假声就能发出悦耳的女声。虽然他们的声音不如真正的女声柔美，但他们华丽、轻巧、明亮的音色，宽广的音域，能令听众激动不已。在阉人歌手兴起和盛行的时期，他们不仅排挤了女声，甚至在一定程度上几乎抢占了男声在歌坛上的地位。阉人歌手在欧洲盛行了近两个世纪之久，还有学校和教育机构专门训练阉人歌手。

意大利著名阉人歌唱家法瑞奈里和卡法瑞里就是阉人歌手盛行时期的典范，他们的演唱技巧已经达到出神入化的地步。不容置疑，他们将欧洲的声乐水平推进到了一种较高的境界。18世纪末至19世纪初，欧洲封建制度开始动摇，人们纷纷要求废除这种不人道的歌唱现象，同时妇女们也要求冲破封建束缚走上舞台，加上此时的男声也通过“关闭”的唱法提高了演唱能力，因此，阉人歌手在18世纪末开始走向衰落。

3. 歌剧与美声唱法的产生

美声的发展与歌剧的诞生有密切的关系，如果说阉人歌手的出现奠定了美声唱法的基础，那么歌剧的诞生和发展又从更符合歌唱艺术发展的文化层面促进了美声的发展。歌剧诞生于文艺复兴运动的极大影响之中，当时，佩里、卡契尼、蒙特威尔第等作曲家，在歌剧创作中为了仿效古希腊悲剧的朗诵调，他们使旋律与歌词内容、情绪变化以及语言的起伏紧密结合，在歌剧中主要起着展开情节的作用。他们突破了传统和保守的束缚，创造了采用自然声音，由各角色来演唱自己段落的宣叙调演唱形式。为了使宣叙调的演唱更具有古希腊人在广场上演悲剧朗诵的那种声音效果，就不能采用声音微弱的童声和假声，而需要采用有足够气息支持，有丰厚声音共鸣，丰满洪亮而咬字清晰、真切并富于穿力的声音。“这些就促使佛罗伦萨小组的成员除了创作之外，还必须研究解决如何演唱的问题，于是就在前人，特别是维基的三幕仅供清唱用的16世纪恋歌剧《安菲帕那索》的演唱经验基础上，发展出了美声唱法。”（摘自尚家骧的《欧洲声乐发展史》）卡契尼提出要以洪亮致远的声音演唱歌剧；蒙特威尔第则进一步使歌剧音乐戏剧化，写出了歌唱性的宣叙调和具有强烈感染力的咏叹调，这些都使得歌唱家们感到提高自己的演唱能力和技艺是良好表现音乐作品的基本保障。同时，蒙特威尔第在威尼斯建造了世界上第一座歌剧院，使歌剧从最初的宫廷和贵族的厅堂走入了正规的歌剧院，也为社会各阶层的观众提供了良好的欣赏场所。这样，随着观众层次的扩大和欣赏要求的不断提高，必然地促使歌唱家们开始研究如何提高他们的歌唱技术，以便自己的演唱能达到卡契尼、蒙特威尔第所提出的洪亮、致远、富于戏剧性的声音要求。于是，许多卓越的歌唱家以他们高超的演唱技巧、华丽的嗓音，穿过庞大的乐队“音墙”，清晰地把歌声送到剧场的每个角落，征服了观众，使歌唱艺术达到了新的高峰，所以可以说“美声”随着歌剧而得到极大的发展，是文艺复兴时期人文主义思想在音乐艺术上的表现。

透过17世纪欧洲诸多乐派中最具影响力的四大歌剧乐派即佛罗伦萨乐派、威尼斯乐派、罗马乐派、那波里乐派对演唱风格的要求，我们不难看出它们对“美声”发展的重大意义。

由此可见美声是借鉴、融合了圣咏、阉人歌手高超华丽的演唱方法，伴随着歌剧的创始与发展，逐渐成熟和完善并成为一个科学的声乐体系，它能在世界声乐史上达到一个光辉的顶峰，所依靠的正是那些严格、准确的技术要求和训练，以及那些动人的声乐作品和杰出的歌唱家们炉火纯青的高超技艺。“美声”这种歌唱方法与风格很快得到欧洲各国声乐表演和声乐教学的采用和接受，并在它的发展中，逐步从地区性扩展为国际性，形成一种具有演唱风格、声乐技术、美学原则和教学理论的声乐学派。

4. 美声唱法的新时期

阉人歌手的衰落一部分原因是大歌剧的兴起。欧洲文艺复兴运动促使人们冲破封建的、神学的、禁欲主义的束缚，个性得到解放，爱成为人们歌颂的主题，资产阶级浪潮对封建制度进行了强烈冲击。进入 19 世纪，阉人歌手这种不人道的现象逐渐被禁止。18 世纪后期，大歌剧主题大都离不开对个性解放的要求和对爱情主题的叙述，并提倡采用现实主义的创作方法。因此，歌剧舞台上逐步改变了由阉人歌唱家担任女角的演唱方式，奠定了男唱男角、女唱女角的新演唱形式，这是欧洲歌剧的一个重大转折。为了实现男高音演唱技巧的飞跃，以配合不断发展繁荣的歌剧舞台，经过两百多年的教学和几代人长期实践探索，19 世纪随着“掩蔽”唱法出现，男声获得了稳定的高音，它标志着男高音演唱技巧质的飞跃，并在歌剧舞台上，以男角为主角的局面逐步形成。可以说，19 世纪是男声的黄金时代，无论从演唱技巧的发展，演唱人才辈出，还是以大量的男角为主的作品涌现，均证明了男声在歌剧中的重要地位。

以贝里尼、多尼采蒂、罗西尼为代表的意大利歌剧以及法国歌剧都反映了这一时期的声乐演唱水平，声乐史上称这一时期为美声唱法的“全盛时期”。19 世纪意大利伟大的歌剧作家威尔第的充满爱国主义激情的歌剧问世，标志着歌剧创作的新发展。由于他成功地在咏叹调上进行创作，这种创作对声音的要求也进一步提高，既要有扎实的歌唱技术、强烈的情感表现方式、震撼人心的戏剧性，又要具有流畅、灵活和柔美。以马斯卡尼为代表的真实主义歌剧演唱技巧又上了新的台阶。而瓦格纳的歌剧由于注重乐队的配置，加重了乐队在歌剧中表现的分量，因此想获得较清晰的演唱效果，演员们必须在发声上要为扩大音量而努力提高发声的技巧。为适应不断发展起来的歌剧舞台，美声唱法在发声技巧上经历了多次的飞跃。总而言之，歌剧的发展推动了声乐艺术的发展。

5. 浪漫主义促使美声日趋完美

19 世纪初，欧洲的文学艺术出现了一种新的潮流或新的风格，这就是所谓的“浪漫主义”或“浪漫主义文艺思潮”。浪漫主义形成于法国资产阶级革命后以及拿破仑专政时期。浪漫主义的文学艺术，反映了当时欧洲资产阶级和小资产阶级知识分子的思想感情和对社会生活的态度。浪漫主义的文学艺术，不仅是一个创作方法和作品风格问题，还是一个内容复杂的世界观和艺术观的问题。在音乐创作方面，浪漫主义的形成是在19世纪20年代。“它的奠基者是奥地利作曲家舒伯特和德国作曲家威柏。”（摘自张洪岛的《欧洲音乐史》）舒伯特的创作是艺术歌曲、交响曲、室内乐等，威柏主要是歌剧创作。浪漫主义作曲家在音乐创作手法上作了许多革新，比如，在主题的音调上加强了抒情的因素，在器乐作品中贯穿了歌曲性的音调等。而在歌曲的创作方面，歌词大都采用名家的诗作，诗意盎然，讲究诗词和音乐浑然一体和“诗化精神”，要求将诗词的内涵充分地用音乐表现出来，同时，加强了伴奏，尤其是钢琴伴奏的表现功能和作用，形成了与歌声共同塑造艺术形象，推进高潮、揭示歌词意境、表现歌词未尽之意的新型关系。随着以舒伯特、舒曼、布拉姆斯等作曲家为代表的德奥浪漫主义艺术家的兴起，便出现了不同于歌剧咏叹调演唱的艺术歌曲演唱风格。虽然艺术歌曲的演唱同样运用“美声”技术，但它的演唱风格和技术要求却因内容需要，有别于歌剧。一是艺术歌曲的内容大都是浪漫主义诗人的文学杰作，要表现这些诗歌细腻的情感、浪漫的隋调、高雅的格调，就需要运用轻声、半声，以及高音区上渐强渐弱的技术来丰富声乐的表现力；二是艺术歌曲通常用钢琴伴奏，在声音的音量上要求控制，并与歌剧演唱强烈的音响形成了对比；三是艺术歌曲还具有室内乐的性质，不以表现戏剧性的激情见长，而以抒情为主。正如德国女高音歌唱家施瓦尔茨科普芙高度概括的那样：演唱歌剧犹如用大刷子醮着涂料进行粉刷，演唱艺术歌曲则像是画“工笔画”，需要极细的笔来描绘。以舒伯特创作的歌曲为代表的艺术歌曲的问世，还使欧洲的歌曲创作进入一个崭新的境界，在欧洲声乐艺术的发展中占有重要的地位，并且还形成了与歌剧以及教堂音乐平分秋色的局面。随着艺术歌曲创作的繁荣，还出现了以音乐会演唱为主的职业歌唱家。

16世纪意大利歌剧的兴起，确立和发展了美声学派的声乐技术和演唱风格；19世纪德奥艺术歌曲的兴起和繁荣，不仅出现了与歌剧不同的演唱风格，还造就了许多专门从事艺术歌曲演唱的歌唱家。由此可见，音乐创作的繁荣和发展，歌曲创作手法的革新和开拓，对音乐表演和声乐演唱以及音乐教育都起着十分重要的促进作用。20 世纪的声乐舞台可谓百花齐放、各领风骚，多种演唱风格与流派并存。它们的竞争带来了演唱方法的多种多样，同时也是美声唱法日臻科学和完善的表现。

二、中国声乐的发展

1. 古代歌唱艺术的发展

中国远古时期的歌唱就和诗、乐、舞融为一体，其中情歌在古代歌曲中占有重要的地位。传说中禹的妻子待禹归来而唱的“候人兮猗”就是最早的一首情歌。《春秋·左传》记载，公元前54 年季札观乐《箫韶》近20 篇，逐篇称赞，十分欣赏；《论语》记载，孔子闻《韶乐》三月不知肉味。可见当时歌唱艺术已具有一定的感染力。

周王朝建立了音乐机构——大司乐，已把演唱艺术作为音乐教育的主要内容之一；相传尹吉甫采集、孔子编订的《诗经》有 305 篇，其中 300 篇是用于歌唱的民间歌曲，并流传于民间。公元前 475 年以后，出现了以歌唱为谋生手段的民间艺人和声乐教师。他们的演唱既具有“声震林木，响遏行云”的宏大音量，又具有“余音绕梁，三日不绝”的韵味。

楚国的屈原根据南方民歌加工创作的《九歌》，演唱时用多种乐器伴奏，歌中有叙述、有咏叹，是中国古代大型的声乐作品，也是中国有文献记载以来最早的祭神宗教歌曲。除了这些著名的歌唱家和声乐作品外，这一时期还出现一些歌唱技巧与声乐教学的理论研究。可以看出，两千多年前，中国的歌唱艺术已有了丝竹乐器伴奏，演唱者一边击节奏，一边演唱，已具有现代说唱艺术的雏形。

南北朝时期，乐府演变为富有人民性的长篇五言、七言叙事歌，《孔雀东南飞》《木兰辞》等就是这个时期的代表作。这一时期也产生了音韵学，对以后中国歌唱艺术的发展起了很大作用。

唐代是中国音乐艺术空前繁荣的时期，也是我国古典歌唱艺术的重要发展时期，国家建立了音乐机构教坊和梨园。乐工技艺的提高，很大程度上也促进了声乐的发展。宫廷音乐以燕乐为主，演员分坐部伎和立部伎两种演出形式。诗歌形式发展成五言、七言绝律诗，诵唱时声调高低抑扬，节奏紧弛慢快，产生有规律的变化，听起来更为生动、和谐。

宋代的歌唱艺术主要是以填词曲牌为主的歌唱形式。宋代在唐大曲的基础上进一步吸收多种乐曲形式，发展出比唐大曲结构更复杂的诸宫调，这是以很多不同宫调的曲子联成一套唱曲，再以许多套曲组成一整体，由此发展成戏曲的初期形式——宋杂剧。从此，过去以歌舞为主要形式的歌唱艺术，进入了以表演故事情节与人物为主的戏曲。由于新的内容和形式的需要，声乐艺术在发声、吐字、行腔等方面开始复杂化，从而为元代古典歌唱艺术的鼎盛奠定了重要的基础。另外，宋代的说唱音乐也继续发展，逐步形成了各种地方戏曲，出现了更多的专业艺人和游乐唱饮等，推动了声乐艺术的发展，为不同流派、不同风格的歌唱开辟了道路。

元、明、清时期的歌唱艺术，无论从理论上、技巧上、演唱风格上都有了很明显的发展。如元代产生了内容通俗易懂，形式生动、亲切的元曲。在演唱形式上分为两种：一种是散曲，另一种是戏曲元杂剧。散曲着重在唱；戏曲则有说、有唱，表现一定的人物、情节，塑造舞台形象。还有一种南戏，它与元杂剧同时并存，有独唱、对唱、接唱以及多人合唱等形式。这时期的声乐艺术从内容到形式都有了进一步的发展。明代在我国南方各地产生了不同腔系的演唱形式，其中尤以昆山腔的演唱技巧最富有创造性。昆腔主要是明代魏良辅创造的，他以昆山南戏的曲调为基础，融众唱腔的长处，创造出这种新的唱腔，唱法较为轻柔、婉转，能细腻地表达感情，加强了歌唱性。同时，它吸取了说唱艺术中的不同音色区分人物的经验，产生了生、旦、净、末、丑各种人物的不同行当的唱法，丰富了声乐艺术的表现力。魏良辅还著有《曲律》一书，是很有价值的声乐专著，该书对演员的选择条件、学习歌唱的内容和步骤、唱曲的规格和用气、唱字行腔等都有论述。另外，朱权所著的《太和正音谱》，其中有专门论唱的《词林须知》。还有王骥德著的《方诸馆曲律》、沈宠绥著的《度曲须知》等声乐论著，都说明了明代的声乐艺术从演唱到理论都已具有相当的水平，职业艺人在相互竞争中，努力钻研业务，演唱技巧也随之提高。

清代初期，盛行折子戏，这促使演员在演唱技巧上精益求精。各行当的角色以不同音色、不同唱法，表现不同类型的人物，已达到较为成熟的阶段。清末，京剧大为发展，民间成立各种科班专门训练各种演唱人才，积累了一套严格的训练京剧演员唱、念、做、打等基本功的有效方法和经验。由于明代以后工尺谱已完备，许多声乐作品专辑开始流传和保留。如清乾隆十一年成书的《九宫大成南北词宫谱》，徐大椿的《乐府传声》，王德晖、徐沅澄著的《顾误录》等，都总结了歌唱表演艺术的经验与规律。中国戏曲声乐艺术经过演员的发挥和创造，在基本板腔的基础上，根据自己的声音条件和对角色的理解，对唱腔做少量的修改、变化和润色，从而发展出不同特点的唱法、风格和流派，形成了绚丽多彩的中国民族唱法。

2. 欧洲歌唱艺术传入中国

早在明代，意大利传教士利玛窦来到中国，将天主教及教堂音乐传入中国，但那时并没被中国人完全接受。20 世纪初，教会音乐大量输入，对中国音乐和歌唱形式产生了影响，教会的圣咏和中小学音乐课，使欧洲声乐艺术在中国逐步得到流传。

五四运动后，周淑安、应尚能等一批采用欧洲传统声乐艺术——美声唱法的教育家、歌唱家开始出现在中国艺术舞台上。他们演唱外国歌曲和中国民歌及自己创作的歌曲，以独唱音乐会的形式在我国南方部分城市巡回演唱。这种全新的歌唱艺术的出现，给我国的艺术舞台带来了活力和生机，大大丰富了我国声乐表演艺术的内容，为专业声乐教学的开展奠定了基础。

五四运动后，我国已经开始建立专业音乐教育机构。肖友梅就是我国近代史上一位杰出的音乐教育家、作曲家和音乐理论家，是我国专业音乐教育的奠基人。是他在 1920 年 9 月与杨仲子等人在北京女子高等师范学校创办了音乐体育专修科，以后又在北京大学创办了音乐传习所。1927 年 7 月他在上海创办了国立音乐院，为我国培养了许多杰出的专业音乐人才。同期还有赵元任、黄自等作曲家，创作了大量的优秀艺术歌曲，成为我国五四时期歌唱家在音乐会上演唱的主要曲目。抗战时期广大音乐工作者积极投入抗日歌咏活动，作曲家们写出了许多抗战歌曲，为歌唱家提供了更多的演唱曲目。1945 年 4 月在延安演出的歌剧《白毛女》和秧歌剧《兄妹开荒》中，郭兰英、王昆两位歌唱家成功地运用了以戏曲和民歌演唱为基础的民族唱法，从而推动了民族声乐艺术的发展。20 世纪的 20 年代至 40 年代末，声乐艺术事业在我国音乐史上有着极为重要的地位，为以后的歌唱艺术的发展打下了基础。

3. 中华人民共和国成立以后我国歌唱艺术的发展

中华人民共和国成立以后，在党的“百花齐放”“推陈出新”和“古为今用”“洋为中用”的文艺方针指引下，全国相继建立了歌舞团、歌舞剧院，除了中央音乐学院和上海音乐学院外，全国各省及部分大城市也先后成立了音乐学院，设置了声乐专业。

50年代初，我国就开始选派青年歌唱家出国学习西欧传统唱法。与此同时，许多音乐院校和文艺团体不断地邀请苏联、保加利亚、罗马尼亚、美国等国家歌唱家和声乐教育家来讲学。经过我国的音乐家和声乐教育家的不断努力，培养了一大批歌唱家，如孙家馨、楼乾贵、刘淑芳、罗忻祖、苏凤娟、罗天婵、李光羲、刘秉义等。这些是我国第三代歌唱家。

50年代后期在各学院声乐系开设了民歌、民间说唱和戏曲课，并采取了“走出去”“请进来”的方法向老艺人学习，所以这个时期的歌唱家虽然按西欧传统唱法发声，但已开始在民族风格、民族语言和“美声”的结合上下了功夫。

50年代末至60年代中期，是我国歌唱艺术的第一个繁荣时期，在歌剧舞台上，陆续上演了外国歌剧《茶花女》《蝴蝶夫人》《澳涅金》等和中国歌剧《草原之歌》《江姐》《洪湖赤卫队》《红霞》《刘胡兰》等。文艺事业开始了新的发展，声乐艺术走向繁荣，涌现了一大批新的歌手，如李双江、杨洪基、邓韵、程志、佟铁鑫、于淑珍、关牧村等。

时至今日，歌坛上百花争艳，群星璀璨，多种多样的歌唱归纳、划分为美声唱法、民族唱法和通俗唱法。但是，在歌唱的实践中三种唱法并没有如此截然地分开，而是互相靠近、彼此渗透，美声唱法吸取了民族唱法以字带声、以情带声的长处，注重了发声和语言的紧密结合，再不是纯“洋”的唱法。民族唱法借鉴了美声唱法的科学发声原理，克服了“大本嗓”的低位置唱法，纠正了“越土越有味”的片面观点，注重了字中有声，以声传情，声、腔、字、情融为一体。通俗唱法和民族唱法互相补充、相互靠近，强调以情带声。

我国的歌唱艺术经历了漫长的历史时期，得到了不断的发展。无论是民族声乐，还是传统戏曲和曲艺、民歌唱法、歌剧唱法以及西洋唱法都得到了更充分的发挥和表现。我国的歌唱艺术正在不断地进取和发展。我国广大的声乐工作者会继续不断地研究和探索我国的歌唱艺术，并在继承传统、借鉴西洋、发展民族特色上，为建立具有中国特色的声乐学派而努力奋斗。

第二节 声乐的唱法与种类

音乐是一门听觉的艺术、时间的艺术、情感的艺术。在人类发展的历史长河中，一切优秀的音乐文化都是人类智慧的结晶，也是人类文明的具体体现，它最能直接地反映社会现实生活，表达人的思想感情。而声乐又是人们最能接受的一种艺术形式，它通过语言和旋律的有机结合直接地抒发人们内心情感。

歌唱者通过对声音的严格训练，在气息的控制，共鸣的运用，真假声的结合，咬字、吐字、音色、音量的变化以及音域的拓展等方面打下坚实的基础，使自己具有一定的演唱水平。根据演唱方法、演唱形式、演唱曲目等的不同，声乐艺术可分为三种唱法（美声唱法、民族唱法、通俗唱法），三种唱法之间具有共同的本质以及各自的特点，可谓“志同道合”。好的声乐作品要有高素质的表演者和同档的受众加上舞台和表演才能真正起到有魅力的艺术价值。

声乐艺术中的三种唱法各自有特点，各自有联系。

首先，中国民歌的优美——旋律绚丽多姿。民歌是民族音乐的基石，几乎所有的民族音乐都是直接或间接地在民歌的基础上发展而来的。我国幅员辽阔，民族众多，各民族都有大量多姿多彩、韵味独特的优秀民歌，其生产于民间，流行于社会，是人们社会生活中不可缺少的一种精神食粮。

民族声乐艺术也是在民歌的基础上形成的。民歌声乐艺术在我国是极受人民群众喜爱的一种艺术形式。目前，喜爱和学习民歌唱法的年轻人也越来越多，这确实是件值得高兴的事情。

随着历史的发展、社会的进步、艺术生活的丰富与艺术水准的提高，人们的审美观念发生了巨大的变化。民族声乐的概念已远远不止纯粹演唱民间歌曲的狭窄范畴，民族声乐艺术已经成为在继承和发展民族传统演唱艺术精华的基础上，借鉴和吸收了大量西洋美声演唱艺术的科学发展方法，而形成的一种具有民族性、科学性与时代性的声乐艺术。在声音上，人们对技术的要求、音色的变化有了更高的追求；在作品上，艺术创作的范围更广阔了。就目前而言，民族声乐作品相当大一部分是音乐家们在原始民歌的基础上经过改编、提炼、发展升华而创作的，仍然是具有浓郁的地方民族色彩的声乐作品。

民族唱法是由我国各族人民按照自己的习惯和爱好，创造和发展起来的一种唱法。民族唱法包括我国的戏曲唱法、说唱唱法、民间歌曲唱法和民族新唱法等四种唱法。

民族唱法产生于人民之中，继承了民族声乐的优秀传统，在演唱形式上是多种多样的，演唱风格又有鲜明的民族特色，语言生动，感情质朴。因此，它在群众的心中已深深扎根，成为人们不可缺少的精神食粮。

民族唱法的主要特点如下。

（1）口咽腔的着力点比较靠前，口腔喷弹力较大。

（2）以口腔共鸣为主也掺入头腔共鸣。

（3）咬字发音的因素转换较慢，棱角较大，声音走向横竖相当，声音点面合适，字声融洽。

（4）声音色调明亮，声音个性强，以味为主，手法变换多样。

（5）音色甜、脆、直、润、水。

（6）气息运用灵活；以真声为主。

民歌唱法的特点是：声音听起来很甜美，吐字清晰，气息讲究，音调多高亢。民间歌曲源于人民之中，是我们民族的宝贵文化财富。我国有56个民族，不同的民族习惯和不同的民族语言形成了丰富多彩的民歌。民族新唱法主要是在继承我国民族传统唱法的基础上，借鉴了美声唱法的特点，经过不断的实践和不断的总结而形成的一种完美的唱法。这种唱法既有民族唱法的优点，例如咬字吐字清晰、声音甜美、气息灵活；又有美声唱法的声区统一、音域宽广、真假声结合的特点。这种唱法使民歌歌唱演员的唱龄延长。同时，这种唱法能自如地演唱民族歌剧的大段唱腔。

其次，是美声唱法的不断进步和发展。

随着国民经济的繁荣发展，人民的物质生活和精神生活水平有了长足的提高，音乐艺术从象牙塔走进大众中来。近10年来，声乐艺术呈现出百花齐放、争奇斗艳的绚丽景观，普及教育水平和大众鉴赏水平提高之快也是前所未有的。国外许多美声歌唱家和他（她）们的美声演唱博得中国大众的赞誉。意大利古老的优秀声乐传统已成为中国当代音乐文化和音乐教育的重要组成部分。美声学派追求流畅而富有表现力的轻松歌唱，要求吐字清晰、音响圆润和控制声音自如。美声唱法的艺术生命活力与人类同在，脍炙人口的美声曲目是人类共同的精神财富。

美声唱法是产生于17世纪意大利的一种演唱风格，以音色优美、富于变化，声部区分严格、重视音区的和谐统一，发声方法科学、音量的可塑性大，气声一致、音与音的连接平滑匀净为特点。运用好美声唱法有以下六个方面内容。

（1）美声唱法有声部之分。

（2）美声唱法要求声区统一。

（3）美声唱法要求母音一致、吐字清楚。

（4）美声唱法要求声音连贯。

（5）美声唱法要求具备良好的音乐修养。

（6）美声唱法要求声情并茂。

再次，通俗音乐也在不断地更新和发展，以另一种形式出现在人们的生活中。

通俗唱法是借助音响扩大效果，以闪耀变化的舞台美术灯光渲染气氛，用各异的演唱方法，集舞蹈表演、伴唱、伴舞，电声乐器伴奏、说唱于一体的演唱艺术。声音的主要特点是完全用真声歌唱，接近生活语言。演唱风格有轻柔自然的、有高亢强劲的、有民谣风格的、有摇滚乐式的、有说唱叙事式的、有队列进行曲式的、有艺术歌曲形式的，是感染性最强、普及性最高的一种演唱方法。我国通俗唱法因国情和民族文化、民族素质所决定，经历了几个不同的发展阶段，但其共有的特征如通俗性、流行性、民族的继承性，始终不曾改变。90 年代，通俗歌曲的创作和演唱出现了新的情况。一种是朝着各种风格汇流、相融的方向发展，欧美风格、日本风格、港台风格的通俗歌曲，早已被我国人民熟悉、接受、掌握，我国的歌唱艺术家将这些风格的通俗歌曲与我国的通俗歌曲相结合，创作演唱了使人耳目一新的歌。现在好多人把流行音乐和欧洲传统古典音乐当作对立面，至今仍有不少持正统观念的人认为古典音乐是高雅的，流行音乐是低俗的。事实上随着许多的摇滚乐进入了电影，英国摇滚乐演出在美国的“大雅之堂”——百老汇剧院中，取得了轰动效应，那些轻视流行音乐的陈旧观念在欧美已经烟消云散了。近年来出现的一种健康的、多种形式交融的新动态，它包括流行音乐、摇滚乐、古典音乐、爵士乐以及国际范围的民间音乐，这标志着音乐世界正进入一个多元化的新时代。

人的发声器官好比一架调音台，具有很大的机动性，所谓声音天赋好，决不能从表面现象下结论，而是应该看它的潜在能力。“方法”正是开发人嗓音潜能的工具，否则“唱法的研究”便毫无价值了。从这个角度来说，唱法的确没有“界限”，只有科学与不科学，先进与落后之分。事物的发展就是这样，从正歌剧、轻歌剧、喜歌剧、歌舞剧到流行、摇滚，唱法上的区别是

“渐变”的，很难划分出清楚的界限。因而只能从唱法的生理、物理、美学上的异同来进行分析。

生理性：声带调节没有唱法区别，因为主管高音和真假声的枢纽在声带上，不论何种唱法，都要求唱者声区统一。声带也是产生“音质”的根本，“音质”更是一切唱法之“本”。

有区别的是声道：声道包括人的各个腔体，主要在咽喉部分。形成唱法的区别及其美学效果差别的正在声道控制这一枢纽上。声道的形状，包括长短、宽狭都是可以变化的，人的音色也会随着声道的变化而变化：

（1）声道长了——喉头向下，声音会变暗。

（2）声道短了——喉头往上，声音变薄、变尖。

（3）声道宽了——喉咙前后张大，声音会变宽大。

（4）声道窄了——缩小喉口，声音会变亮。

（5）声道上下前后全部打开，可使音质得到充分的共鸣。

综上所述，声乐艺术是表演者和欣赏者双方面的内心沟通，但还必须有丰富的舞台和充实的表演。声乐艺术所划分的三种唱法各有特点，但它们的目的和意义是相同的，它们都是通过人体的发声器官经过科学的适合个人的方法通过在舞台上的表演来传递美的旋律的。我们在不断地追求着用最适合的声音以最适合的形式在最适合的舞台为最适合的欣赏者演绎最适合的歌曲。

第三节 歌唱器官与运用

一、歌唱器官

声乐是用科学的发声方法发出优美嘹亮的歌声，又用歌声透过音乐化的语言生动地表达出其思想感情的音乐艺术。声乐学习者有一项较器乐演奏者更为艰巨、复杂的工作——必须在学习过程中完成铸造自己的乐器，铸造乐器的工作必须在歌唱发声训练中进行，耳朵在这里起决定性作用。在声乐学习中，耳朵的训练与发声的训练同样重要，任何演奏者必须有自己的乐器，歌唱者也不例外。乐器必须具备三个因素：动力、振动体、共鸣器。以打击乐器——鼓为例，用槌击鼓，鼓皮震动，发出声音，鼓槌敲击鼓面是动力，鼓皮是振动体。鼓皮的震动又引起鼓身内空气的震动，使鼓声扩大，鼓身是共鸣体。人体作为歌唱的“乐器”，它的动力是由肺部呼出的气息形成，气息通过喉头的声带，使声带受到振动发声，声带是振动体。声带的振动引起咽喉腔及其他腔体的共振，扩大并美化声音，这些腔体是共鸣器。因此，人体作为歌唱发声的器官有如下三个：呼吸器官（动力）、发声器官（振动体）、共鸣器官（共鸣器）。除此之外，作为歌唱的“乐器”还有一个使声音变成语言的器官：咬字吐字器官。

1. 呼吸器官

呼吸器官，即“原”动力，是由口、鼻、咽喉、气管、支气管、肺脏以及胸腔、膈肌（又称横膈膜）、腹肌等组成。气息从鼻、口吸入，经过咽、喉、气管、支气管，分布到左右肺叶的肺气泡之中（肺中的两个叶状的海绵组织，它包含了许许多多装气的小气泡）；然后经过相反的方向，从肺的出口处分支的气管（支气管）将气息汇集到两三个大气管，最后形成一个气管，再经过咽喉从口、鼻呼出。与呼吸系统相关的各肌肉群，它们的运动也关系到呼吸的能力，是歌唱的“原”动力和能量的保证。我们日常的呼吸比较平静，用不着使用全部的肺活量，但歌唱时的呼吸运动就不同了，吸气动作很快，呼气动作很慢。如果遇上较长的乐句，气息就必须坚持住，而一首歌曲的高、低、强、弱、顿挫、抑扬变化，也全凭吸气、呼气肌肉群的坚强和灵活的运动才能完成。

2. 发声器官

发声器官，即发出声音的器官，包括喉头、声带。喉头是一个精巧的小室，位于颈前正中部，由软骨、韧带等肌肉组成。声带位于喉头的中间，是两片呈水平状左右并列的、对称的又富有弹性的白色韧带，性质非常坚实。声带的中间又称声门，声带是调节喉头内的软骨和肌肉的。吸气时两声带分离，声门开启，吸入气息；发声时，声带集拢闭合发生声音。歌唱发声器官的组成出自声带，在不发出声音的时候是放松并张开的，以便使气息顺利通过。声带发声，一部分是自身机能，一部分是依靠声带周边的肌肉群协助进行发声运动。我们在声乐训练的时候，应该充分注意到这些肌肉群的功能作用，合理地运用它们，养成良好的习惯，避免在不正确的发声习惯下唱坏了嗓子。还有喉咙的上部与舌根之间，有一个很重要的软骨，叫会厌。会厌的功能有两个方面：一是起到保护声门的作用，当我们吞咽食物和饮水的时候，它本能地自动盖住气管，让食物通过时避免进入气管，我们有时不小心喝水

"呛"了气，就是会厌动作不协调所致；二是歌唱的时候，会厌竖起，形成通道让声音流畅地输出。

3. 共鸣器官

人体的共鸣器官主要有胸腔、口腔和头腔三大共鸣腔体。胸腔包括喉头以下的气管、支气管和整个肺部。口腔包括喉、咽腔及口腔。头腔包括鼻腔、上颌窦、额窦、蝶窦等。在歌唱中，由于音商的不同，使用这些共鸣腔的比例是有所不同的。一般来说，唱低音时，胸腔共鸣发挥最大，唱中音时口腔共鸣应用较多，而唱高音时主要是头腔共鸣发挥作用了。如果我们能正确、合理地运用好这些共鸣腔体，并相互协调配合好，那我们就能获得圆润、悦耳、丰满、动听的歌声。

4. 咬字吐字器官

咬字吐字器官（即语言器官）包括唇、舌、牙齿和上腭等。这些器官活动时的位置和不同的着力部位，形成了辅音和元音（即语言）。发声歌唱时，咬字吐字器官各组成部分的动作比平时说话要更加敏捷而夸张。敏捷是为了使咬字准确清晰，夸张是为了使美化的元音或韵母通畅地引长发挥。所以语言器官是我们在吐字咬字时的物质基础，也是我们学习吐字咬字时出声、引长和归韵的重要器官。声音是歌唱的基础，要训练好声音进行歌唱，首先要了解所参与发声器官的构造和作用。歌唱运动的感觉远不如看得见、摸得着的如钢琴、小提琴训练那样的肌体运动来得容易，这就要求我们每个歌唱者要有敏锐的自我感觉，并在专业声乐教师的指导下反复训练，以形成条件反射去断定自己的声音是否正确，是否符合发声器官运动的基本规律。还有一点要指出的是，上述各部分器官及它们的运动形式是以歌唱的生理学为基础，而这些器官的协调活动，则是在人体神经系统的调节与支配下完成的。任何身体的运动都受到心理的指挥或暗示，歌唱者的意志、情感、愿望及舞台感觉等，很大一部分与心理的因素有关，有时候心理的制约因素甚至比发声技术更重要地左右着我们的训练，我们应该充分注意到心理的重要性，当我们在歌唱时，尤其在台上表演时，需将注意力集中在歌曲的内容与情感上，以情带声，而不要把注意力分散在具体器官的位置及活动状态上。声音的形成是发声器官协调工作产生的生理现象，这个现象的产生是气息运动和声带振动所形成的物理现象，但歌唱的发声运动又和我们平时说话的发声有所不同，因此歌唱发声又是一个物理的声学、音响学现象。进行歌唱艺术实践是一个复杂丰富的心理活动过程，我们的歌唱运动可以说是生理、物理、心理“三位一体”的行为。

歌唱的发声器官是由呼吸器官、发音器官、共鸣器官和咬字吐字器官四个部分组成，它们是歌唱发声的全部物质基础，是歌唱发声运动中的主要功能系统。

二、歌唱的呼吸

1. 胸式呼吸

胸式呼吸是一种上胸控制呼吸的方法，也叫作“锁骨呼吸”法。这种呼吸方法，吸气量少而浅仅及肺的上部，使膈肌与腹肌不能有效地参加工作。由于它的气息浅，依靠上胸支持，支点高，容易造成喉头与颈部周围的肌肉紧张，发出逼紧、干瘪、缺乏弹性的直声，这类现象在初学者特别是一些业余歌唱者身上较为多见。如吸气时，歌唱者只挺起上胸、耸起双肩、颈部肌肉僵硬，呼气时，容易塌胸、漏气等。可以说，这是一种需要纠正的、不好的歌唱呼吸方法。

2. 腹式呼吸

腹式呼吸是一种依靠软肋扩张、小腹鼓起收缩的呼吸方法。腹式呼吸比胸式呼吸要深，但也有其局限性。由于吸气过深，气息往往不流畅，影响发声的部位，中、低声区音色沉闷，声音缺乏灵活性，会出现音偏低的现象。

3. 胸腹式联合呼吸

（1）缓吸缓呼。缓吸缓呼是我们在训练和歌唱时常常采用的方法。就是胸腔自然挺起，用口、鼻将气息慢慢吸到肺叶下部，横膈膜下降，两肋肌肉向外扩张（也就是腰围扩张），小腹向内微收。这种吸气要求自然放松，平稳柔和地进行，就像我们去闻花的芳香时的感觉一样，闻花的感觉使我们吸气吸得深，就像做深呼吸运动一样，但吸气时不要用太大的力，只要轻轻地挺住胸廓和上腹部，然后慢慢呼气。呼气时，歌唱者注意保持吸气状态，控制住两肋和横膈膜，也就是控制住了气息，使之平稳、均匀、持续、连贯地慢慢吐出。有一种感觉可以帮助我们体会呼气时下肋和横膈膜的保持状态：就是在缓吸后做慢慢吹掉桌上的灰尘的动作，这里需要长长地吹气，也就是在做长音的呼气练习，我们常说，“长音像吹灰，短音像吹蜡”，是一种吐气的感觉。

（2）急吸缓呼。急吸就是在很短的时间内，通过口、鼻迅速把气息促而深入地吸到肺叶下部，并将气息保持住，然后，按照缓呼的要求而呼出。我们在演唱实践中经常要用到的，因为在歌曲的句与句之间、字与字之间的吸气不通使你有很长的停顿时间，往往采用“偷气”的办法来吸入且要吸得不让人发现，这就是急吸缓呼的作用。为了培养呼吸的控制力，我们可以采取一些练习曲及歌曲中的某些乐句做带词的练习，效果较好。

三、喉头位置和打开喉咙

搞清喉头与声带在歌唱时应处的位置和状态是非常必要的。一般来说，歌唱时喉头位置应该比平时说话时偏低一些（就像我们深吸气时的喉头感觉，因为吸气时的喉位比静止时的喉位略低一点），有很多人把喉头处于吸气时的位置称为“水平位”。在歌唱时字与字、句与句的转换中，喉头要始终处于这一位置，而不应做离开水平位的向上、向下，或向左、向右的移动，当然喉头位置的稳定是在运动中的相对稳定，而不是僵死不动的稳定。就像浮在水面上的皮球永远稳定在水面上的道理一样，若把皮球比做喉头，皮球浮在水面的状态就好像喉头稳定在吸气位的状态一样。所以，歌唱时的喉头位置应始终处于低而自如的稳定位置和喉头壁打开的状态。

在歌唱训练中“打开喉咙”是十分重要的中心环节，它直接影响到声音的好坏。“打开喉咙”也就是将喉头稳定在正确的位置上，口盖积极向上收缩成拱形，舌根放松，平放在下牙齿后，牙关打开，下巴放松自然放下而稍后拉，这时候的喉咙是打开的。那么如何能帮助初学者“打开喉咙”呢？

（1）“打哈欠”可以让口腔打开自然，放松，口盖抬起，口腔内空间增大。所以在唱歌时，歌唱者咽喉不要闭塞，要使咽喉张开，让气息自如地送出来，“哈欠”状态确实是打开喉咙的好办法，也使歌唱者保证了一个很好的演唱状态。在平时练习时，还可以用闭嘴的“打哈欠”，闭口打哈欠的时候，里面的状态也是开的、抬的，如果我们在唱歌的时候都能保持这个状态的话，那你的声音就不会是“白的”“扁的”了，你的声音就会是“竖的”“圆的”了。

（2）用“微笑”状态来打开喉咙，我们讲的“微笑”不是光笑，而指的是把“笑肌”抬起来。“笑肌”抬起是要鼻、咽腔打开，大牙关打开，面部两边的笑肌（颧骨）呈微笑状，这样的微笑状态可以使你的喉咙打开，可以使你获得高位置的声音。

思考题：

1. 中世纪，欧洲音乐最早的合唱形式是哪些？
2. 为什么说歌剧更符合歌唱艺术发展？
3. 民族唱法如何在实践中与其他唱法融合发展？
4. 歌唱的种类有哪些？
5. 民族唱法包括哪四种唱法？
6. 美声唱法的特点与意义？
7. 歌唱器官有哪些？
8. 胸腹式联合呼吸较于其他的呼吸方法有哪些优点？
9. 为什么说“打开喉咙”在歌唱训练中很重要？

第二章　朗诵基础知识

朗，即声音的清晰、响亮；诵，即背诵。朗诵就是用清晰、响亮的声音，结合各种语言手段来完善地表达作品思想感情的一种语言艺术。

朗诵是口语交际的一种重要形式。朗诵不仅可以提高阅读能力，增强艺术鉴赏，更为重要的是，通过朗诵，可以陶冶性情，开阔胸怀，文明言行，增强理解；可以有效地培养对语言词汇细致入微的体味能力，以及确立口语表述最佳形式的自我鉴别能力。因此，要想成为口语表述与交际的高手，就不能漠视朗诵。

朗诵不同于朗读。朗读是用清晰、响亮的声音把文章读出来，以传达文章的思想内容。朗诵则是用清晰、响亮的声音把文章背出来，以传达文章的思想内容。可见，朗诵的要求比朗读要高，它要求朗诵者不看作品，面对观众，除运用声音外，还要借助眼神、手势等体态语帮助表达作品感情，引起听众共鸣。

朗诵不同于演戏，演戏时演员不直接和观众交流，而是扮演剧中人物，模仿剧中人物的语言；在动作上，演员也仅和同台的演员进行交流。而朗诵者直接交流的对象是听众，他主要是通过声音把感情传达给听众，引起听众共鸣，手势、姿态等只不过是帮助表达感情的辅助性动作，不宜过多、过火。

第一节　朗诵前的准备

朗诵是朗诵者的一种再创作活动。这种再创作，不是脱离朗诵的材料去另行一套，也不是照字读音的简单活动，而是要求朗诵者通过原作的字句，用有声语言传达出原作的主要精神和艺术美感。不仅要让听众领会朗诵的内容，而且要使其在感情上受到感染。为了达到这个目的，朗诵者在朗诵前就必须做好一系列的准备工作。

（一）选择朗诵材料

朗诵是一种传情的艺术。朗诵者要很好地传情，引起听众共鸣，特别要注意材料的选择。选择材料时，要注意选择那些语言具有形象性而且适于上口的文章。因为形象感受是朗诵中一个很重要的环节；干瘪枯燥的书面语言对于具有很强感受能力的朗诵者也构不成丰富的形象感受。要根据朗诵的场合和听众的需要，以及自己的爱好和实际水平，在众多作品中，朗诵者挑选出合适的作品。

（二）把握作品的内容

准确地把握作品内容、透彻地理解其内在含义是作品朗诵的重要前提和基础。固然，朗诵中各种艺术手段的运用十分重要，但是，如果离开了准确透彻地把握内容这个前提，那么，艺术技巧成了无源之水、无本之木，成了一种纯粹的形式主义，也就无法做到传情，无法让听众动情了。要准确透彻地把握作品内容，应注意以下几点。

1. 正确、深入地理解

朗诵者要把作品的思想感情准确地表现出来，需要从字里行间理解作品的内在含义。首先，要清除障碍，搞清楚文中生字、生词、成语典故、语句等的含义，不要囫囵吞枣、望文生义。其次，要把握作品创作的背景、作品的主题和情感的基调，这样才会准确地理解作品，才不会把作品念得支离破碎，甚至歪曲原作的思想内容。以高尔基的《海燕》为例，扫除文字障碍后，就要对作品进行综合分析，这篇作品以象征手法，通过暴风雨来临之前、暴风雨逼近和暴风雨即将来临三个画面的描绘，塑造了一只不怕电闪雷鸣，敢于搏风击浪，勇于呼风唤雨的海燕——这一“胜利的预言家”形象。而这部作品诞生之后立即不胫而走，被广大工人和革命群众朗诵，被视作传播革命信息、坚定革命理想的战歌。朗诵者综合分析之后，朗诵时就不难把握其主题，即满怀激情地呼唤革命高潮的到来。进而，我们又不难把握这部作品的基调应是对革命高潮的向往、企盼。

2. 深刻、细致地感受

有的朗诵，听起来也有着抑扬顿挫的语调，可就是打动不了听众。如果不是作品本身有缺陷，那就是朗诵者对作品的感受还太浅薄，没有真正走进作品，而是在那里“挤”情、“造”性。听众是敏锐的，他们不会被虚情所动，朗诵者要唤起听众的感情，使听众与自己同喜同悲同呼吸，必须仔细体味作品，进入角色，进入情境。

3. 丰富、逼真地想象

在理解感受作品的同时，往往伴随着丰富的想象，这样才能使作品的内容在自己的心中、眼前活动起来，就好像亲眼看到、亲身经历一样。以陈然（《我的“自白”书》）为例，在对作品进行综合分析的同时，可以设想自己就是陈然（重庆《挺进报》的特别支部书记），当时正处在这样的情境中：我被×××逮捕，在狱中饱受折磨，但信仰毫不动摇，最后，敌人把一张白纸放在我面前，让我写自白书，我满怀对敌人的愤恨和藐视，满怀革命必胜的坚定信念，自豪地写下了“怒斥敌酋”式的《我的“自白书”》。朗读者这样通过深入的理解、真挚的感受和丰富的想象，使己动情，从而也使人动性。

（三）用普通话语音朗诵

要使自己的朗诵优美动听，必须使用标准的普通话进行朗诵，因为朗诵作品一般都是运用现代汉民族共同语（即普通话）写成的，所以，只有用普通话语音朗诵，才能更好地、更准确地表达作品的思想内容。同时，普通话是汉民族共同语，用普通话朗诵便于不同方言区的人理解、接受。朗读者在朗诵之前，首先要咬准字音，掌握语流音变等普通话知识。

第二节 朗诵的基本手段

朗诵时，一方面要深刻透彻地把握作品的内容，另一方面要合理地运用各种艺术手段，准确地表达作品的内在含义。常用的基本表达手段有停顿、重音、语速、句调等。

（一）停顿

停顿指语句或词语之间声音上的间歇。停顿：一是由于朗诵者在朗诵时生理上的需要；二是句子结构上的需要；三是充分表达思想感情的需要；四是可给听者一个领略和思考、理解和接受的余地，帮助听者理解文章含义，加深印象。停顿包括生理停顿、语法停顿、强调停顿。

1. 生理停顿

生理停顿即朗诵者根据气息需要，在不影响语义完整的地方作一个短暂的停歇。要注意，生理停顿，不要妨碍语意表达，不割裂语法结构。

2. 语法停顿

语法停顿是反映一句话里面的语法关系的，在书面语言里就反映为标点。一般来说，语法停顿时间的长短同标点大致相关。例如句号、问号、叹号后的停顿比分号、冒号长；分号、冒号后的停顿比逗号长；逗号后的停顿比顿号长；段落之间停顿的时间则长于句子停顿。

3. 强调停顿

为了强调某一事物，突出某个语意或某种感情，而在书面上没有标点、在生理上也可不作停顿的地方作了停顿，或者在书面上有标点的地方作了较大的停顿，这样的停顿我们称为强调停顿。强调停顿主要是靠仔细揣摩作品、深刻体会其内在含义来安排的。

遵义会议‖纠正了｜在第五次反“围剿”斗争中所犯的“左倾机会主义性质”的严重的原则错误，团结了｜党和红军，使得｜党中央和红军主力胜利地完成了长征，转到了｜抗日的前沿阵地，执行了｜抗日民族统一战线的新政策。

“遵义会议”之后没有标点符号，但是为了突出“遵义会议”的地位，强调“遵义会议”在我党历史上的伟大意义，就应有一个停顿，而且比下面其他强调停顿的时间要长一些。“纠正了”“团结了”“使得”“转到了”“执行了”这些词语后面也没有标点，但为清楚显示“遵义会议”的伟大历史意义，应用停顿，句中画“‖”和“｜”的都表示强调停顿。

如果不仔细揣度作品而任意作强调停顿，容易产生错误的理解。例如贺敬之《雷锋之歌》中的一句：“来呵！让我们紧紧挽住雷锋的这三条刀伤的手臂吧！”有人在“三条”之后略做停顿，就会给听众造成“三条手臂”的错觉，影响理解的正确性。

（二）重音

重音是指朗诵、说话时句子里某些词语念得比较重的现象。一般用增加声音的强度来体现。重音有语法重音和强调重音两种。

1. 语法重音

在不表示什么特殊的思想和感情的情况下，根据语法结构的特点，而把句子的某些部分重读的，叫语法重音。语法重音的位置比较固定，常见的规律如下。

（1）一般短句子里的谓语部分常重读。

（2）动词或形容词前的状语常重读。

（3）动词后面由形容词、动词及部分词组充当的补语常重读。

（4）名词前的定语常重读。

（5）有些代词也常重读。

如果一句话里成分较多，重读也就不止一处，往往优先重读定语、状语、补语等连带成分。

值得注意的是，语法重音的强度并不十分强，只是同语句的其他部分相比较，读得比较重一些罢了。

2. 强调重音

强调重音指的是为了表示某种特殊的感情和强调某种特殊意义而故意说得重一些的音，目的在引起听者注意自己所要强调的某个部分。语句在什么地方该用强调重音并没有固定的规律，而是受说话的环境、内容和感情支配的。同一句话，强调重音不同，表达的意思也往往不同，例如：

我去过上海。（回答“谁去过上海”）

我去过上海。（回答“你去没去过上海”）

我去过上海。（回答“北京、上海等地，你去过哪儿?”）

因而，在朗诵时，朗读者首先要认真钻研作品，正确理解作者意图，才能较快较准地找到强调重音之所在。强调重音与语法重音的区别如下。

（1）从音量上看。语法重音给人的感觉只是一般的轻重有所区别，而强调重音则给人鲜明突出的印象。强调重音的音量大于语法重音的音量。

（2）从出现的位置看。强调重音可能与语法重音重叠，这时语法重音服从于强调重音，只要把音量再加强一些就行了。有时，两种重音出现在不同的位置上，此时，强调重音的音量要盖过语法重音的音量。

（3）从确定重音的难易上看。语法重音较容易找到，在一句话的范围内，根据语法结构的特点就可以确定，而强调重音的确定却与朗诵者对作品的钻研程度、理解程度紧密相连。

（三）语速

语速是指说话或朗诵时每个音节的长短及音节之间连接的紧松。说话的速度是由说话人的感情决定的，朗诵的速度则与文章的思想内容相联系。一般说来，热烈、欢快、兴奋、紧张的内容速度快一些；平静、庄重、悲伤、沉重、追忆的内容速度慢一些。而一般的叙述、说明、议论则用中速。以《雷雨》中周朴园和鲁侍萍的对话为例，朗诵时应根据人物心情的变化调整语速，而不应一律以一种速度读下来。

周：梅家的一个年轻小姐，很贤惠，也很规矩。有一天夜里，忽然地投水死了。后来，后来——你知道吗？（慢速，周朴园故作与鲁侍萍闲谈状，以便探听一些情况）

鲁：这个梅姑娘倒是有一天晚上跳的河，可是不是一个，她手里抱着一个刚生下三天的男孩，听人说她生前是不规矩的。（慢速，侍萍回忆悲痛的往事，又想极力克制怨愤，以免周朴园认出）

鲁：我前几天还见着她！（中速）

周：什么？她就在这儿？此地？（快速，表现周朴园的吃惊与紧张）

鲁：老爷，您想见一见她么？（慢速，鲁故意试探）

周：不，不，不用。（快速，表现周朴园的慌乱与心虚）

周：我看过去的事不必再提了吧。（中速）

鲁：我要提，我要提，我闷了三十年了！（快速，表现鲁侍萍极度的悲愤以至几乎喊叫）

（四）句调

在汉语中，字有字调，句有句调。我们通常称字调为声调，是指音节的高低升降；而句调我们则称为语调，是指语句的高低升降。句调是贯穿整个句干的，只是在句末音节上表现得特别明显。句调根据表示的语气和感情态度的不同，可分为四种：升调、降调、平调、曲调。

(1) 升调（↑），前低后高，语势上升。一般用来表示疑问、反问、惊异等语气。

(2) 降调（↓），前高后低，语势渐降。一般用于陈述句、感叹句、祈使句，表示肯定、坚决、赞美、祝福等感情。

(3) 平调（→）。这种调子，语势平稳舒缓，没有明显的升降变化，用于不带特殊感情的陈述和说明，还可表示庄严、悲痛、冷淡等感情。

（4）曲调（↗或↘）。全句语调弯曲，或先升后降，或先降后升，往往把句中需要突出的词语拖长着念，这种句调常用来表示讽刺、厌恶、反语、意在言外等语气。

除了以上这些基本表达手段外，要使朗诵有声有色，还得借助一些特殊的表达手段，例如笑语、颤音、泣诉、重音轻读等。

第三节　朗诵的技能训练

【训练内容】

朗诵的综合训练

【训练目标】

（1）熟悉朗诵的基本手段。

（2）把握作品的基调。

（3）适当运用体态语及其他辅助手段提高朗诵水平。

【训练程序】

1. 复习本节有关朗诵的基本知识

2. 模拟训练

（1）朗诵叶挺同志的《囚歌》，注意句调的处理。

为人进出的门紧锁着（→平调）（冷眼相看）
为狗爬出的洞敞开着（→平调）
一个声音高叫着（↗曲调）（嘲讽）
——爬出来吧，给你自由！（↘曲调）（诱惑）
我渴望自由（→）（庄严）
但我深深地知道——（→平调）
人的身躯怎能从狗洞子里爬出！（↑升调）（蔑视、愤慨、反击）
我希望有一天（→平调）
地下的烈火（稍向上扬）（语意未完）
将我连这活棺材一齐烧掉（↓降调）（毫不犹豫）
我应该在烈火与热血中得到永生！（↓降调）（沉着、坚毅、充满自信）

（2）重音练习。读出下列句子中词语的语法重音。

① 东风来了，春天的脚步近了。

② 一切都像刚睡醒的样子，欣欣然张开了眼。

③ 手势之类，距离大了看不清，声音的有效距离大得多。

——读出下面语句中的强调重音。

于是有人慨叹曰：“中国人失掉自信力了。”如果单据这一点现象而论，自信其实是早就失掉了的。先前信“地”，信“物”，后来信“国联”，都没有相信过“自己”。假使这也算一种“信”，那也只能说中国人曾经有过“他信力”，自从对国联失望之后，便把这他信力都失掉了。

（3）朗读郭小川《团泊洼的秋天》这首诗的最后三段，注意语法停顿和强调停顿。

请听听吧，这是战士/一句句从心中//掏出的话。

团泊洼，团泊洼，你真是那样/静静的吗？是的，团泊洼是静静的，但那里/时刻都会//轰轰爆炸！

不，团泊洼是喧腾的，这首诗篇里/就充满着//嘈杂。

不管怎样，且把这矛盾重重的诗篇/埋在坎下，

它也许不合你秋天的季节，但到明春//准会/生根发芽

（4）下面是鲁侍萍回忆往事、揭露周朴园罪恶的两段话，一段是相认前、一段是相认后，相认前后，鲁侍萍的怨愤之情由克制到逐渐显露，说话的语气和态度也起了变化，试用不同的语速加以表达。

——相认以前

她是个下等人，不很守本分的。听说她跟那时周公馆的少爷有点不清白，生了两个儿子。生了第二个，才过三天，忽然周少爷不要她了。大孩子就放在周公馆，刚生的孩子她抱在怀里，在年三十夜里投河死的。

——相认以后

哼，我的眼泪早哭干了，我没有委屈，我有的是恨，是悔，是三十年一天一天我自己受的苦。你大概已经忘了你做的事了！三十年前，过年三十的晚上我生下你的第二个儿子才三天，你为了要赶紧娶那位有钱有门第的小姐，

你们逼着我冒着大雪出去。要我离开你们周家的门。

思考题：

1. 朗诵是什么？
2. 朗诵与朗读、演戏的区别。
3. 朗诵前要做哪些准备。
4. 朗诵的基本手段有哪些。

第三章　舞蹈基础知识

第一节　舞蹈的起源与发展

舞蹈，不仅是门艺术，还是一门人文科学，它涉及的范围很广，比如舞蹈的发生发展与人的进化密切相关，这就涉及人类学；又比如，舞蹈的发展过程与历史的发展环环相扣，这就涉及历史学；而社会的发展和各种意识形态直接影响着舞蹈的发展，则又涉及社会学；同时，时代文化背景决定舞蹈整体风貌，自然还要涉及文化学；此外，世俗风情、人文环境对舞蹈的风格会形成本质的制约，这又涉及民俗学。所以，舞蹈是一门有着深层文化内涵的艺术。

作为人体动作艺术的舞蹈，是从哪里来的？是怎样产生的？是谁创造了舞蹈呢？弄清楚这些问题就要追溯于舞蹈的起源，在世界各国的艺术史学家、社会学家们的论著中，关于舞蹈起源问题的研究，多包含在艺术起源的论述中。各家众说纷纭，简括来说有如下几种理论观点。

1. 模仿说

这是艺术起源中最古老的理论，起源于古希腊哲学家。他们认为文艺起源于人对自然的模仿，模仿是人的天性和本能。只是由于模仿的对象不同、所用的媒介不同，所以产生了不同的艺术种类。有一些人用颜色和姿态来制造形象，模仿许多事物，而另一些人则用声音来模仿。舞蹈者的模仿则只用节奏，他们借姿态的节奏来模仿各种性格、感受和行动。舞蹈是人用有节奏的动作对各种野兽动作和习性的模仿。有些舞蹈还是对一些自然景物动态形象的模仿，如柳枝的摇曳、海浪的翻滚、风的飘荡旋转等，人们都可以模仿它们进行舞蹈。

2. 游戏说

游戏说是18世纪德国的诗人、文艺理论家席勒依据康德所说的，艺术像游戏一样，都是“自由的”活动而提出的。他认为在艺术起源中，模仿虽然重要，但是，并非是艺术起源的真正起因，而艺术的根本起因是“游戏的冲动”，以假象为快乐的游戏冲动一发生，模仿的创作冲动就紧跟而来，这种冲动把假象当作某种独立自主的东西。他还认为，游戏是自由人性的表现，游戏也是人类最终脱离动物界的标志，在游戏中人的天性得到充分的发挥和满足，只有当人是完全意义上的人，他才游戏；只有当人游戏时，他才完全是人。人骑着马，带着洁白的猎犬，飞似地追逐野兽，终于获得了猎物，欢欢喜喜回家的情景。以上的一些证据，可以充分证明舞蹈起源于劳动的观点，我国舞蹈界大多数史论工作者普遍赞同这一观点，是很有道理的。

3. 图腾和巫术说

图腾和巫术说是现代西方最流行的一种艺术起源的理论，为不少人类学家、考古学家和文艺理论家所赞同。这种理论的创始人为英国的人类学家泰勒。在人类原始部落里，舞蹈具有全社会性，他们在组织散漫和生活不安定的状况下，需要有一种社会感应力使他们团结在一起，舞蹈就是产生这种感应力的重要手段。不论是狩猎，还是战争，都是整个部落一起行动，所以原始舞蹈总是集体性的。部落为了有个共同标志，这就出现了图腾。图腾不仅作为部落的标志，亦是一种最原始的宗教信仰。每逢祷告或庆贺，原始人类都对着图腾跳舞，这叫图腾舞蹈。图腾舞蹈在世界各地原始民族中都是一样存在的。北美洲印第安部落的是野牛舞，他们迷信野牛和自己的部族有血缘关系，跳这种舞时野牛就会出现并让他们狩猎；澳洲土人跳他们的图腾舞时，舞者有文身，作为对自己部落祖先的纪念。原始社会解体，人类进入奴隶社会，从此，图腾崇拜开始和巫术迷信相结合，因而就产生了巫舞。图腾崇拜和巫术虽然都是原始宗教信仰，但两者性质不同，活动形式也不相同。图腾是原始人类崇拜的偶像，而巫师则作为人与神之间的桥梁；图腾舞蹈是社会性的集体舞蹈，而巫舞则是巫师的表演。在巫术中，歌和舞被利用为巫术的手段，制造出一种神秘的气氛，以保证巫术的成功。从舞蹈发展的角度上看，巫舞比原始的图腾舞蹈前进了一大步，它从比较粗糙的集体舞蹈转向专业的、个人的舞蹈表演，而且还表现出神话中的人物和故事。中国春秋战国时期的楚国，巫舞十分盛行，规模宏大，形式和内容都相当丰富。

4. 表情论

艺术起源于表现人的情感和人与人之间的情感交流的理论，首先是列夫·托尔斯泰提出的，他在给艺术下定义时谈了所有艺术的起源，这当然也包括舞蹈在内。他认为，艺术起源于一个人为了要把自己体验过的感情传达给别人，于是在自己心里重新唤起这种情感，并用某种外在标志——动作、线条、色彩、声音以及言词所表达的形象传达这种感情，使别人也能体验到同样的感情——这就是艺术活动。普利汉诺夫对托尔斯泰关于艺术起源问题的看法做了修正。他认为，艺术开始于一个人在自己心里重新唤起他在四周的现实的影响下所体验过的感情和思想，并且给予它们以一定的形象的表现。不用说，在绝大多数场合下，一个人这样做，目的是在于把他反复想起和反复感到的东西传达给别人。他在谈到舞蹈的时候着重强调了情感对舞蹈产生的作用。

德国史学家格罗塞在《艺术的起源》对原始民族的舞蹈艺术进行了一些考察后，他认为：再没有别的艺术行为，能像舞蹈那样的转移和激动一切人类。原始人类无疑已经在舞蹈中发现了那种他们能普遍地感受的最强烈的审美享乐。多数的原始舞蹈运动是非常激烈的。我们只要追溯我们的童年时代，就会记起这样用力和迅速的运动，倘使持续的时间和所用的力气不超过某一种限度是会带来如何的快乐。因这种运动促成之情绪的紧张愈强，则快乐也愈大。能给予快乐的最高价值的，无疑是那些代表人类情感作用的模拟舞蹈一样，在自足、活泼和节律动作及模拟的欲望时，还贡献一种从舞蹈里流露出来的热烈的感情来洗涤和排解心神，剧烈动作和节奏动作的快感、模拟快感、强烈中的情绪流露中的快感——这些成分给热情以一种充分的解释，原始人类就是用这种热情来研究舞蹈艺术的。最强烈而又最直接地体验到舞蹈的快感的自然是舞蹈者自己，但是充溢于舞蹈者之间的快感，也同样可以拓展到观众，而且观众更进一步享有舞蹈者所不能享受的快乐。舞蹈者不能看见他自己或者他的同伴，也不能和观众一样可以欣赏那种雄伟的、规律的、交错的动作，单独的或合群的景象。

5. 劳动论

这是我国许多舞蹈史论工作者都赞同的理论。劳动创造了人自身，劳动使人脱离了动物界，劳动创造了人类社会、创造了艺术赖以产生的物质基础，劳动创造了舞蹈艺术的物质载体——人的灵活自如的、健美的、有着丰富表情功能的身体。

从原始舞蹈的现代遗存中许多反映狩猎和种植生活内容的舞蹈中都可以使人们看到舞蹈起源和劳动的亲密关系，如西非赤道下的土人出猎大猩猩时，令一人装扮大猩猩，表演为猎者所杀死的情形；北美洲达科太人猎熊之前，也行烈熊之舞，一人化装为熊，结果被猎人加以驯服；西珂人的狩猎跳舞则将全族人分两部分，一部分饰水牛，一部分饰猎人，佯作将全群牛包围杀掉。而在一些从事农业劳动的原始民族那里，他们所跳的舞蹈则与他们的劳动生产有着密切的联系，如马里亚人有一种马铃薯舞。

我国一些原始舞蹈的现代遗存中也有许多与狩猎和种植等生活内容相关的舞蹈。如鄂温克族的《跳虎》、鄂伦春族的《黑熊搏斗舞》都是人模拟虎、熊的舞蹈，是从他们狩猎生活中产生出来的。还有纳西族的歌舞《阿仁仁》，这个舞蹈是男女合围成圈的一种极其激烈、紧张、迅速，有如猎人追赶野兽时的步子来跳的舞。女的以短暂的、急促的吆喝声，男的以高亢的、洪亮的喊声，有节奏地喊着跳着，表现了古代纳西族劳动人民在狩猎前的练习和狩猎活动中的感受。鄂伦春人的《采红果舞》反映了鄂伦春妇女的采集生活，该舞是由两个妇女表演，二人面对面自转圈，转一圈后，鼓一次掌；也有伸手拨树枝的动作，然后做出采红果的姿态，边采边往桦皮篓里装。

从以上各种对舞蹈起源的理论观点来看，虽然各自都有一定的道理，但哪一种理论都不能概括舞蹈的全部起因。我们认为，舞蹈是人类生活中的社会现象，它的起源和世界上一切事物的构成一样，都不是单一的，而是有着多种因素。因此，我们主张“劳动综合论”，即舞蹈起源于人类求生存、求发展中劳动实践和其他多种生活审美实践的需要。

（1）劳动是人类生存的第一需要，作为反映社会生活审美形态之一的舞蹈，人类的劳动生活无疑是它的最主要的起源，模仿、巫术等从根本上来说，也都是从属劳动的。

（2）人类为了生存、发展，为了和自然斗争以取得食物，也为了抵御不同部落的侵袭，壮大自己部族的力量，繁衍人口是一个极其重要的任务。

（3）舞蹈起源于人类表现情感和人与人之间交流情感的需要。这不仅是为了适应人们社会实践的需要，也是为了满足人的生理和心理的审美。

（4）舞蹈起源于健身和战斗操练的需要。人拥有健壮的身体，不仅是狩猎、耕种、获得丰收和防御异族侵袭的有力保障，也是繁衍种族后代的基础，因此，人的健康身体既是一种生产力，又是一种战斗力。

根据以上看法，我们对舞蹈的起源主张为“劳动综合论”，简括来说就是：舞蹈作为一种社会审美形态，作为一种人的内在生命力外化为人体有节律的动态造型艺术，起源于远古人类在求生存、求发展劳动生产（狩猎、农耕）、健身和战斗操练等活动的模拟再现，以及图腾崇拜、巫术宗教祭礼和表现自身情感思想内在冲动的审美需要。舞蹈和诗歌、音乐结合在一起，是人类历史最早产生的艺术形式之一。

第二节　舞蹈的种类

根据舞蹈的作用和目的来划分，可分为生活舞蹈和艺术舞蹈两大类。

1. 生活舞蹈

一般是指与人们各种生活紧密联系的舞蹈。功利目的比较明确，是人人都可参加的具有广泛群众性的舞蹈活动。生活舞蹈又分为习俗舞蹈（节庆、仪式舞蹈）、宗教舞蹈（包括祭祀舞、巫舞）、社交舞蹈、自娱舞蹈、体育舞蹈、教育舞蹈等。

习俗舞蹈是指许多民族的婚配、丧葬、种植、收获及其他一些喜庆节日举行的反映不同民族的风俗习惯、文化传统、民族特征的重要活动，也是各民族人民生活中不可缺少的重要组成部分，如湖南土家族在死者灵堂前跳的《跳丧舞》，广西、广东、湖南、云南的《跳春牛》。

宗教舞蹈是指表现宗教观念、宣喻宗教思想、进行宗教活动的一种舞蹈形式。它是对超自然、超人间的神秘力量——神灵的一种形象化的再现，使无形之神成为可以被感知的有形之身，是神秘力量的人格化，是宗教祭仪的组成部分，如民间的巫舞、师公舞、佛教的“打鬼”等。祭祀舞蹈是祭祀先祖的一种礼仪性的舞蹈。它过去用来表示对先祖的怀念或是希望先祖和神佛对自己的保佑。

社交舞蹈是在人们文化生活中最广泛流传和最具有群众性的舞蹈活动，是人们进行社会交往、增进友谊、联络感情的舞蹈。它一般多指在舞会中跳的各种交际舞，如彝族的“火把节”、苗族的“芦笙节”、傣族的“泼水节”等节日中跳的舞蹈。

自娱舞蹈是人们在舞蹈活动中目的最单纯的一种舞蹈，除了自娱自乐以外，别无其他目的。舞者只是用舞蹈抒发和宣泄自己内在的情感冲动，而在抒发和宣泄情感的过程中，获得审美愉悦的充分满足。如汉族的“秧歌”以及西方的“街舞”“霹雳舞”。

体育舞蹈，由于舞蹈是人体动作的艺术，所以其历来就有健身的作用。近年来人们更进一步把舞蹈和体育相结合，创造了艺术审美的方式锻炼身体，是身心全面发展的体育舞蹈新品种，如韵律操、健身舞、水中舞蹈、冰上舞蹈等。

教育舞蹈多指学校、幼儿园进行审美教育的舞蹈活动以及所开设的舞蹈课程。

2. 艺术舞蹈

是指由专业舞蹈家和业余舞蹈家，通过对社会生活的观察、体验、分析、概括和想象，进行艺术创造，从而产生出主题思想鲜明、情感丰富、形式完整，具有典型化的艺术形象，由少数人在舞台或广场表演给广大群众观赏的舞蹈作品。根据其各个不同的艺术特点，大致分为以下三类。

第一类，根据舞蹈不同风格特点来区分：古典舞、民族舞、现代舞等。

古典舞是在民间传统舞蹈的基础上，经过历代专业工作者提炼、整理、加工、创造，并经过长时期艺术实践的检验流传下来的，被认为是具有一定典范意义且具有古典风格特点的舞蹈。一般来说，古典舞都具有严谨的程式、规范性的动作和比较高超的技巧。世界上许多国家和民族都有各具风格的古典舞蹈。

中国古典舞形成于中华人民共和国成立之初，在传统的审美理念指导下，以戏曲为基础，是借鉴芭蕾训练的方法建构起来的舞蹈品种。这一舞种的发展主要经历了三个阶段：第一阶段为初创期，第二阶段为特殊发展期，第三阶段为质变期。初创期，20 世纪 50、60 年代，我国的舞蹈工作者从戏曲身段中挖掘整理出大量的舞蹈动作、步法和技巧，借鉴芭蕾训练的科学方法，制定了中国古典舞蹈基础教材，于 1954 年在北京舞蹈学校正式开设了“中国古典舞”课程。之后《飞天》《剑舞》《春江花月夜》以及舞剧《宝莲灯》《小刀会》《鱼美人》等作品相继问世，成为初创时期的代表作。20 世纪 60 年代中期到 70 年代末，是古典舞的特殊发展阶段。这一阶段，古典舞主要通过吸收武术、杂技、体操等技巧，完善技术训练，同时积极研究出土文物和石窟壁画中的动态形象，创造性地为古典舞输入了新鲜血液，其标志是《丝路花雨》舞剧的问世，《丝路花雨》同时也被视为中国舞剧史上的里程碑。20 世纪 80 年代初，以顺应时代这一审美需求的“身韵”便应运而生。由于中国古典舞是按照芭蕾的方式规范戏曲舞蹈的结果，那么戏曲中塑造人物形象的辅助手段带着深深的行当烙印，对古典舞想表现“舞蹈”本身来说是一种局限，如何跳出戏曲舞蹈，同时又保持戏曲舞蹈原有的传统艺术精神？以顺应时代这一审美需求的“身韵”便应运而生。“身韵”即身法韵律，其要旨是以动作“元素”为本体，以韵律为核心，对戏曲舞蹈“扬起神，变其形”，使动作从解说性、比拟性转向抽象性，使表演从戏剧性转向纯舞性，从而建立起一种独立的民族舞蹈的语言机制。及此，1984 年，中国古典舞蹈“身段”训练课正式改为“身韵”训练课。这不只是一个名称的更换，它的重要意义是使中国古典舞终于摆脱了戏曲的模式，建立了属于古典舞自己的语言王国。这一质的转变使古典舞的发展获得了更广阔的空间，也宣告了中国古典舞质变期的到来。

欧洲同样也有古典舞，叫芭蕾，是法语中“ballet”的音译。它起源于文艺复兴时期的意大利宫廷，形成并兴盛于法国，鼎盛于俄罗斯，是综合音乐、戏剧、舞台美术等艺术表现形式的舞蹈品种。古典芭蕾在 18 世纪末和 19 世纪初成为一种独立的、完整的艺术表现形式，创造了足尖舞蹈技巧，发展了各种腾空跳跃和旋转技巧，并产生了一套完整的训练方法，逐渐形成了具有不同风格特点的意大利学派、法兰西学派和俄罗斯学派等。古典芭蕾的风格特征非常鲜明，在运动模式上十分固定，讲求轻盈飘逸，“开绷直立”并具有自己独特的表演方式和结构方式，特别是作为塑造主要人物，同时衡量作品优劣、检验芭蕾舞演员全面素质的双人舞，其程式化更加突出。芭蕾双人舞的模式为：①“出场”多为“慢版”舞，由男女主角运用扶、举技巧配合表演，一般突出女主角；②“变奏”，此乃双人舞的第二部分“炫示部”——由男女主角各表演一段技巧较高的舞蹈，多为快板，其舞段通常与剧情无直接关系；③“结尾”，为男女主角互相穿插表演（一般以男主角为主），最终以合舞结束。

古典芭蕾在形式上的高度规范化和程式化，也在某些方面阻碍了它的发展。自 20 世纪以来，各种现代文艺思潮对芭蕾产生很大的影响，促使芭蕾在不同的层面产生了诸多变化和革命，代表作有《天鹅湖》《睡美人》《吉赛尔》等。当代芭蕾舞坛上，古典芭蕾、现代芭蕾、交响芭蕾和戏剧芭蕾交相辉映，并驾齐驱，新的探索和创造仍在继续。

民族舞是由劳动人民在长期历史进程中集体创造、不断积累、发展而形成的，并在广大群众中广泛流传的一种舞蹈形式。民族舞蹈和人民的生活有着密切的联系，它直接反映着劳动人民的生活和斗争，表现着他们的思想感情、理想和愿望。由于各民族、地区人民的生活劳动方式、历史文化心态、风俗习惯以及自然环境存在差异，因而形成了不同的民族风格和地区特色。

世界各国都有自己的民间舞，如朝鲜的农乐舞、日本的素面舞、柬埔寨的木杵舞、缅甸的锅鼓舞、越南的桃符舞、泰国的笙舞、俄罗斯的轮舞、乌克兰的戈帕克舞、苏格兰的里尔舞、西班牙的穆伊涅拉、北非的罐舞等。

中国的民间舞蹈非常丰富，其式样之多，内容之广，风格各异，动律之美，可谓大千世界，色彩斑斓。仅汉族的秧歌就有百余种：北方较著名的秧歌有东北高跷秧歌以及号称“三大秧歌”的山东鼓子秧歌、胶州秧歌和海阳秧歌；南方有名目繁多的花灯，如采茶灯、花莲灯、云南花灯等。此外，还有蒙古族的“盅碗舞”“筷子舞”，藏族的“踢踏”“锅庄”，维吾尔族的“多朗”“赛乃姆”，朝鲜族的“长鼓舞”“手拍舞”，傣族的“孔雀舞”“象脚鼓舞”，苗族的“芦笙舞”，赫哲族的“天鹅舞”，哈萨克族的“摔跤舞”，土家族的“摆手舞”，高山族的“拉手舞”，等等，不可胜数，都是人们熟知的歌舞。种类繁多的民间舞蹈构成了中国灿烂悠久的舞蹈文化，同时为专业舞蹈的创作发展提供了取之不尽、用之不竭的资源。

现代舞是19世纪末和20世纪初在欧洲兴起的一种舞蹈流派，其主要美学观点是反对古典芭蕾的因循守旧、脱离现实生活和单纯追求技巧的形式主义倾向；主张以合乎自然运动法则的舞蹈动作，自由地抒发人的真实情感，强调舞蹈艺术要反映现代社会生活。其创始人，公认为是美国舞蹈家伊莎多拉·邓肯，她认为古典芭蕾的训练会造成人体畸形发展。她向往原始的纯朴和自然的纯真，主张“舞蹈家必须使肉体与灵魂结合，肉体动作必须发展为灵魂的自然语言”，真诚地、自然地抒发内心的情感。而系统地为现代舞建立起一套较为完整的理论和训练体系的是匈牙利人鲁道夫·拉班，他创造了一种被称为自然法则的训练方法，把人体动作的构成归纳为“砍、压、冲、扭、滑动、闪动、点打、飘浮”等八大要素，认为正确处理各要素之间的关系，就能组成动作。他创造的“拉班舞谱”至今仍是世界最有影响的舞谱之一。

与邓肯同期的舞蹈家露丝·圣丹尼斯是美国现代舞的先驱，她广泛吸收了埃及、希腊、印度、泰国以及阿拉伯国家的舞蹈文化，形成了一种具有东方神秘色彩的、表现了一种宗教精神的现代舞。她的学生玛莎·格雷厄姆是当代现代舞的杰出代表，她认为人类既然有美有丑、有爱有恨、有善有恶，那么舞蹈就不能只是赞颂美好和善良，也应当表现罪恶、悔恨和嫉妒，所以她特别强调运用舞蹈把掩盖人的行为的外衣剥开，揭露一个内在的人。

第二类，根据舞蹈表现形式的特点来区分，可分为独舞、双人舞、三人舞、群舞、组舞、歌舞、舞蹈诗、歌舞剧、舞剧等九类。

独舞又叫单人舞，系由一个人表演完成一个主题的舞蹈，多用来直接抒发人物的思想感情和揭示人物的内心世界。独舞大多是表现一个完整的思想感情的片段，或是体现了一定的生活内容、创造了一种比较鲜明的意境。它大致可分为两类：一类为结构完整的独立的舞蹈作品；另一类为舞剧中和大型舞蹈中的重要组成部分，是刻画人物的主要手段。

双人舞，由两个人（通常一男一女）表演共同完成一个主体的舞蹈，多用来表现人物之间思想感情和展现人物关系。它也可分为两类：一类为结构完整的独立的舞蹈作品；另一类为大型舞剧和舞蹈中的重要组成部分。舞剧的双人舞，类似歌剧中的重唱或话剧中的多话，是塑造人物和推动剧情发展的重要手段。

三人舞，由三个人合作表演完成某个主题舞蹈。它一般亦可分为两类：一类为结构完整的独立的舞蹈作品；另一类为大型舞剧和舞蹈重要组成部分。三人舞，根据其内容又分为表现单一情绪和表现一定情节以及表现人物之间的戏剧矛盾冲突内容等三种不同的类别。

群舞，凡四人以上的舞蹈均称为群舞，一般多为表现某种概括的情绪或塑造群体的形象。通过舞蹈的队形、画面的更迭、变化和不同速度、不同力度、不同幅度的舞蹈动作、姿态、造型的发展，能够创造出深邃的诗的意境，具有强大的艺术感染力。大型舞剧中的群舞，常用来烘托艺术气氛，展示民族风格和地方特色，有时也作为独舞或双人舞的陪衬，为塑造人物服务。

组舞，由若干段舞蹈组成的比较大型的舞蹈作品。其中各个舞蹈有相对的独立性，但它们又统一在共同的主题和完整的艺术构思中。

歌舞是一种歌唱和舞蹈相结合的艺术表演形式，在我国历史悠久、源远流长。从古代乐舞到今天的各个民族的民间舞蹈中，歌舞一直是占有重要位置的艺术样式。载歌载舞既长于抒情，又善于叙事，能表现人们复杂、细腻的思想感情和广泛的生活内容。歌舞可以从视觉和听觉上使人们得到审美的感知，因此其有较强的艺术感染力，为我国广大观众喜闻乐见的一种艺术表演形式。

舞蹈诗是以舞蹈为主要艺术手段，综合音乐、舞台美术（服装、布景、灯光、道具等）等艺术手段，通过对人物内在精神世界具有诗的凝练的抒发，或对一定生活事件具有诗的概括的展现，创造出浓郁的诗情、诗意的具有深刻诗的内涵的舞蹈载体。舞蹈诗作为一种舞蹈体裁，它本身也有各种不同的品种。我国大型舞蹈诗作品大致分为：舞蹈史诗、舞蹈抒情诗、舞蹈叙事诗和舞蹈组诗四类。舞蹈史诗类的作品在全国有较大影响的主要有音乐舞蹈史诗《东方红》、舞蹈叙事诗《雪花雪花》、舞蹈组诗《咕哩美》等。

歌舞剧是一种以歌舞为艺术表现来展现戏剧性内容的综合性表演形式。我国古代的歌舞剧，一般通称为戏曲。其历史悠久，是我国广大地区最为流传、最为人民群众所喜爱的戏剧形式之一。我国近现代的歌舞剧，有的吸收了戏曲的艺术表现手法来表现新的生活、新的人物；有的则在民间歌舞的基础上表现戏剧的内容。

舞剧是以舞蹈为主要艺术表现手段，并综合了音乐、舞台美术等，表现一定戏剧内容的舞蹈作品。关于它的艺术特征，我们将在下一节作比较详细的论述。

第三类，根据反映社会现实生活的方法和塑造舞蹈形象的特点来划分，可分为抒情性舞蹈和叙事性舞蹈。

抒情性舞蹈，又称情绪舞。其主要特征是以鲜明、生活的舞蹈语言来直接抒发人物——舞蹈者的思想感情，以此表达舞蹈家对生活的感受和评价。优秀的抒情舞往往既带有舞蹈者的个性特征，又概括了时代和人民群众普遍的情感特色，是个性和共性的统一，因而能唤起广大观众的情感共鸣。如男子群舞《海燕》通过迎着暴风雨，振翅翱翔的海燕的舞蹈形象，以象征的手法，表现新时期中国人民在风浪中搏击前进的勇气和决心。我国的艺术家还常采用民族传统艺术中“托物取喻”和“缘物寄情”的表现手法，通过多自然景物的模拟，以拟人化的舞蹈形象，来表现和抒发舞蹈者的情怀，如《荷花舞》，以荷花的“出污泥而不染”的品格，来寄托人们对高尚情操的追求和对和平、自由的向往。

叙事性舞蹈，又称情节舞。其主要艺术特征是通过舞蹈中不同人物的行动所构成的情节事件来塑造人物，以表现作品的主要内容。它和舞剧虽然都具有不同的人物和一定的情节，却有不同的特质。前者一般篇幅比较短小，情节比较简单，不像舞剧那样有曲折复杂的情节结构和尖锐激烈的戏剧冲突。如《金山战鼓》演绎了宋代著名女将梁红玉带领两个孩子，在宋军和金军激战的金山脚下，亲临阵前，观战、擂鼓、中箭、拔箭、对天盟誓、击鼓再战，直到取得胜利的情节过程，舞者运用舞蹈手段，对梁红玉不畏强敌的民族气节和昂扬的战斗精神，作了生动的艺术表现。

第三节 舞蹈的特征

了解舞蹈的艺术特征，需要首先明确舞蹈的概念。舞蹈是以人体为物质材料，以动作姿态为语言，在时间的流程中以占有空间的艺术形式来表达思想和感情，体现生命的符号。

1. 直觉性

舞蹈形象是一种直观的艺术形象，它主要是通过人们的视觉器官（眼睛）来进行审美感知的。舞蹈音乐对舞蹈形象的创造和舞蹈形象的艺术感染力的加强是不可缺少的，但它只起一种辅助的、从属的作用。因为不用眼睛而只用耳朵听音乐是不可能感知到舞蹈形象的。这个直觉性的特点，就规定了在舞蹈作品中所要表现和说明一切，都必须通过艺术的形象直接地表现出来。舞台上没有“过去时”和“未来时”而必须是“现在时”。这也就是说，在舞台上要表现过去和未来的情节事件，也必须设法将其化作现在时的舞蹈形象，直接呈现在舞台上。即使是表现舞蹈中人物比较复杂的思想感情活动，一般也不用语言，同样必须用人物的行动和动作表现出来，才能使观众理解。如舞剧《天鹅湖》第三幕，编导为了使观众清楚地了解白天鹅奥杰塔在王子受了骗向恶魔的女儿奥吉利亚表示了爱情后极端悲痛的感情，便采用了类似电影的叠印手法，通过透明的城堡的围墙，展现白天鹅奥杰塔痛苦哀伤的舞蹈形象。

舞蹈直觉性的审美特征，给舞蹈的流传造成了很大的局限，特别是在电视录像发明以前，舞蹈的传播非常困难，学习舞蹈一般只能口传身授。在历史上虽然有各种各样的记录舞蹈方法的发明，但都很难十分准确、清楚地把各种舞蹈风格特点记录下来。如著名的舞蹈《霓裳羽衣舞》，虽然在我国历史上许多著名的诗人和文学家都对其作过各自的细致的描述，但我们也只能通过想象活动引起联想的视觉形象，在我们的大脑中形成这个舞蹈的大概轮廓。这个轮廓的形象仍然是我们想象的产物，并不是当时曾经存在的舞蹈形象在我们头脑中的再现，一百个人就会有一百个完全不同的《霓裳羽衣舞》的想象。当代舞台上曾出现过不少舞蹈家根据《霓裳羽衣曲》创作的同名舞蹈，都不是历史真貌的再现，而是今天的舞蹈家根据流传下来的舞曲和古代诗文，以及文学家对它的形容、描绘，所作的一种想象而创造出来的舞蹈形象而已。

2. 动作性

舞蹈形象是一种直觉的艺术形象，但它不是一种静止状态的直觉形象，而是在不停流动的直觉形象。人物感情、思想、性格的表现，情节、事件的发展，矛盾冲突的推进，情调、氛围的渲染，意象、意境的形成，都要由一系列舞蹈动作所组成的舞蹈语言发展、变化而成。

舞蹈动作一般可分为表情性（表现性）动作、说明性（再现性）动作、装饰性联结动作三大类。表情性动作是描绘人物的情感、思想和性格特征的动作。这类动作具有一定的类型性和概括性的特点。如表现人们激情时，急速地跳转、旋转，描绘人们细腻的思想感情和抒发人们宽阔胸怀的圆润、流畅的缓慢动作，以及表现各民族人民不同思想感情、风格特点的各民族民间舞蹈等均属此类。说明性动作是展示人们的目的和具体内容的动作，具有更多的模拟性和象征性的特点。如我国民族传统舞蹈中的穿针引线、上楼下楼、坐船行舟；芭蕾舞剧中的哑剧、手势动作等。装饰性联结动作一般没有明显的含义，在舞蹈中起装饰和衬托的作用。在这三类动作中，表情性动作是舞蹈作品的主体和最重要的组成部分，它是塑造人物形象的主要艺术表现手段。一个舞蹈作品能否取得成功，它塑造的艺术形象是否鲜明、生动，具有强烈的艺术感染力，首先取决于以表情动作为主体的基调动作选择和运用得是否准确和恰当，因为它是构成舞蹈形象的最重要的基本因素。基调动作在舞蹈作品中的重复、发展变化和不同的感情和节奏的处理，可以表现出人物极为丰富的内在精神世界，如舞蹈《快乐的啰嗦》，以脚步不停顿的快速跳跃和手腕的前后甩动为其基调动作，通过对一群彝族男女青年自由、幸福的爱情生活的描写，极其鲜明、生动地表现了彝族人民打碎残酷的奴隶制枷锁，得到解放后的欢欣鼓舞的心情。在叙事性的舞蹈和舞剧作品中，动作的重复出现，除了表现人物的思想感情外，还起着叙述、交代情节事件和推动戏剧冲突发展的作用。另外，结合舞蹈动作的发展，舞蹈道具的重复再现，也是舞剧中不可缺少的一种调动观众想象并推动戏剧情节发展的艺术表现手段。

舞蹈动作是舞蹈作品的最基本的元素。舞蹈从其最单一的姿态开始，到一个舞句、一个舞段的组织；从一个小型舞蹈到一部大型舞剧的形成，都是在相同动作的重复、发展、变化，不同动作的衔接、配合、交替呈现，表情性动作、说明性动作、装饰性联结动作的有目的组合的过程中发展完成的。

3. 节奏性

舞蹈的动态不是自然的无持续的动态，而必须是合乎舞蹈艺术规律的运动，因此，就离不开节奏性这个要素。任何舞蹈都是有节奏的，没有节奏便没有舞蹈。所以，我们说舞蹈的动态形象是一种具有节奏性的动态形象。

节奏一般可分为内在节奏和外在节奏。内在节奏，即人的各种情绪和感情在人的机体内部所引起的各种不同节奏的发展变化，如人发怒或突然震惊时，呼吸加快而短促，心跳加速，血压升高，血糖增加，血液含氧量也增加；突然震惊甚至会出现暂时的呼吸中断，等等。这种内在的节奏必然会转化为外在节奏的各种形式表现出来。所以说内在节奏是外在节奏的基础，外在节奏是内在节奏的表现形式。

外在节奏又可分为听觉的节奏和视觉的节奏。听觉的节奏是听觉对象在时间上有规律的变化，如音的高低、长短、强弱、快慢等。而视觉的节奏则是视觉对象在空间上作有规律的变化，如线条的由短而长，以及形体的由大而小、高低相间、曲直有序等。

在舞蹈中，节奏一般表现为舞蹈动作力度的强弱、速度的快慢和能量的大小。相同的动作，由节奏的发展变化，或是在力度上增强或减弱，或是在速度上的加快或减慢，或是在幅度和能量上的增大或缩小（同时结合演员表情的因素），就可以表现出不同的情绪和情感，体现出不同的丰富的内容。如旋转动作：快速的旋转，可以表现人物激动的情感，或狂喜，或盛怒，或悲痛；随着速度的减慢，喜、怒、哀、乐的激情也随之趋于平静；速度减至最慢，激动的情绪也就逐渐完全消失。再如顿足跳跃的动作：沉重的顿足跳跃，可以表现人的气愤情绪或暴躁的性格；而轻巧的顿足跳跃则可以表现出人的喜悦情绪或温顺的性格。另外，许多舞蹈动作，如把它们放大扩展，可以表现人物开阔、粗犷的性格；而把它们缩小则可以表现出人物拘束、谨慎的性格或压抑的情绪。

4. 造型性

舞蹈动作大都是人体的自然生活动作经过提炼、加工、美化而来的。这里所谓的提炼、加工和美化，除了人体动作要具有节奏性，使它符合舞蹈动作的规律外，其次就是要求舞蹈动作必须具有造型性，这是使舞蹈动作具有美感形式的形象，它必须是经过提炼和美化了的最生动、最鲜明、最有表现力，也就是具有典型性的动作。我们常说舞蹈应当是动的绘画和活的雕塑，也就是说舞蹈应具有造型性的特点。因此，我们又可以把舞蹈称作是一种动态的造型艺术。

舞蹈艺术的造型性包括两个方面的内容：一是人体动作姿态的造型；二是舞蹈队形、画面的造型，也就是舞蹈的构图——舞蹈者在舞台三度空间所占据的地位和活动的路线。

人体动作姿态造型美的标准，服从于人们形式美的审美观念。由于各人的审美观念和兴趣、爱好等具有差异，因此产生了许多造型美的不同要求和看法。如我国古典舞的舞蹈动作很讲究“曲、圆、收”；我国民族民间舞蹈中的许多舞蹈动作也大多呈现出曲线的运动过程，一些民间舞蹈家也提出有些舞蹈动作要“三道弯”才美等。因此，不少人认为这是舞蹈动作姿态造型美的一种标准。

另外，对称和平衡也是人体动作的基本规律和法则，因为人体构造的本身就是对称和平衡的统一。人的双手、双脚、双眼、双耳以及大脑两半球，无时不在维持身体和各种感觉器官的对称和平衡。任何舞蹈动作，不管是跳跃还是旋转，也不管是动还是静的动作和姿态，都要求保持重心的稳定。因此，对称和平衡也是构成人体造型美的一个重要因素。不过，我们在这里所说的对称和平衡，是相对的、辩证的对称和平衡，而不是那种绝对的、一成不变的对称和平衡。死板的无变化的对称和平衡是不可能体现出人体无限生动活泼的内在表情能力和外在的造型美感的。

舞蹈队形、画面的造型，即舞蹈的构图，是舞蹈作品构成的重要因素。不管是独舞还是群舞，也不管是抒情舞、叙事舞或是舞剧，舞蹈者总是要在舞台上的空间按一定的方向和路线进行运动。根据所表现的各种不同的情绪和内容的需要，就产生了各种类型的舞台运动线和画面造型。根据我国舞蹈家们的分类，舞蹈的空间运动线可分为斜线（对角线）、竖线（纵线）、横线

（平行线）、圆线（弧线）、曲折线（迂回线）等五种。

斜线，一般表现有力地推进，并有延续和纵深感，长于表现开放性、奔驰性的舞蹈，能够抒发人物豪情满怀、勇往直前的性格。如《小溪、江河、大海》也运用了各个斜线或者是在斜线的流动中变换队形，以表示小溪的流淌和江河的奔流。

竖线具有强劲的动势，可以使观众产生直接逼来的紧迫感和压力感，长于表现那些正面前进的舞蹈。当舞中人物需要向观众直接抒发情感时，也经常采用这种运动路线。如芭蕾舞剧中《红色娘子军》终场结尾，战士和群众一起成三排横队，面向观众径直走来，这就造成了一种不可阻挡的磅礴气势。

横线，一般表现缓和、稳定、平静自如的情绪。如舞蹈《鄂尔多斯》的出场、舞蹈《草原女民兵》的开始和结尾。

圆线，一般给人以柔和、流畅、匀称和延绵不断的感觉，如《荷花舞》从始至终基本上采用的是这种空间运动线。

曲折线，一般给人活泼、跳动和游动不稳定的感觉，如舞蹈《行军路上》中表现部队经过崎岖的山路时，便使用这种运动路线。

以上所述，只是这五种空间运动线的基本特性，它们在不同的舞蹈作品中，由于不同的节奏、不同速度的变化处理，也可以表现出不同的情绪，获得不同的艺术效果。

舞蹈画面造型，一般可分为方形、三角形、圆弧形、梯形、菱形等基本图形。方形给人以稳定感觉；三角形给人以力量；圆弧形则带有柔和流畅之感；菱形、梯形一般给人有开阔的概念。如《东方红》的《游击队舞》中，队员三人一组手持芦苇道具，基本上采用三角形的图形结构，通过前后左右的移动，造成一种游击队员埋伏和出没芦苇荡的意境。

5. 抒情性

舞蹈艺术的内在本质属性是抒情性，这是舞蹈以人体动作作为主要表现手段所决定的。如芭蕾舞名作《天鹅之死》，其所表现出的“天鹅”如此丰富的情感和思想，所给予观众的深邃审美感受，是很难用言语或文字来表达的。“天鹅”在生命垂危的时刻，只要一息尚存，就要展翅飞翔，就要为重上天空进行不屈不挠的奋斗的舞蹈形象，把“天鹅”对生活的热爱、对生命的追求，不屈服于命运和死神的斗争精神，完全在舞蹈动作中表现了出来。舞蹈结尾，当“天鹅”耗尽了自己的全部力量，屈身倒在地上，闭上眼睛前的那一刹那，“天鹅”的手臂还在微微地抬起颤动了一下。而这微微的颤动，所展现的思想感情又是那么丰富，因此，我们说这个舞蹈虽然表现的是一只天鹅的垂死，它却是一首生命之歌。

自古以来我国人民把人的情感分为七种不同的表现形式，即所谓的“七情”：喜、怒、哀、惧、爱、恶、欲。而这几种情感，又根据人对客观事物好恶态度的不同程度的反应，表现出不同程度的各种表现形式，如快乐就可分为满意、愉快、欢乐、狂喜；悲哀可分为遗憾、失望、难过、忧愁、悲伤、哀痛；愤怒可分为不满、愠、怒、激愤、大怒、暴怒；恐惧可分为畏惧、惊悸、恐慌、惊慌、恐怖；等等。

舞蹈是一种抒情性的艺术，或者说抒情性是舞蹈艺术的一个主要的审美特征，如何进一步去考察和探讨舞蹈艺术应当表现什么样的情感？

上面所谈的人的情感的几种表现形式和不同状态是人的自然性的情感，通常把它们当作人的初级情感。再一类是人的社会情感，这是由社会性的需要，也就是社会上大多数的物质和精神需要是否得到满足而产生的肯定性或否定性的情感体验。这种社会性情感是受人的观念形态和理智的认识所直接制约的一种情感，我们又称它为人的高级情感。

人的各种情感，不管是初级情感还是高级情感，舞蹈都可以充分、深刻、淋漓尽致地予以表达。可以说，没有任何人的情感领域内容是舞蹈不能表现的。因此，面对如此丰富浩瀚、复杂多样的人的情感世界，我们在舞蹈创作中所反映和表现的对象，必须考虑到从客观社会效果出发，进行必要的审美选择，并对所要表现的情感进行审美的概括和提炼，使人的生活中自然形态的情感上升熔铸为舞蹈的审美情感。所谓舞蹈的审美情感，就是根据创作者的审美理想、审美情趣对人的现实生活中的自然形态的情感予以审美判断的选择，经过想象再创作，并用人体的造型动作把它完美地表现出来。我们的舞蹈创作不仅仅是一种个人情感的自我宣泄，而应当考虑到个人情感与社会情感需求的统一，这才是我们舞蹈的审美情感。如《荷花舞》《雀之灵》《奔腾》《红绸舞》《黄河魂》等都是适应我们时代的要求，表现着我们的审美理想、具有丰富的审美情感的舞蹈作品。

舞蹈是一种抒情性的艺术，舞蹈擅长于抒情，不等于说不能用舞蹈的艺术手法去表现复杂的故事情节和人物之间性格的矛盾冲突。过去，舞蹈界许多人说“舞蹈长于抒情和叙事，拙于叙事”，如果从舞蹈的表现功能和表现特性方面来看，这种认识是正确的，但是舞蹈的抒情和叙事的“长”和“拙”，也只是相对而言的，不应把它们绝对化，否则就容易走向片面性的误差。20世纪60年代，有人主张舞蹈创作要“求其擅长，避其局限”，就让它来创作能够发挥其特长的题材好了，何必勉为其难地让它来叙事，舞蹈不好表现的题材内容，让其他的艺术表现形式——小说、话剧、电影去搞。这种主张不能说没有道理，但是，这种对舞蹈题材的绝对分工，或者说是让舞蹈绝对地避其局限，无疑对于发挥舞蹈编导们的创作潜在能力和革新创造精神，是一种束缚，这对发展舞蹈创作只能起到一定的消极作用和不利影响。我国的舞蹈编导们并没有信奉这种主张，没有被这种理论的框框限制住手脚，而是勇于探索，善于追求，不断扩大自己的艺术表现领域，力求把舞蹈的所谓局限转化为擅长，把自然生活的时空，以舞蹈的独特视角将其转化为艺术化的舞蹈时空，从而在舞蹈和舞剧的创作上取得了突破性的进展。

除了上面提到的一些舞剧和舞蹈外，我国自20世纪80至90年代就相继出现了《奔月》《繁漪》《祝福》《鸣凤之死》《阿诗玛》等一大批在艺术上有革新创造精神的优秀舞剧作品。从这些作品中，我们可以看出舞蹈艺术中的抒情和叙事并不是绝对互不相容的矛盾对立物，相反，它们有着不可分离的亲密关系。舞剧编导们常常是把抒情和叙事巧妙地结合在一起而发挥出舞蹈艺术特有的个性功能和它的巨大艺术感染力量，如我国的现代舞剧《鸣凤之死》之所以能较好地发挥舞蹈艺术表现力的特长，能有较强的艺术感染力，就在于它的七个场景的艺术处理，同样是遵循着“在抒情中叙事”和“在叙事中抒情”的原则来进行艺术的结构和舞蹈表现。第一场“狭笼”，觉慧要冲破封建牢笼的束缚，追求自由的强烈的主观情感状态，又表现出他在这个有形和无形的狭笼中生存的客观现实。第二场“梦魇”，既是鸣凤内心世界的悲愤、恐惧、反抗、斗争等复杂思想感情的抒发，又具体表现出她即将被送给冯乐山做妾的残酷现实。第三场“高墙”，既表现了觉慧和鸣凤对自由幸福生活向往的强烈感情色彩，又表现出他们被一堵无形的墙——封建恶势力所阻挡的客观现实。第四场“梅林”则表现了他们冲破封建势力的樊篱，互相倾吐、表露了炽热的爱慕的情感，而这又是通过采摘梅花等一系列事件的描绘所表现出来的。后面几场的“生死”“死别”等也都具有明显的抒情和叙事紧密结合的特点。人物在剧中的行动无一不在显现着情节的发展，同时也无一不是在表现着人物内心复杂多样的情感。正因如此，这个舞剧才塑造出如此鲜明、生动具有强烈感染力量的鸣凤形象。

所谓“舞蹈拙于叙事”，只能相对于小说、话剧、电影等长于叙事的艺术种类而言，所以它并不是绝对的。问题是我们要找到舞蹈叙事的方法，要寻求到舞蹈表现情节事件的独特的表现角度。上面我们所谈到的“在抒情中叙事”和“叙事中抒情”的抒情和叙事相结合的方法，可能是我们解决这个问题比较好的方法，只要运用得好，发挥出舞蹈编导的艺术独创性，有时则可以获得其他艺术所难达到的特殊效果。

6. 综合性

舞蹈是一种以身体动作为主要表现手段的艺术，但是从它产生的那一天起就离不开音乐、诗歌、美术等因素，它们同样是舞蹈艺术的重要组成部分。因此，舞蹈的形象是一种综合性艺术形象。舞蹈艺术发展到今天，已经形成了一种高度综合性的表演艺术形式，它与诗歌、音乐、美术等更有着极为亲密的不可分的关系。随着舞蹈艺术表现出更为复杂和多样的生活内容的需要，特别是产生了舞剧这种舞蹈体裁后，舞蹈艺术的综合性发展到更为高级的阶段。舞剧把文学、戏剧、音乐、绘画、声光等艺术融合在舞蹈艺术之中，这就极大地增强和丰富了舞蹈艺术的表现能力，同时也就相应地促进了舞蹈艺术更高的发展。

各种体裁的舞蹈作品中，舞蹈和音乐具有最为密切的关系，一个舞蹈的成败，舞蹈音乐起着极为关键的作用，主要包括三个方面。

一是描绘人物的思想感情和性格特征，与舞蹈一起共同完成塑造艺术形象的任务。

二是对舞蹈所处的客观环境和气氛进行渲染和衬托。

三是在舞剧作品中，音乐除了上述的作用外，还要表现出戏剧性的矛盾冲突，在一定程度上担负着交代和展现剧情的任务。

舞蹈作为一种综合性的表演艺术，舞台美术——服装、布景、灯光、道具、音像等，也是舞蹈作品不可缺少的重要组成部分。它们对于展现舞蹈作品所处的时代、环境、民族，舞蹈作品中人物的身份以及帮助表现人物的思想感情和推动舞蹈情节的发展，起着不可忽视的作用。灯光的变化对人物的思想感情及其发展变化给予了有力的衬托，如亮度较强的、明朗的光线，一般是人物具有愉快情绪的时候，使观众有一种心胸开阔的感觉；而亮度较弱的阴霾的光线，大多是人物心情郁闷，失望、痛苦的时刻；混乱的、摇晃的光束，一般是表现人物受到重大的挫折、打击，处于精神失常或迷离恍惚的状态。

舞蹈和舞剧的舞台美术，虽然与其他表演艺术，特别是现代戏剧艺术的舞台美术有着许多基本的共同之处，但也有其不同的艺术特点。首先，由于舞蹈的动作性，要求充分地利用舞台的空间，作为人物活动的场地；其次，舞蹈表演的虚拟性和象征性，为了艺术风格的统一也不宜在舞台上设置过多的具体的实物；再次，为了加强舞蹈的表现力，编导都在致力于打破舞台时间和空间的局限，这就对舞蹈舞台美术工作中的布景、灯光提出了更多的复杂变化的创新要求。总的来说，根据舞蹈艺术的特点，我们觉得舞蹈舞台美术的发展，不应单纯地从模拟自然的景物出发，不要去追求自然写实的逼真感，而应当更加概括、凝练。舞蹈的舞台美术是一门独立的、富于创造性的艺术，对于一个舞蹈或舞剧创作的成败，有着极为重要的作用。任何忽视它和不给它以足够的重视的观点和做法，对于我们舞蹈事业的发展都是不利的。

根据以上所述，我们可知，从舞蹈的外化形态来看，舞蹈的艺术特性是舞蹈形象的直观动态性；从舞蹈的内在本质属性方面来看，舞蹈的艺术特性是它的抒情性；而从舞蹈艺术展现方式特点来看，舞蹈的艺术特性则是它的艺术综合性。所以，舞蹈的艺术特性就是：以人的身体动作为主要表现手段，并综合了音乐、美术、诗歌、戏剧等艺术形式，以具有节奏性和造型性的直观动态的舞蹈形象，表现人的情感和思想，反映人类社会生活的一种艺术。

思考题：

1. 舞蹈的起源有哪几种说法？
2. 艺术舞蹈有哪些种类？
3. 生活舞蹈包括哪些？
4. 舞蹈可分为几大类？
5. 舞蹈具有哪些特性？
6. 舞蹈动作分哪几种？
7. 舞蹈的综合性体现在哪些方面？

第四章　小品基础知识

第一节　小品的起源与发展

“小品”以它独特的魅力绽放在中国大地上，以幽默滑稽的表演形式得到了老百姓的喜欢和认可，它以简单短小的内容来表达一件发生在人们周围的小事，让大家在欢笑的同时，从中得到一些感悟。

“小品”自产生时起，就和社会现实有着难以割舍的血缘关系，它以精彩的喜剧内容，惟妙惟肖的讽刺艺术，以及生动传神的表演形式，对社会现实作了多方面的描写和揭示。在今天，“小品”这种源于现实的艺术，已是家喻户晓，同时又受到老百姓的喜爱。每年在中央电视台春节晚会中，小品已经是不可缺少的一道风景，观众如果看不到小品，就好像缺少了什么。那么什么样的小品是观众喜爱看，而且有市场、有生命力的作品？我们觉得，这个作品不单单需要再现现实，更需要多方面的艺术综合。

“小品”顾名思义是小的艺术品。小品的名称大致起源于艺术学校和演艺团体。在美术界，一幅简洁的单纯的小作品称为小品，它本身没有复杂的内涵，只反映事物的一个侧面或现象，表现形式较单一，如国画小品、版画小品、油画小品。在演艺界，通过形体和语言表现一个比较简单的场面或艺术形象的单人表演和组合表演，也称为“小品”。小品最早是演艺界考察学员艺术素质和基本功的面试项目，一般由录取单位老师现场出题，应试者当场表演。大约在20世纪80年代初，由于春节晚会的媒介，小品作为独立的节目参与到演出中，其因活泼、诙谐的表演形式备受观众的喜爱，形成“一枝独秀”的场面。较早的小品演出有陈佩斯、朱时茂的《吃面》，其滑稽幽默的形象动作，获得了广大观众的高度赞赏和认可。其后，赵本山、巩汉林、黄宏、黄晓娟、宋丹丹、郭达、蔡明、范伟等一大批明星脱颖而出，使小品这个新的演出形式空前火爆，它的题材丰富多样，其反映社会现象越来越具有深度和广度，表演形式也越趋多样化。从此，小品成为文艺舞台上不可缺少的、独特的艺术表现形式。

第二节　小品节目的特点

（1）短小精悍，情节简单。这是小品与其他艺术作品和艺术表现形式最基本的区别。小品属于“文化快餐”，是一碟精美的“小菜”，而不是什么火锅大烩菜。

（2）幽默风趣，滑稽可笑。小品是“笑”的艺术，好的小品大多有足够的笑料，让人在笑声中受到启发。

（3）雅俗共赏，题材广泛。小品反映的小题材、小事件源于基层和老百姓的生活。人世冷暖、世间百态都是小品描写的对象，都可以通过小品这种形式在艺术上得到升华，在舞台上进行演出。

（4）贴近生活，角度新颖，语言精练，感染力强，这是小品创作的基本要求。只有贴近生活的作品，群众才喜闻乐见，才易于接受。源于生活，高于生活，适度夸张，事例典型，这是成功小品的要领。

（5）针砭时弊，内含哲理。它透过表面现象，讽刺一些不合理的事物，揭示一定的哲理，寓教于乐。这既是小品的本意，也是人民群众对它的进一步要求。

第三节　小品节目的创作模式

（1）深入生活，贴近生活，体验生活，从生活中找灵感。要用艺术的眼光去发现题材，挖掘题材。

（2）题材宜小不宜大，要“大题小做”，不要“小题大做”。切忌包罗万象，搞“高大全”，一个小品最好只反映一件事物，或者只反映一件事物的一个侧面。内涵丰富、说理充分的题材，是电视系列片或长篇小说的事。

（3）要有笑料和“包袱”，语言要生动、幽默、诙谐，不要板着面孔说话。小品最宝贵的，是语言的生动有趣、妙语连珠，要巧妙地运用各种修辞手法，切忌平铺直叙。

（4）不要把小品写成相声或小戏剧，要突出小品的特点。有些小品作者用心良苦，立意也不错，总想把小品写得很有思想性，对人有教育意义，但表演效果适得其反，就是因为他们没有把戏剧和小品真正区别开来。

思考题：

1. 小品与相声、话剧的异同点。
2. 谈谈小品节目的特点。
3. 小品节目的创作模式有哪些。

第五章 曲艺基础知识

曲艺作为说唱艺术，虽有悠久的历史，却一直没有独立的艺术地位，在中华艺术发展史上，说唱艺术曾归于“宋代百戏”中，在瓦舍、勾栏（均为宋代民间演伎场地）表演；到了近代，则归于“什样杂耍”中，大多在诸如北京的天桥、南京的夫子庙、上海的徐家汇、天津的“三不管”、开封的相国寺等民间娱乐场地进行表演。中华人民共和国成立后，已经发展成熟的众多说唱艺术拥有了一个统一而稳定的名称，统称为“曲艺”，并进入剧场进行表演。

第一节 曲艺的起源与发展

一、曲艺的定义

曲艺是中华民族各种“说唱艺术”的统称，它是由民间口头文学和歌唱艺术经过长期发展演变形成的一种独特的艺术形式。据不完全统计，至今存在于中国民间的各族曲艺曲种约有400个。

二、曲艺的历史和特征

1. 历史背景

曲艺发展的历史源远流长。早在古代，中国民间的说故事、讲笑话，宫廷中俳优（古代以乐舞谐戏为业的艺人）的弹唱歌舞、滑稽表演，都含有曲艺的艺术因素。

到了唐代，讲说市人小说和向俗众宣讲佛经故事的俗讲的出现，大曲和民间曲调的流行，使说话伎艺、歌唱伎艺兴盛起来，自此，曲艺作为一种独立的艺术形式开始形成。

到了宋代，由于商品经济的发展，城市繁荣，市民阶层壮大，说唱表演有了专门的场所，也有了职业艺人、说话伎艺，鼓子词、诸宫调、唱赚等演唱形式极其昌盛，孟元老的《东京梦华录》、耐得翁的《都城纪胜》都对此作了详细记载。

凤阳花鼓

明清两代及至民国初年，资本主义经济萌芽，城市数量猛增，这大大促进了说唱艺术的发展，即一方面是城市周边地带赋有浓郁地方色彩的民间说唱纷纷流向城市，它们在演出实践中日臻成熟，如道情、莲花落、凤阳花鼓、霸王鞭等；另一方面一些老曲种在流布过程中，结合各地域和方言的特点发生着变化，如散韵相间的元、明词话逐渐演变为南方的弹词和北方的鼓词。这一时期新的曲艺品种、新的曲目不断涌现，不少曲种已是名家辈出、流派纷呈。我们今天所见到的曲艺品种，大多为清代至民初曲种的流传。

2. 曲艺的地位

曲艺作为中国最具民族民间色彩的表演艺术，在中国整个的文艺发展史上，占有十分重要的地位。

第一，曲艺是中国民族历史和民族文学的特殊传承载体。中国历史上各个少数民族的史诗以及许多民歌与叙事诗，借曲艺艺术的“说唱”得以传播、弘扬和保存。仅以世界闻名的中国三大民族史诗——藏族史诗《格萨尔王传》、柯尔克孜族史诗《玛纳斯》和蒙古族史诗《江格尔》的最后完成、定型与保存传播为例，客观上主要是依靠民族民间的“说唱”艺人搜集汇总、整理加工并“说唱”表演而得以传承的。其根本标志是这些史诗的传承系统与机制，实际上是以其传承而形成的史诗“说唱”式曲艺曲种的生存、发展来体现的。

第二，曲艺是中国古典章回体长篇小说和许多戏曲剧种形成的桥梁与母体。换言之，曲艺在其历史发展中催生了中国古典长篇小说，孕育了诸多戏曲剧种。中国古典长篇章回体小说《三国演义》《水浒传》《西游记》和《封神演义》等的完成，则是曲艺直接孕育催生的结果。中国由北至南包括吉林吉剧、北京曲剧、山东吕剧、浙江越剧等地方戏曲，特别是其声腔的形成，也莫不直接源自当地的曲艺曲种，如二人转、单弦、山东琴书和嵊州唱书，所以可以说曲艺成为孕育其他艺术的“母亲艺术”。

三、曲艺形式与发展

中国曲艺是由古代民间的口头文学和歌唱艺术经过长期发展演变形成的一种独特的艺术形式。曲艺的艺术特征，是通过说唱演绎故事和刻画人物形象，其臻于成熟的标志，是产生了职业化或半职业化的艺人，并以地区、民族和曲艺艺术流派的差异发展衍变成多种曲种，而为中国各族人民所喜闻乐见。

1. 追溯起源

曲艺与古代民间的说故事、笑话和叙事诗歌的歌唱有一定渊源关系。古人或以为说书源于汉代的稗官小说。《汉书·艺文志》著录的“小说家”著作，包含：①稗官采集的民间里巷风俗，其中有的带有故事因素，由于是“残丛小语”，而被称为“小说”；②以巫医魔祝为业的方士所说的神仙故事；③战国游说之士借故事、笑话以为譬喻，来阐述自己的学说。凡此对后世说故事、笑话均有一定影响。有人以为先秦时代的成相已为曲艺的形成肇其端。《汉书·艺文志》将成相歌辞列于杂赋之类，作品已无传。从荀子《成相篇》来看，它是可以联章歌唱的。先秦民间流行的“赋”，是用经过艺术加工的有节奏韵律的语言来朗诵的文体，后被汉代文人利用，增加了格律、对仗等雕琢文采的成分，成为文学体裁而流行甚久。文人赋的艺术特色，被后世曲艺艺术所继承。也有人以为说唱故事源于汉代的乐府诗。乐府诗歌中有一些叙事诗，如《王昭君》《秋胡行》等，其中相和歌辞的歌唱，是由一人执节而歌，旁有丝竹相和，已类似于曲艺演唱的形式。但从《晋书》《宋书》中《乐志》所载，采诗入乐常有任意增删诗句，不顾词义，只图迁就曲调规格的现象，只求悦耳，并不以表现作品内容的情感来感染听众为目的，所以与说唱艺术还有相当距离。

曲艺作为一种艺术活动，有人认为溯源于古代宫廷中的俳优。俳优是古代以乐舞谐戏为业的艺人，艺术活动包括歌、舞、乐、优四项，说故事、笑话也是重要的一门。史书中记载的多是俳优以谈笑进行讽谏的情况。俳优的诙谐嘲弄为曲艺所继承，并成为后世曲艺艺术的重要构成因素。但曲艺作为一种独立艺术的形成大约在唐代中叶。

俗讲的底本称为变文，近代从敦煌石窟中发现甚多，文体是散文与韵文相间，与梵文佛经的文体相同。另外还有通篇韵文的《舜子至孝变文》和一韵到底的《季布骂阵词文》，既继承发展了民族形式的传统，又为后代曲艺的鼓曲唱词开了先河。

2. 曲艺的繁盛与发展

曲艺艺术到了宋代开始呈现出繁荣昌盛的景象。经历了五代十国的长期战乱，中央集权制的宋王朝得以建立，农业生产逐步得到恢复，手工业和商业也迅速发展，城市繁荣，人口增长很快。北宋的京城汴梁（今开封）成了“八荒争凑、万国咸通”的大都市，到了南宋的都城临安（今杭州），更形成了特殊的繁荣景象。城市经济的昌盛，促成了市民阶层的壮大；特别是废除了唐代用围墙隔绝市民居住的坊区和商业集中的市区的“坊市制”，解除了宵禁制，使说唱艺人得以在瓦肆勾栏和街头日夜献艺，遂使市民阶层可以充分得到艺术享受，自然形成了曲艺艺术大繁荣的局面。

宋代说话艺术最为发达。北宋京城汴梁的瓦肆伎艺中，已有说《三分》《五代史》等讲史题材。到了南宋，则形成了小说、讲史、说经等家数。按《醉翁谈录》记述，艺人多有“博览该通”者。他们幼习《太平广记》，长攻历代史书，有相当的文化艺术修养，得以只凭三寸舌褒贬是非，略万余言讲论古今。《梦粱录》形容艺人的口才“谈论古今，如水之流”。在根据故事素材加以发挥铺衍的才能方面，南宋人郑樵《通志·乐略》说：“……稗官之流，其理只在唇舌间，而其事亦有记载。虞舜之父、杞梁之妻，于经传所言者数十言耳，彼则演成万千言。东方朔三山之求，诸葛亮九曲之势，于史籍无其事，彼则肆为出入。”

3. 古代曲艺的形式

唐宋大曲和各种民间曲调的流行，使宋代形成了品种繁多的说唱伎艺。有以唱为主的诸宫调、唱赚、复赚、弹唱因缘、唱京词、唱耍令、小唱、吟叫等形式；另有说诨话、背商谜、学乡谈、学像生等，可能是以说为主的伎艺。其中以诸宫调、唱赚、复赚的音乐结构最为复杂，诸宫调今存有董解元《西厢记》等作品；唱赚、复赚的音乐，据《都城记胜》说：“凡赚最难，以其兼具慢曲、曲破、大曲、嘌唱、耍令、番曲、叫声诸家腔谱也。”这三种说唱形式，都是说唱有人物、有故事情节的曲词。宋代的鼓子词，今存有《会真记》一种，是文人赵令畤的作品。鼓子词是否也在勾栏等处演出，在宋人记述都市生活和风俗习惯的《东京梦华录》等书籍中都没有记载，只有现存话本《刎颈鸳鸯会》一种，唱词体制与鼓子词相同。另外，在宫廷中有以30名小厮打息气（即渔鼓）唱鼓子词的，又称为“道情”，当是宫廷的排场，并非民间伎艺。

4. 元明两代说唱艺术向长篇发展的趋向

今存的讲史平话本多是元代开创，或据宋人旧本扩展、丰富而形成的。元、明两代的讲史，不仅用平话形式，还有散文与韵文相间的词话形式。词话曲调只有明人徐渭在《徐文长佚稿》中称之为“弹唱词话”，而元人杂剧里引用词话体的韵文，则都用念诵的方式。

元明两代流行的词话，多以长篇讲史题材为主，中间有一些表现当时社会生活的作品。据近人考证，《水浒》在明代初叶曾有词话本流行，今存还有《大唐秦王词话》和1967年发现的《说唱花关索词话》等。元明的平话、词话向长篇讲史的发展，对清代以来评话、说唱鼓词的发展有很大影响。明末清初的说书家柳敬亭在这方面起了承先启后的作用，他擅长讲述的《水浒》《隋唐》等书一直被后世艺人继承发展；柳敬亭的精湛技艺也为后世艺人揣摩领会，并被尊为说书业的祖师。

5. 民间俗曲向叙事说唱的发展

明代中叶以后，被收容在“圣恩堂”（清代称为“养济院”）里的乞丐、盲人陆续流入社会以说唱俗曲谋生。他们继承唐宋以来的道情、莲花落等乐曲来演唱有故事性的节目，成为新的说唱艺术品种。明代末年，凤阳花鼓、霸王鞭等带有舞蹈性的俗曲传播到很多地区，形成花鼓连厢之类的走唱形式。

到清代以后，这些说唱形式互相影响，并陆续吸收各地的民间曲调，分别形成带有舞蹈性的走唱形式和以多人演唱代言体曲词的坐唱形式。流传到现代的如各地的坐唱道情、琴书，走唱的莲花落、二人转等曲种，以采取半代言半叙述的曲词为特点，丰富了很多地区的说唱艺术品种。

6. 清代的南北曲艺交流

清代自康熙开始，社会逐渐安定，经济开始复苏，为曲艺的发展提供了有利条件。康熙、雍正、乾隆、嘉庆四朝180余年中，各地曲艺艺术的交流，促使曲艺艺术产生了一些新的品种。首先是明代中叶以后南北盛行的时调小曲，到了清代有了新的发展。从《扬州画舫录》的记载和《霓裳续谱》所收录的曲词看，时调小曲在南北都产生了将短小的单曲加上引子、尾声，形成以曲牌联缀为特点的、演唱有故事情节的叙事说唱新形式，对清代中叶各地牌子曲的兴盛有相当影响。另外，属于南词系统的曲种和平湖调、滩簧调等曲种自康熙、乾隆年间起在北京传唱近150年，对兴起于北京的子弟书、八角鼓等曲种在曲词和演唱形式等方面也产生了一定影响。旗籍子弟喜爱的子弟书、八角鼓也由于旗籍军士在西北、东北等地的驻屯而流传到很多地区，对当地的曲艺发展也产生过重要影响。各地曲艺的交流，促进了它们之间的互相吸收、借鉴，曲调有新的发展变化，说唱曲种日益繁荣兴盛。现代流行的大部分曲种都形成于清初叶至清中叶之间。

7. 现代曲艺的改革与推陈出新

五四运动期间，知识分子更加重视歌谣、曲艺等民间文学，收集、研究这类作品形成风气。艺人们纷纷以“改良”“文明”书词为标榜。在革命浪潮影响之下，有些人开始认识到利用传统艺术形式表现新内容的必要和可能。在革命战争年代里，曲艺已经逐步形成了自己的革命传统，为后来曲艺的发展和推陈出新奠定了基础。

中华人民共和国成立后，广大曲艺工作者总结了历史经验，继续坚持百花齐放、推陈出新的正确方针，为曲艺事业的繁荣发展做出新的贡献。

第二节　曲艺的特征及种类

一、本质特征

曲艺作为一门表演艺术，是用“口语说唱”来叙述故事、塑造人物、表达思想感情并反映社会生活的，正如戏曲艺术的本质特点是“以歌舞演故事”，曲艺艺术的本质特征当是“以口语说唱故事”。这是曲艺有别于其他艺术门类的本质属性。因为主要的艺术手段是“口语说唱”，所以曲艺的艺术形式相对比较简单：由一人或几人说演；或者由一人或几人演唱，辅以小型乐队（往往是三五件乐器）伴奏。又因为是以口头语言进行说唱，所以其表演方式是以第三人称的叙述为主，间以第一人称的模拟代言。这样，演员在舞台表演上便体现出“一人多角”“跳出跳入”“一人一台大戏”的特点。

说唱艺术虽有悠久的历史，却一直没有独立的艺术地位，在中华艺术发展史上，说唱艺术曾归于“宋代百戏”中，在瓦舍、勾栏（均为宋代民间演伎场地）表演；到了近代，则归于“什样杂耍”中，大多在诸如北京的天桥、南京的夫子庙、上海的徐家汇、天津的“三不管”、开封的相国寺等民间娱乐场地进行表演。中华人民共和国成立后，已经发展成熟的众多说唱艺术拥有了统一而稳定的名称，统称为“曲艺”，并进入剧场进行表演。

二、艺术特征

作为中国最具民族特点和民间意味的表演艺术形式集成，曲艺具有如下几个主要的艺术特征。

第一，曲艺表演是以“说”和“唱”为主要表现手段，所以要求它的语言必须适于说或唱，一定要生动活泼，简练精辟并易于上口。

第二，曲艺不像戏剧那样由演员装扮成固定的角色进行表演，而是由演员装扮成不同角色，以“一人多角”的方式，通过说、唱，把各种人物、故事表演给听众。因而曲艺表演比之戏剧，具有简便易行的特点。

第三，曲艺表演的简便易行，使它对生活的反映快捷，曲目、书目的内容多以短小精悍为主，因而曲艺演员通常能够自己创作、自己表演。

第四，曲艺以说、唱为艺术表现的主要手段，因而它是诉诸人们听觉的艺术，它通过说、唱刺激听众的听觉来驱动听众的形象思维，在听众的思维想象中与演员共同完成艺术创造。

第五，曲艺演员必须具备扎实的说功、唱功、做功和高超的模仿力，演员只有具备了这些技巧，才能将人物形象刻画得惟妙惟肖，使事件的叙述引人入胜，从而博得听众的欣赏。

不仅如此，同一曲种由于表演者各有所长，又形成不同的艺术流派，即使是同一流派，也因为表演者的差别而各具特色，这就形成了曲坛上百花争艳的繁荣景象。

三、曲艺的种类

曲艺发展的历史源远流长，种类繁多。

（一）主要代表

（1）京津地区：京韵大鼓、京东大鼓、王家大鼓、西河大鼓、梅花大鼓、单弦子弟书、北京琴书、天津时调、天津快板、数来宝、二人转、乐亭大鼓（河北乐亭）。

（2）北方地区：山东快书、山东琴书、河南坠子、大调曲子、河洛大鼓（洛阳）。

（3）西北地区：二人台。

（4）南方地区：苏州评弹（苏州弹词）、南京白局、海安花鼓、徐州琴书、扬州评话、淮安十番、扬州清曲、地水南音（广东说唱）、凤阳花鼓。

（5）东北地区：二人转。

（6）说唱类：相声、快板书、评书、独角戏。

（二）按曲艺音乐分

牌子曲类、弹词类、鼓曲类、琴书类、道情类、时调小曲类、走唱类、杂曲类、本土小曲类等。

1. 牌子曲类

以曲牌为基本音乐材料，或单支曲牌反复演唱，或多个曲牌联缀而成，用以说唱故事的曲种。流传于全国各地，如北京单弦牌子曲、山东八角鼓、河南曲子、陕西曲子、兰州鼓子、青海平弦、扬州清曲、江西清音、福建南音、四川清音、湖北小曲、长阳南曲、湖南丝弦、广西文场、东北三省的二人转等。

2. 弹词类

主要流传于中国南方。演唱者兼奏小三弦或琵琶等乐器，自弹自唱，是明清以来发展颇盛的曲种。如江苏、上海、浙江的苏州弹词，江苏的扬州弹词、启海弹词，浙江的四明南词、绍兴平湖调，福建南词，广东木鱼歌，长沙弹词等。

3. 鼓曲类

又称鼓词或大鼓书。主要流传于中国北方，一些南方省市也有流传。鼓曲类曲种历史悠久，与宋代的“鼓子词”有一定的渊源关系。演员自击鼓板演唱，伴奏乐器主要为三弦、四胡、琵琶、扬琴等。如木板大鼓、京韵大鼓、西河大鼓、乐亭大鼓、梅花大鼓、钱片大鼓、京东大鼓、东北大鼓、潞安鼓书、襄垣鼓书、山东大鼓、胶东大鼓、安徽大鼓、景德镇大鼓、河洛大鼓、湖北大鼓等。早期曲目长篇居多，有说有唱、散韵结合，后期曲目多为中短篇，以唱为主或只唱不说。

4. 琴书类

以扬（洋）琴为主要伴奏乐器而得名。在中国各地都有流传，如：四川扬琴，山西的翼城琴书、曲沃琴书，山东琴书，江苏的徐州琴书等。这类曲种的唱腔有的源于本地民间音乐，有的虽为外地传入却在本土扎根。琴书类唱腔以优美婉转见长，各自形成了具有浓郁地方风格的特点。

5. 道情类

因源于道歌（即道士说唱道情故事）而得名。可追溯到唐代《九真》《承天》等道曲；又因多采用渔鼓、简板为伴奏乐器，故亦叫渔鼓、竹琴或道情渔鼓。流传地域甚广，在中国南北各地流传的此类曲种达几十种。其中较有代表性的如淮北道情、晋北道情、长安道情、陇东道情、湖北渔鼓、湖南渔鼓、四川竹琴等。

6. 时调小曲类

天津时调、上海说唱、扬州清曲、江西清音、赣州南北词、湖北小曲、襄阳小曲、长阳小曲、湖南丝弦、祁阳小调、四川清音、盘子等。

7. 走唱类

十不闲莲花落、二人转、宁波走书、凤阳花鼓、车灯等。

8. 杂曲类

无锡评曲、昭兴莲花落、锦歌、褒歌、芗曲、江西莲花落、潮州歌、粤曲、龙船歌、零零落、台湾仔歌、粤东渔歌等。

9. 本土小曲类

又称本土小调。其来源一是在本土文化土壤上土生土长的小曲，二是由外地传入但经过与地方文化融合演化为本土小曲，具有本土音乐特色。它们大致可分为时调小曲和民间小曲两大系统。

属时调小曲的：北京时调小曲，天津时调，浙江的绍兴平湖调、宁波走书，江苏的宣卷，安徽凤阳花鼓，山东俚曲，陕西、山西、内蒙古的二人台，广东粤曲，四川的南坪弹唱等。

属民间小曲的：北京十不闲莲花落，河北沧州木板书，山西方沁州三弦书本、武乡三弦书，上海的子书，江苏无锡小热昏、苏州文书，安徽的门歌、四句推子，福建的乡曲说唱、竹板歌，湖北的三棒鼓，四川的连厢、车灯，宁夏的小曲、宁夏清曲，甘肃的河州贤孝，青海的西宁贤孝等。

（三）按说唱类分

（1）评话类曲种：评书、苏州评话、扬州评话、福州评话、湖北评话、四川评话等。

（2）相声类曲种：相声、独角戏、答嘴鼓、四川相书等。

（3）快板类曲种：快板书、任丘竹板书、锣鼓书、萍乡春锣、山东快书、说鼓子、四川金钱板等。

第三节 曲艺节目的表现形式与艺术手法

据调查统计，中国仍活跃在民间的曲艺品种有400个左右，流布于中国的大江南北。这众多的曲种虽然各自有各自的发展历程，但它们都具有鲜明的民间性、群众性，具有共同的艺术特征。

一、表现形式

1. 以“说、唱”为主要的艺术表现形式

说的如相声、评书、评话等；唱的如京韵大鼓、单弦牌子曲、扬州清曲、东北大鼓、温州大鼓、胶东大鼓、湖北大鼓等；似说似唱的（亦称韵诵体）如山东快书、快板书、锣鼓书、萍乡春锣、四川金钱板等；又说又唱的（既有无伴奏的说，又有音乐伴奏的唱）如山东琴书、徐州琴书、恩施扬琴、武乡琴书、安徽琴书、贵州琴书、云南扬琴等；又说又唱又舞的走唱如二人转、十不闲莲花落、宁波走书、凤阳花鼓、车灯、商花鼓等。正因为曲艺主要是通过说、唱，或似说似唱，或又说又唱来叙事、抒情，所以要求它的语言必须适于说或唱，一定要生动活泼且易于上口。

2. “一人多角”的表演形式

曲艺不像戏剧那样由演员装扮成固定的角色进行表演，而是由不装扮成角色的演员，以“一人多角”（一个曲艺演员可以模仿多种人物）的方式，通过说、唱，把形形色色的人物和各种各样的故事表演出来，告诉给听众。因而曲艺表演比之戏剧，具有简便易行的特点。只要有一两个人，一两件伴奏的乐器，或一个人带一块醒木，一把扇子（评书艺人所用），一副竹板儿（快板书艺人所用），甚至什么也不带（如相声艺人），走到哪儿，说唱到哪儿，与听众的交流，比之戏剧更为直接。

3. 曲艺简便易行、反映快捷

曲目、书目的内容多以短小精悍为主，因而曲艺演员通常能自编、自导、自演。与戏剧演员相比，曲艺演员所肩负的导演职能，尤为明显。比如一个曲目、书目，或一个相声段子，在表演过程中故事情节的结构、场面的安排、场景的转换、气氛的渲染、人物的出没、人物心理的刻画、语言的铺排、声调的把握、节奏的快慢等，无一不是由曲艺演员根据叙事或抒情的需要，根据对听众最佳接受效果的判断，来对说或唱进行统筹安排，进行调度，导演出一个个令听众心醉的精彩节目。

4. 曲艺诉诸人们听觉

也就是说曲艺是通过说、唱刺激听众的听觉来驱动听众的形象思维，在听众形象思维构成的意象中与演员共同完成艺术创造。曲艺表演可以在舞台上进行，也可画地为台随处表演，因而曲艺听众的思维与戏剧观众相比，不受舞台框架的限制，曲艺所说、唱的内容比戏剧具有更大的时间和空间的自由。为了把听众天马行空的形象思维规范到由说、唱营造的艺术天地之中，曲艺演员对听众反应的聆察更为迫切，也更为细致，因而他与听众的关系，比之戏剧演员更为密切。

5. 模仿表演的形式

为使听众享受到如闻其声、如见其人、如临其境的艺术美感，曲艺演员必须具备坚实的说功、唱功、做功，并需具有高超的模仿力。只有当曲艺演员对人物的喜怒哀乐刻画得惟妙惟肖，对事件的叙述引人入胜，才能博得听众的欣赏。而上述这些技能来自曲艺演员对现实生活的观察、体验与积累，以及对历史生活的分析、研究和认识。这一点对一个曲艺演员显得尤为重要。

二、曲艺表演的艺术手法

（一）说

说，要明白生动。说，要做到“一股劲”“警人心”，就要在介绍地点、描写环境、讲解故事的来龙去脉，刻画人物、模拟人物对话、剖析人物心理活动以及做出评价等多方面，自始至终说得明白生动，引人入胜。

基础是书词要写得符合上述要求。赵树理同志创作的评书《登记》就有这个特点。它开头是：……这个故事要是出在三十年前，“罗汉钱”这东西就不用解释；可惜我要说的故事是个新故事，听书的朋友们又有一大半是年轻人，因此……就得先把“罗汉钱”这东西交代一下。

曲艺说表技巧。以说为主的评话和说唱相间的鼓书、弹词最重说表和赋赞的念诵；相声、滑稽也以说、学为重，都要凭说功来表达内容，取得艺术效果。以唱为主的一些曲种，在歌唱中也夹有少量插白或简短的说口，以及半说半唱的成分。说功在说唱艺术中是重要的艺术手段，故有“说为君，唱为臣”“七分话白三分唱”等说法。曲艺艺人通过长期艺术实践，积累了丰富的说表技巧与经验，主要包括下述六个方面。

1. 吐字

吐字发音是曲艺演员的基本功，它要求演员在掌握正确的吐字发音方法即每一个字声母的发声部位（“唇、齿、喉、舌、牙”）和韵母发声口型（“开、齐、撮、合”）的基础上，进而锻炼，使自己的中气充沛，调节呼吸气息，根据书情内容的需要，安排语言的轻重疾徐，尤以字音沉重打远，使在场听众听得清晰、字字入耳为主要要求。艺人谚诀有“一字不到，听者发躁”“咬字不真，钝刀杀人”之说。字音沉重打远，并非盲目用力所能致，如模拟人物的低言悄语或情绪低沉的独白时，音量不大，仍能字字有力，送入听众耳中，方见吐字的功力深厚。

2. 传神

说表主要是靠演员的语言声态来描写环境，制造气氛，刻画人物，模拟各种人物的讲话和思想情感，这些都要求说得传神，才能感染听众。优秀的演员在模拟各种人物语言口吻时，往往不用“介头”（即介绍讲话者姓名），而使人一听就知道是什么人在讲话。传神是说表技巧的核心，说表传神才能使听众心神不散。说表传神是演员体会书情，揣摩人物，运用语言技巧与表情动作相结合的结果。

3. 变口

在塑造人物形象时，有选择地将某些人物的语言以方言语音来模拟，不仅表现人物的籍贯，更有助于表现人物的社会地位、精神气质等。在传统书目中利用方言变口来刻画人物，也反映古代社会生活中的一些风情世态，如县衙里的师爷说绍兴话，北京的生意人说山西话，南方的典当业说徽州话之类。变换口音在南方曲艺称为“乡谈”，北方曲艺称为“倒口”，是说功的重要技巧之一。

4. 音响

运用口技的技巧来模仿各种声音，以达到烘托气氛的艺术效果。评弹有“八技”之说，内容大体包括擂鼓、吹号、鸣锣、马蹄、马嘶、放炮、吼叫等。另有包括“爆头”之说，爆头即人物惊诧、愤怒、焦急时的各种吼声，北方评书称为“惊、炸”，演员须提高嗓音以表现人物惊诧高叫的语调。

5. 贯口

或称“串口”“快口”，以富于节奏的语言叙述事物，要求一气呵成、贯穿到底。演员事先背诵熟练，运用得当，可以起到渲染书情或产生笑料的作用。

6. 批讲

包括对书中人物、事件的评论和对书中引用典故及历史上的典章制度等的解释。有时详剖细解，有时片言只语，旨在帮助听众理解书情，辨别是非美丑。批讲的内容和详略，也以听众对象的具体情况为转移。

（二）唱

唱，要优美动听。曲艺演唱的往往是较长的叙事诗或抒情诗，这就要求演员结合故事情节和人物思想感情，引吭高歌。在一篇唱词中，要有一两个核心唱段，设计好优美动听的唱腔，以感染观众。

（三）演

演，要注意表情。曲艺是轻骑短刃，一两个演员往往要在工厂、田间、工地、哨所为成千上万的群众演唱。表演时，要求演员靠声调、语气和面部表情的变化来表达思想感情，而形体动作和小道具的运用（醒木、折扇、手绢等）则是辅助性的。

表演前要设计好人物的位置，视线要有目的性，面部表情主要靠眼神的变化向观众交代。这就叫“眼灵睛用力，面状心中生”。有时语言、表演结合在一起，叫话相齐发。曲艺的表演讲究神似，模拟动作不宜过多。

（四）评

评，要观点鲜明。宋代罗烨有两句话：“讲论只凭三寸舌，秤评天下浅和深。”说的是演员在演唱中间，凡对书里的事物进行评论介绍，对书里的主要正面人物着重赞扬，对某些反面人物批判贬抑，都要观点鲜明。经常使用的手法有散文、韵白、唱词三种。评，有时是夹叙夹评，在传统书目中称为“人物赞”。它用寥寥数笔塑造人物的神采和外貌，给人留下深刻的印象。

（五）噱

噱，要趣味隽永。曲艺要有趣味性、娱乐性。相声是逗笑的，相声以外的其他曲种也要求有适当的“噱头”“包袱儿”，使听众听了感到轻松愉快。

（1）“肉里噱”来自生活，与故事内容紧紧结合，听后有回味。

（2）“外插花”是活跃气氛的插科打诨，相声演员称它“佐料包袱儿”，不可缺少，也不宜过多。而那种为逗笑而逗笑，一味要贫嘴的表演，则会起到相反效果。应该提倡的是趣味高尚、耐人琢磨的“噱头”。

（六）学

学，要绘声绘形。根据叙述故事情节和刻画人物特征的需要。

（1）演员表演时常常仿学方言、方音，以模拟不同的人物。

（2）仿学市场叫卖声，戏曲唱腔，以描绘特定环境。

（3）有时也用鸡鸣、犬吠、马嘶声、军号声、枪炮声、火车声、飞机声等口技，使听众从声音形象上产生真实感。

总之，说、唱、演、评、噱、学，这六种艺术手法，是从多数曲种当中提炼归纳出来的。个别曲种如弹词，还强调演员表演时要掌握乐器（琵琶、三弦），所以其艺术手法中又多了一个“弹”。这只是大同中的小异。

思考题：

1. 曲艺的定义是什么？
2. 曲艺有怎样的地位？
3. 曲艺的艺术特征有哪些？
4. 曲艺的种类繁多，按说唱分类的有哪些？
5. 曲艺有哪些表现形式？
6. 曲艺的“说功”在说唱艺术中是重要的艺术手段，主要包括哪些内容？

第六章　剧本创作

第一节　话剧剧本的创作

对初步撰写剧本者而言，先拟定一个故事大纲，将现有的数据全列入，不一定得内容细节俱全，在初步的创作过程中，再逐步加减润色，标题如无不必急着定题，在作品完成后自然会出现。我们可以发现戏剧故事的发展方向与方式，剧中人物行动表现出来，因此在剧本之前的介绍不过是个概括性的提示，应力求清楚。

一、话剧剧本的故事梗概和大纲的撰写

对于话剧剧本创作的编剧来说，要会讲故事，讲好一个故事，剧本创作基本完成了一大半，剩下的是技术性的问题。要讲好故事，首先得编出一个故事梗概，然后根据故事梗概再进一步编写故事大纲。

1. 编写故事梗概

（1）确定主要人物，并扼要表述矛盾冲突和主要人物之间的关系；对于人物的思想、性格、环境与景物可以只做简要的描述，但这种描述是一种简练的、具体的，而不能过于抽象和概括。

（2）着重于故事的走向，体现剧本的总体构思；对于一个故事来说，如何把握故事的走向，是喜剧式还是悲剧式的，是诙谐幽默的，还是凝重悲伤的，还是喜剧、悲剧间杂着跳跃式的进行，编剧首先都得思虑周全。

（3）对于某些重要细节要点出来，以便于在故事形成过程中突出表现；编剧把握整体节奏，在哪些场合要穿插细节刻画，通过突发性重大事件来刻

画人物，塑造人物性格，力求事件为人物服务。

（4）一般人物可省略，对于重要的对白，可用描述的方式把意思表达出来。在处理一般人物和主要人物关系时，对于剧本中主要人物要加以突出，一般人物的故事尽量简化，一般人物是为主要人物服务的。

2. 编写故事大纲

（1）将故事发生的时代背景、社会环境、时间、地点作明确的规定；编剧者应遵照典型剧本的经验，大时代，小切口，举重若轻地把事件放在大时代的背景下进行。

（2）对主要人物的思想脉络、性格特征、行为动作有清晰的考虑；主要人物的塑造要在重要事件中进行，通过对重大事件的处理或遭遇，来突出重要人物在重大历史走向中所起的决定性作用。

（3）有一系列重要事件组成的情节要点；对于话剧剧本创作而言，忌情节平淡，对于事件的节奏要"一波未平一波又起"，事件一个接着一个发生，但一系列事件之间又有着内在的逻辑关系，一环扣一环，环环相扣来推动故事情节的发展。

（4）对全剧结构的疏密、起伏做出有节奏和有层次的统一完整的布局；剧本创作的结构对于初学者来说有一定的难度，在剧本创作的过程中，编剧心里要有节奏感，即几分钟一个小高潮，几分钟一个大高潮，疏密有度，情节丰富。

（5）确定开篇重场戏、过场戏以及高潮点，结尾方式。对于话剧剧本创作而言，开场成功便是成功了一半，出彩的戏份一定要放在开场，对于成熟的编剧而言，开场几分钟就会亮出故事冲突来，紧紧抓住观众，随着事件发展，将故事在跌宕起伏中推向高潮，再根据剧情创作一个精彩的结尾。

二、话剧剧本的创作结构

话剧剧本的结构根据编剧的不同创作思路而不同，一般说来，有的编剧从审美感受方面来创作剧本的结构，有的从时空顺序方面来结构剧本，而有的则从创作观念方面来结构剧本。

1. 从审美感受方面来创作剧本的结构

从审美感受可分为戏剧式结构和散文式结构。话剧剧本的结构没有固定的模式，但对于初级阶段的编剧而言，一般把剧本结构分为戏剧式结构和散文式结构。

（1）戏剧式结构：注意情节起伏和戏剧冲突的设置；段落布局合情合理，注重因果关系，也就是说事件的发展有一条主线，从开端、发展、高潮到结束，故事情节环环相扣，沿着主线发展。

（2）散文式结构：通过日常化情绪令观众感受到某种人生启迪或是情绪的感染；没有完整的故事，而是着力于生活细节的描写。

2. 从时空安排来区分剧本结构

（1）顺序式结构，就是故事情节顺着时空的节奏向前推进，事件从开端到发展再到高潮和结束。

（2）倒序式结构，故事情节从结尾向前倒退，逆着叙述和发展，观众先知道故事情节的结局，再随着剧情的推进慢慢明白故事情节的起因和发展。

（3）时空交错式结构，故事情节的推进完全打乱了顺序和倒序的概念，根据剧情进行编织：

情节贯穿线——主线，副线。

观赏兴趣点——能引起观众情感变化的刺激点。

其中情节线可分为：人物线、事件线、情感线。

此外，细节不是凭空想象出来的，可以通过搜集素材来完成，以典型化的细节深刻地揭示出人物的个性、心理活动等。

矛盾冲突的设计安排：矛盾冲突的质量决定着作品的质量。可分为以下三点：人与人之间的冲突；人与环境之间的冲突；内心冲突。

塑造人物形象可分为以下三个层次：人物的性格，特别是个性；人物的心灵；人物的命运变化。

三、话剧中的人物

话剧中的人物分三种类型。

（1）共性人物：无个性特征，按人物的年龄、经济地位的一般状况加以综合和概括塑造出来的人物形象，如丫鬟、媒婆等。

（2）扁平人物（类型人物）：往往只是以某种观念的化身，如“吝啬人”“伪君子”。

（3）圆形人物（典型人物）：性格特征鲜明且呈现出发展、变化的态势。

处理人与事的关系：事件要为塑造人物形象服务，而并不是演绎事件的活道具。

确定主要人物及其关系：动笔创作时，第一步总要确立一个主要人物，以便以他为中心组织人物关系。

主要人物的关系：对立性、互补性。

画面感：动感要服从人物心灵的揭示（没有代表性的描写，该省则省，特写的则特写）。

抓细节描绘：注意表现人物个性化的动作，往往就是动作细节；个性化的语言往往能折射出一个人的学识、品格。

把握住人物情绪变化的关键时刻：对感情的爆发点，进行充分细微的刻画、表现。

注意情景交融：赋予环境以感情的色彩，使之成为某种具有灵性的生命，成为反映人物内心世界的对应物。

人物关系和人物之间的矛盾冲突要安排得合情合理，自然妥帖，不要露出生硬的人为痕迹，主要表现为：合乎生活的情理、合乎情境中的情理、合乎人物性格走向及情感变化的情理。

多侧面、多层次地挖掘人物内心世界。

给行为、言语以准确独特的动机，即心理依据，也就是心理活动的外在表现。

四、话剧素材

素材的搜集与提炼：素材是剧本的基础。

素材选取应本着三个原则：有利于主题的表达；有利于人物形象，特别是主要人物形象的塑造；有利于情节的编织。

五、剧作构思的产生

（1）确定写什么。写什么？写这个人，写这件事的意义价值何在（不能流于一般化，成为观念的演绎）。

（2）确定人与事。根据人物的需要来安排事件，而不能让事件左右人物。

（3）确定主要人物、次要人物、陪衬人物及人物关系（这点最重要），人物在全剧中的地位。

（4）时代，环境。即把人物放在一个什么时代、什么环境里来写。

（5）选择角度，即从何处下笔，从哪个方面，哪个角度。

（6）确定叙述方式和艺术风格（包括人称、时空安排、表现手法），这要针对剧作的具体内容和作者创作意图来确定。

（7）确定中心情节线（在拥有了不少精彩的场面和生动的细节之后，确立中心情节线）。

（8）确定结构的过程：首先，根据题材的性质和作品的风格和作品的追求风格，决定总的结构方式是用戏剧式结构还是散文式结构，叙述方式是顺叙还是倒叙，还是时空交错。其次，决定叙述线是通过某一个人物贯穿全剧还是某一件事、某一物品，甚或是一种情、一种景贯穿全剧。最后，决定事件或情节发展中的主要情绪爆发点、感情闪光点。

六、话剧剧本示例

实验话剧《啊，映山红》

（根据黄梅戏《红杜鹃》素材改编创作）

编剧　李光南

引　子

（春天，大别山“红山坳”“红色旅游景区”，漫山遍野的映山红竞相开放，景区中心——红军广场游人如织）

（在主题歌声中，来自某高校的部分大学生在女导游的引领下，正往广场中心的“母子雕像”走来）

主题歌：映山红，迎春开，拥春入胸怀，风狂雨猛都不怕，只因春似海。映山红，迎春开，岁岁开不败，花谢花落入春泥，只愿春常在（此时的主题歌是欢快的、明朗的，但又是抒情的）。

（主题歌结束，大学生们正好来到“母子雕像”前。大家对雕像凝望着。有的在用手机互相拍照）

女导游（下简称女）：同学们，这尊雕像叫“母子雕像”，也有叫“红军母子雕像”。大家仔细看，可有什么发现。

大学生甲：母亲好像年纪有些大。

大学生乙：母亲的形象也不像红军。

大学生丙：还有母亲怀中的孩子，怎么看，也不像一对母子。

女：到底是大学生，鉴赏水平就是高些。的确，这位穿了红军服装的女人她不是红军，她怀抱中的婴儿也不是她的孩子。可是，她却是红军的母亲。

大学生甲：听起来怎么像绕口令，把人都弄糊涂了。

女：经常有游客被弄糊涂了。对了，我们还是问吴总吧。

（女导游指着远处拿着图纸正和身边工作人员指指点点的中年人说）

（吴总收起图纸，递给工作人员，走过来，热情地打招呼）

吴：同学们好，热烈欢迎到大别山红山坳旅游。

女：吴总是“红山坳红色旅游”的投资人。关键是，他和雕像中的母子有直接关系。

（同学们惊讶地叫：啊——）

女：就是吴总实施的“精准扶贫”项目让红山坳富了起来。所以大家都亲热地叫吴总为“菩萨”，因为民间有“菩萨送福（富）”的说法。

吴：其实，我所做的一切，和雕像中的人物相比都微乎其微。我无非是在干他们所想的却未来得及干的事。我时常在夜深人静、游人稀少时来到这里，我在极力追溯那些过去的岁月，我在深思，面对先烈，我们应该为他们做些什么。

女：同学们，雕像中的婴儿，就是吴总的父亲，而这位母亲，他应该叫奶奶。

吴：不，她就是我——奶奶！

（光渐暗）

一

（LED 大屏上，是 1934 年，白色恐怖紧紧笼罩着大别山的红山坳。大批红军和赤卫队员被白匪和保安队枪杀，大量老百姓的住房被烧，到处是尸体，无家可归的百姓和被烧后滚滚冒着黑烟的住房）

（远处的大喇叭在声嘶力竭地叫：全体村民注意，红山坳剿匪司令部盘龙司令有令，今天在庄园广场公开处决共匪俘虏 5 名，所有人必须到场观斩，以示训诫。若有违抗者，杀无赦）

（桂嫂家门口，两个保安队员把桂嫂夹住，一个保安队员正在用火把烧桂嫂家的两间茅草房）

（桂嫂拼命挣扎着，想扑上去阻住）

桂：不要，不要烧我的房子！你们这是造孽啊！

匪兵甲：蒋委员长说了，红匪待过的地方，都是草要换种、人要换代。烧你两间破房子算什么？

匪兵乙：再叫，把你这个红军婆子也一起烧了。

（这时，邻居姚婶匆匆跑来。边跑边喊）

姚：不好了，桂嫂，你家根娃子被盘龙抓住了，马上就要杀头了，你还不快去？

桂：不会的，不会的，我家根娃子不是跟着大部队走了吗？

姚：说是遭了敌人的埋伏，死的人像割倒的麦子一样，快去呀！

（姚下）

桂：（声嘶力竭）根娃子，娘来了！

（暗光）

二

（大地主盘龙庄园——“地主庄园”门前广场）

（几个被俘的红军官兵满身血污地被绑在木柱上）

（荷枪实弹的匪兵把围观的群众挡在一边）

（老百姓的脸上，冷漠而害怕）

（身穿一身白雪纺的盘龙，头戴一顶绅士帽，手拿一根雪梨木的手杖，神气活现地走向高台）

盘：我终于又回来了！这山，这地，这漫山遍野的映山红，都还是姓盘。自从被你们这群穷棒子赶走的那天起，多少个日子，在我的眼中，在我的心中，燃烧的都是复仇的火焰，期望的都是重新踏上红山坳的这一天！想不到，这一天来得这么快，共产党，红军，完蛋了！

（红军团长艰难地抬起头，眼中闪耀着威严的目光）

团长：盘龙，你不要张狂，笑到最后的一定是中国共产党，是中国工农红军，是苏维埃人民政权。乡亲们，革命总有高潮，有低潮，红军不会失败的，它还会回来的，因为它代表的是人民。

盘：（指着红军团长，声嘶力竭）快快快，给我掌嘴！死到临头，你还像煮熟的鸭子，身烂嘴不烂。

（两个匪兵上前，脱下脚上的鞋，左右抽打红军团长，红军团长又昏过去）

盘：哼，谣言惑众！几个穷书生，几杆汉阳造，再有几本狗屁不通的洋人书，就想和蒋委员长争天下，这不是天狗吠月，痴人说梦吗？中国，是蒋某人的，红山坳，是盘某人的。你们跟着共产党，跟着红军，下场就是和这几个人一样！

（群众中有人在叫：不许杀红军！老百姓在往前挤，匪兵在拼命阻挡。这时，一直不敢抬头的红军通讯员木根在和团长低声讲话）

木根：团长，我不想死，我才16岁呢。

团长：我也不想死，革命还没成功。可是，要革命成功，就要有牺牲。

木根：我倒不怕死，可是，我娘刚给我寻了个婆娘，是后山的，说是长得俊，我还没见过面，就死了，我不甘心哪！我，我，我还没有做过真正的男人呢！

团长：我媳妇不知道可躲过敌人的搜捕，她可是马上就要生了，如果迟死几天，说不定，我就见到儿子了！

木根：我好害怕，娘就我一个儿子，我死了，她怎么过呀！

团长：别看我是团长，每次打仗我叫你们不要怕，可是我自己也怕。但是怕有用吗？都是一个死，倒不如死得像一个男人。20年后，又是一条好汉！

木根：16年，16年就行了，我才16岁！

团长：对！

（这时，桂嫂从人群中挤出来，对着木柱大喊）

桂：根娃子，娘来救你了。

（几个匪兵牢牢地拦住桂嫂，木根循声，看到了人群中的娘）

木根：娘，快救我，我怕！

团长：怎么，木根，你刚才不是说不怕了吗？

木根：可一见到娘，我还是怕！

桂：我的根娃子，我的根娃子呀！盘龙，你个狗日的，你放了我的根娃子，乡里乡亲的，你还真下得了毒手呀！

盘：（对副官）是哪里来的疯婆子，给我带过来！

副官：是！（对匪兵）把疯婆子带过来。

（几个匪兵把桂嫂拖了过来，桂嫂在不停地叫骂喊：放我儿子，放我儿

子）

（围观的群众也在叫喊：放人！放人）

副官：司令，快动手吧，迟则生变！

盘：（把手一挥）开枪，开枪！

（几声枪响，几名红军头在木柱上耷拉下来）

（桂嫂伤心欲绝，大叫）

桂：还我儿子，还我儿子。盘龙，你不得好死，我要杀了你，我要给根娃子报仇！

（盘龙上前，用手杖把正在叫骂的桂嫂脸向上托了托）

盘：原来是你，大胆的刁妇，敢辱骂本司令！要不是看在你在我们盘家当了几年用人的面子上，今天，我就一枪崩了你！你放着好端端的日子不过，闹什么“红”，把儿子的小命都闹进去了，划得来吗？

桂：你们这些坏人不除，穷人就得闹革命。你杀了我儿子，我要亲手杀了你，你个混蛋，恶霸！

副官：（掏出枪）这个疯婆子，留了也是后患，干脆，一枪送她上西天。

盘：（用手杖阻住副官掏枪）怕什么，我盘龙杀了多少红军和共产党，还怕一个疯婆子不成，留她一条贱命，给她儿子收尸吧。

（在众匪兵簇拥着，盘龙大摇大摆地下）

（匪兵放了桂嫂，桂嫂向儿子的尸体扑去）

桂：根娃子，我的根娃子！

（暗光）

三

（光启，修葺一新的“地主庄园”，广场上的几根木柱格外引人注目）

（大学生们站在庄园广场，饶有兴趣地观看）

女导游：同学们，这就是当年的“地主庄园”，解放后，做过“村农会”“小学校”。滑稽的是当年逃到中国台湾地区去的盘龙 70 年代末回来，要投资修路，要重建“地主庄园”，要帮大家脱贫，他以为乡亲们会对他感恩戴德的，但乡亲们都不睬他。他知道，自己播下的仇恨太多了，只好灰溜溜地逃了回去，到死也再无颜回来。现在大家看到的，是吴总重修的。他基本保持原貌。

大学生甲：是真的吗？

大学生乙：太血腥了。

大学生丙：革命可真不容易！

吴：是这样的！我就是希望大家不要轻易忘记历史。分分合合，打打谈谈，鲜血和生命，也许在政治家眼中不算什么，但在老百姓心目中，就是一道永远也解不开的结，迈不过的坎！

女导游：尤其是在是不是重建木柱时，有争论也有各方阻力。但吴总却坚持，他认为，这洒满烈士鲜血的死亡柱，就是对我们今天的警示，不要让腐败把胜利再毁了，让昨日的悲剧重演！

吴：我经常站在这儿，我在想，贫穷并不可怕，改变贫穷也不难，但忘记过去为什么许许多多的农民会跟着共产党闹革命，那才可怕！我们不希望还有根娃子倒下，还有红军团长和许许多多的红军倒下——

四

（光渐起）

（风雨交加，电闪雷鸣。黑暗笼罩的红山坳，映山红在风雨中片片凋落，被火烧过的民宅废墟仍在冒着黑烟）

（在一处斜坡的乱丛林，桂嫂冒着雨，正在用双手挖出一个坑，她要亲手埋葬她的儿子）

（桂嫂挖好坑，抱起儿子的尸体，紧紧地让他依偎在自己的怀中）

桂：根娃子，你不要怕，娘就在你身边。从小你就胆小，下雨天，从不敢一个人睡觉，总是让娘陪着你。想不到，当了两年红军，你还是这么胆小。从你 14 岁参军，到现在，娘算了一下，总共回来了三次，每次都是急匆匆地，加起来也就几个时辰。最后一次回来，娘把鸡汤都炖好了，你还是来不及喝一口，就急急地走了。你回来，就是娘的节日，娘高兴，你不回来，娘也高兴，因为，你在为咱穷人打天下。记得最后那次回来，娘发现你脸上添了一块疤痕，你说是弹片擦的。那以后，娘就担心，这子弹不会长眼睛，如果哪一天你——不幸了，娘孤单一人可怎么活呀！从此，我就天天为红军在菩萨面前烧高香，娘盼红军早点胜利。这仗早点完。可是，红军，你怎么不争气呀，这么多老百姓支持你，你还是让敌人占了上风。这让人怎么想得通啊！

（桂嫂一粒粒撕掉根娃破烂军装上的扣子）

桂：根娃子，你忍一忍，我要把你衣服上的扣子都撕了。不然，他们绑着你的魂魄，你就没有办法托生了。下辈子，你要睁大眼，托生一个好人家。不要像今生。根娃子，我们做了16年母子，我对不住你。你生下来就没奶水，只能喝山芋汤活命。不到5岁，你就跟娘上山采药，下湖捞猪菜，10岁的时候，别人家的孩子上了学堂，可是你呢，你得去为大地主盘龙家看牛。记得有一次，牛在山路上崴了蹄，盘龙就用他的手杖狠狠地抽打你，打得你三天起不了床。娘坐在你的床边，眼里流泪，心里也流泪。这些有钱人怎么这么心狠，这是钱造孽，还是人造孽啊！

（桂嫂把撕下的扣子拢在一起，小心地揣进怀中）

桂：这些就是你留给为娘的一点想头了。根娃子，别怪为娘无能，我实在找不到一身新衣服让你穿着上路。16年，为娘算了一下，你只穿过两次新衣服。一次是你3岁的时候，我悄悄地从盘龙家拿回了一块他们扔掉的包装袋，给你做了一件汗衫。一次就是你14岁当红军时穿上的新军装。根娃子，你穿上军装真的好威风。那一天，我摩挲着你的新军装，我好开心。我想，脓疮总有破头日，我桂嫂的苦日子也算熬过来了，我的儿子总算长大了，而且当上了红军，我得赶紧给他找个媳妇，我要让她给王家续香火，给红军传个代。

（把根娃子轻轻地放进坑里）

桂：俗话说，天通人性，根娃子，你死得冤，老天都在哭呢。你没死在战场上，却死在盘龙的枪下。盘龙，你个畜生，都是乡里乡亲的，你就下得了手。这是一条人命，也不是小鸡小狗。瞧这胸口，都被打烂了。根娃子，就是下辈子投胎，你也是个病胎呀，痛苦会随你一辈子。哎，可话又说回来，人这一生，哪不都是痛苦。日子折磨着你，疾病纠缠着你，坏人算计着你，灾祸等待着你。过日子，苦啊！根娃子，你是解脱了，可是你把痛苦加倍给了娘。为娘想随你去，这样，也省得死的孤独，活的孤单！

（桂嫂把泥土洒向坑内）

桂：可是我还不能死。冤有头债有主，我得为你报仇。我要杀了盘龙。他杀了我儿子，我必须杀他！儿子，你放心，总有一天，我要挖出他的五脏六腑祭奠你！为红军报仇，为穷人报仇！

（这时，桂嫂忽然听见轻微的呻吟声）

（桂嫂赶紧奔过去，把女红军映雪抱在怀中）

桂：红军妹子，你怎么在这儿呀？到处都是敌人，到处都在抓共产党和红军，你在这里太危险了（发现她的大肚子）。哎呀，你还挺着个大肚子，这孩子来得也真不是时候，这肚子里一个，肚子外一个，让我怎么办呀？我得找个地方给你们避避雨。可是，我家烧了，村子里大多数人家都烧了。盘龙家房子倒在，可是，我们也不能去呀！

（映雪动了动，吃力地说话）

映：我，我是不是快要死了？老乡，我求求你，我死了，把我埋一埋，我不想坦尸荒外，被野狗吃了，我不要紧，我怕的是我肚子里的孩子，他可不能没出娘胎，就喂了野狗。

桂：你不要怕，我来想想办法。这孩子是不是就要生了？

映：（吃力地点点头）也就是这一两天。红军转移的时候他急得要出世。要不然，我也随大部队走了。

桂：这么巧？我家木根刚死，这个孩子就要出世？还偏偏让我碰到了！难道这是木根投胎？对，肯定是苍天有眼，可怜我孤苦伶仃！无论如何，我也要救救这母子。（忙扶映雪起来，但映雪软弱无力，实在起不来）

映：大嫂，我实在没有力气了，在这里，我躲了三天三夜，我坚持不下去了！

桂：人活着，靠的就是一股子气，你要想着把这孩子生下来，你就能站起来，就能跟我走。离这不远，有一个山洞，是猎人们避雨的地方，有锅有柴还有水罐，如果走运的话，还能找到一点苞谷和红薯。走，我们过去。

（映雪在桂嫂的搀扶下，吃力地走下去）

桂：太好了，就这样！

（两人慢慢消失在黑暗中）

（一道闪电划过，是一声婴儿的尖声啼哭，把黑暗抖落）

五

（当代）

（当年的红军母子藏身洞前）

（在女导游的引领下，大学生们正好奇地参观游览）

大学生甲：站在这儿，忽然想起毛主席的一句诗：踏遍青山人未老，风景这边独好。

大学生乙：我想起的是另一首：天生一个仙人洞，无限风光在险峰。是不是更贴切些？

大学生丙：这里和井冈山的黄洋界相似，山高林密，坡陡路险。

大学生丁：那不就是“黄洋界上炮声隆，报道敌军消遁”?!

女：这就是当年的女红军母子藏身的地方。不过，当年通向这里的是一条躲在灌木丛中的小路。

吴：40多年前，我父亲根据母亲临终前的叙说，在当地老乡的指引下艰难地找到了这个山洞。当时，我父亲就下决心要修一条公路上来，打通山里山外的世界，一直到他临终前，这个愿望才得到实现。

女：不过，眼下这条柏油路是吴总为了开辟这个景区重新修的。如果说，当年的黄土路是当地老百姓的“脱贫路”，那么，今天这条柏油路就是他们的“小康路”。

吴：（谦虚地）是他们过奖了，我的这点回报，和当年桂嫂的救命之恩相比，是微不足道的啊！

六

（过去）

（山洞，里面阴暗潮湿，外面雨下个不停）

（映雪虚脱地躺在一堆山茅草上，洞中间，火塘中燃起一堆火，上面有只黑色的铜吊子正冒着热气）

（桂嫂抱着刚生下的孩子来回走着，哄着孩子。但孩子因为饿了，哭啼个不停）

桂：这可怎么办呀，猎人留下的两根红薯已经吃完了，小根娃子，我拿什么来给你吃呢？

映：桂嫂，还是让他在我奶上吮吮，也许能吮出点奶汁。

桂：你几天没吃东西，水都没有，哪会吮出奶？

映：吮不出奶，也是一种安慰，总比哭要好些。

桂：也行（桂嫂把孩子慢慢放到映雪怀里，婴儿还真的不哭了）。

桂：这小东西，认娘呢。不过，你哄不了一会，我得赶紧去找点东西来给你催奶。

映：外面到处都是白匪，你哪去找？

桂：老天爷饿不死瞎家雀，这地方我熟，哪儿说不定就能找到吃的。只是你躲好了，千万不能出来。

（桂嫂冒雨冲出去）

（映雪坐在草堆上，手中抱着孩子，轻轻摇着，孩子居然睡着了）

（映雪伤感地陷入了对往事的追忆中）

映：老张，你有儿子了。可惜，你生前没有见到儿子出生，这是你最大的遗憾。可要是没有桂嫂，你儿子和我都没命了。桂嫂是你的通讯员木根的母亲，我从她那里得知你和木根他们被俘后被盘龙杀了。盘龙到现在也可能还不知道他杀了他的女婿。不过，自从我 1927 年在上海参加革命后，和他就断绝了父女关系。如果说，我们现在还有关系的话，那就是仇人关系，他是我的仇人！当然，他首先是红军，是穷苦百姓的仇人！

（映把孩子轻轻放在草堆上，盖上自己的外套，站起来，用破碗在铜吊子里倒点水，喝了一口）

映：老张，我们分别这是几天了？过去发生的事好像还在眼前闪动着。为了掩护大部队转移，你带着一个团和敌人三个师对抗了三天。1000 多个生命，在我眼前鲜活地活着，又鲜活地死去，我救了这个，救不了那个。可救了这个又有什么用，一眨眼，又被敌人的炮弹炸得血肉横飞。你在阵地上大喊大叫，左蹦右跳，指挥着，可有啥用？自从红军成立，你没打过这么窝囊战，红军也没打过这么窝囊战。你心里急呀，你骂上面那些败家子，仔买爷田不心痛，可作为军人你只有服从。服从的结果是，你和 1000 多红军的生命染红了大别山。

（映雪看了看儿子，用指头沾点水，在儿子的小嘴唇上轻轻润了润）

映：好在最后，你还动了私念，你让两个红军战士把我抬下了战场，不过，当时我已经肚子疼，不能战斗了。要不是那两个战士把我藏在乱草丛里，我可能和你一样，死了。那样就没有我们的小根娃子了。这是桂嫂这么叫的，我觉得很好，这孩子本来就是他救的，而他又是红军的后代，根娃子也是红军，他当得起这个名。你同意吗？你瞧瞧，这小家伙梦里笑了，可真随你！

（映走到洞口，雨已经停了）

映：（焦急地）桂嫂怎么还没回来？她还不知道我就是盘龙的女儿，她要是知道了，会怎么办？我真的好担心。

（这时，桂嫂冲进山洞，她左手上提了一只小竹篓，右手的中指包着一块破布，但已经被血染红了）

桂：（欣喜地）大妹子，这下好了，这下我们的小根娃子有救了，你瞧我抓回来什么（把竹篓给映雪看），是石鸡蛤蟆！这东西藏在山河沟的石头缝了，关键是它常常和毒蛇共一个洞，可难抓了。但却是难得的补品，所以我们这儿有句话叫“拼命吃石鸡蛤蟆”。用它炖汤，我保证你吃下后奶水就像山泉水似的哗哗往外流，把我们的小根娃子养得白白胖胖的。

（把洗干净的石鸡蛤蟆一只只放进铜吊子里。但映雪还是看到了她流血的手指）

映：真是太难为你了。你这手是怎么回事？我是医生，你让我看看（上前，要看，桂嫂躲）。

桂：没什么，让蛇咬了一口。

映：（紧张地）这大别山可是毒蛇遍布，你这有生命危险啊！

桂：你别担心，山里人被毒蛇咬，还不是常事？我当时就把这咬的指头用刀剁了，敷上草药，再把蛇杀了，喝干蛇血，就没多大事了。

映：胡闹，要是感染了，后果更可怕！

桂：乡下人命贱，阎王爷不稀罕！你就放心吧。

（这时，洞外有人喊叫，是姚婶）

姚：桂嫂，你出来一下——

（桂嫂示意映雪回避，她堵在山洞门口）

桂：姚婶，是你，有事吗？

（姚婶提了一篮子土豆，把它递给桂嫂）

姚：没法子，家里山芋洞里也就这点土豆没给白匪子搜走，给你送点。你也不要太伤心，世道不太平，百姓如猪狗。这日子，也就这么糊涂过了。

桂：太谢谢了，你们日子也难呐！还帮衬着我。这让我怎么过意得去？

姚：穷帮穷，总有一天盘龙会完蛋的，俗话讲，皇帝无根，人人能做。别看他张狂，听说今天在凤凰山祭祖，那场面可大了！

桂：什么？盘龙在凤凰山祭祖？

姚：那爆竹炸的，你没听见？还请了水吼镇的黄梅戏班子，唱三天三夜大戏。我得走了，赶紧去抢几个祭奠的馒头。你多保重啊！

（姚婶下）

桂：凤凰山祭祖？好，盘龙，你的阳世到头了！（桂嫂返回洞，找东西）

映：桂嫂，你找什么？刚才又是谁呀？

桂：一个邻居，给我送一篮子土豆，这下有东西吃了。

映：哦，可靠吗？

桂：可靠，一辈子的邻居，都是穷棒子。

（这时，桂嫂找到了一把猎人留下的弯刀，她拿在手上，试了试。映雪紧张地望着）

映：你，你这是——要干什么？

桂：报仇！我要找盘龙报仇！平时他缩在庄园里，找不到机会，今天他要到凤凰山拜祖，机会来了。我要亲手杀了他，为根娃子报仇！

映：桂嫂，你认为你能杀了盘龙吗？凭你一个弱女子，杀盘龙，那不是飞蛾扑火，以卵击石？

桂：光脚还怕穿鞋的，大不了以命相拼。我的根娃子死了，我的心其实也就死了，今天，我还活着，也是为报仇活着。

映：桂嫂，蒋介石、盘龙欠我们共产党、红军的血债太多太大，这个仇共产党和红军迟早会报的，我们要报仇，就要唤醒全中国劳苦大众，靠一个人力量，除了白白送命，就是便宜了敌人。

桂：我倒想共产党还有红军出头为我报仇啊！可他们在哪，到处都是敌人，到处都是坏蛋，讲空话有啥用？我只能靠自己。

映：桂嫂，你要相信共产党，相信红军。

桂：别说了，吊子里的汤马上就要好了，你赶紧趁热喝下去，喝下去就有奶了，你可不能让我的小根娃子饿了。

（桂嫂坚决地下，映雪低声喊）

映：桂嫂，桂嫂，你不要犯傻！

（暗光）

七

（凤凰山，盘家祖坟山）

（刚祭完祖的现场一片狼藉。到处都是乱扔的纸人纸马，还有鞭炮的碎屑。香烟缭绕，纸幡飞舞）

（刚刚行过大礼，穿着白色祭服的盘龙正准备上滑竿）

（他身边除了副官，还有两名随从，四个抬滑竿的士兵）

副官：司令，这几天一直下雨，今天你要祭祖，天就晴了，真是奇了，这可是盘家发达的好兆头啊！

盘：你这话说得在理。我告诉你，老祖宗说，吃饭穿衣，坟山屋基，这可一点不假。我们盘家几起几落，几败几兴，都因为这风水好啊！也怪共产党不懂这些，如果他们挖了我盘家祖坟，断了盘家龙脉，那就是另一回事了。

副官：他们信马列，不信神。所以他们吃亏。

盘：对，打江山切记不要有项王之慈。尤其是对共产党，还有红匪，不要有丝毫仁慈。那个红军团长的头还要挂在旗杆上示众，围山的队伍还要加强，不要让一个红匪漏网。

副官：是！凭你这次的功劳，说不定，过几天南京就会发表你担任红山坳少将保安司令。

盘：（听这话，很不高兴的）呸！这姓蒋的太不地道，把人当猴耍，说好的，只要夺回红山坳，就是少将，结果却是给个上校。

副官：（凑近盘龙的耳朵）据说是小人打的报告，说你女儿是红军。你知道，委员长最恨的是“通共”。

盘：女大不由父，她要参加共匪，老子有啥办法？他蒋某人不是黄埔军校的校长吗，可他的学生林彪、陈赓还不是参加了共产党！要这样说，他蒋某人是最大的“通共”。

副官：关键是，有人说那个红军团长是你女婿，你杀他，是灭口！

盘：（吃惊地）什么什么？我女婿，是我女婿，要真是我女婿，我这不是大义灭亲吗？（若有所思，小声地）我女婿，怎么会呢？那我女儿哪去了，难道她——，不管她，她是共匪，我们早就不是父女了，走吧。

（盘龙上滑竿，前行，副官跟随）

副官：司令，小声点，隔墙有耳。

盘：老子怕卵？什么少将上校，还不是自己拿钱招兵买马，买枪买炮，他蒋某人不会给你个大子，官大赔本大。不如当个实实在在的红山坳的“山大王”。

副官：司令高见！

（这时，桂嫂拿着弯刀冲过来，向盘龙砍去）

桂：盘龙，你这个恶魔，还我儿子！

（盘龙吓得从滑竿上跌落下来。桂嫂的刀还举在半空，副官用枪柄狠敲了一下桂嫂的头，桂嫂昏倒在地）

副官：（对随从）还不快把司令扶起来！

（两个随从慌忙把盘龙扶起，盘龙咧着嘴，哎哟地叫着）

盘：痛死我了，今天还真是出门遇到鬼了，这个女人莫非疯了？还真缠上了老子了。

副官：（对随从）还不快把这个疯女人踢下悬崖，喂野狼去？

（随从搬起昏迷的桂嫂，刚准备扔下去，盘龙摆了摆手）

盘：放了她！

副官：（不相信自己的耳朵似的）放了她？

盘：对，放了她！

副官：放了她，她还会来杀你！

盘：我就是等着她来杀。你以为我盘龙就是那么好杀的？我是属猫的，有九条命。共产党杀了我几年，我不还是活着？就她，这样一个疯婆子就把我吓坏了，我盘龙在红山坳还能混下去？

（这时，桂嫂醒过来了。她挣扎着，骂着）

桂嫂：盘龙，你这个千刀万剐的坏种，我要杀你，给我根娃子报仇！

副官：司令，还是杀了吧，以绝后患！

盘：古人说，民不畏死，奈何以死惧之？你以为她怕死吗？恰恰相反，死亡是对她最好的解脱。她今天来，压根儿就没打算活着回去！死亡，对于死者并不是一件痛苦的事，对于生者，则是永远的痛苦。我要让她活着，让她每天沉浸在儿子死亡的悲伤里，煎熬在报仇却无能为力的仇恨里。让悲伤和仇恨像两把钝刀每天都撕割着她的灵魂，让她生不如死。

副官：司令，高明！

（两士兵夹着桂嫂，准备把她送下去）

（盘龙没有上滑竿，兀自走了。副官和随从赶紧跟上。桂嫂在身后骂着）

桂：盘龙，你今天不杀我，我明天还会杀你！我就是为杀你而活着！（被两士兵拖下）

（盘望着远去的桂嫂，略有所思）

盘：（对副官）把共匪那个团长的头还是放下，和他的身子一起，找口棺材埋了，毕竟是个团长，在国军也算个上校级别，作为军人，我还是挺钦佩他的英勇的。

副官：这——是！

盘：围山的士兵也撤下来，这段时间太疲劳了，让他们休整。

副官：这？

盘：什么这不这的？把人都杀了，谁来给我种田耕地，谁来为我纳粮交税？你能指望蒋委员长吗？

副官：是！

（暗光）

八

（吴总的画外音：又一次报仇未果，我奶奶强压着心头的怒火，忍着头上的疼痛，无奈地向着山洞走去。她到底还是丢不下那对红军母子）

（亮光。山洞里）

（映雪抱着小根娃，在洞内不安地来回走动）

映：都大半天了，桂嫂还没有回来，肯定是凶多吉少。这个山洞已经不安全了。我要赶紧离开，去找红军。可是，我的小根娃子怎么办？小东西，我可不能带你一起走，被敌人发现了，那得都是死。你不能死，你是红军的后代，是革命的希望。我得想出个办法。对了，我去找盘龙，桂嫂肯定被他抓了，我要用自己去换回桂嫂。盘龙的目标是红军，而桂嫂只不过是个老百姓，他抓她没有任何价值。我不一样，我是红军，他可以用我的人头向上面再次邀功请赏，这个账，他算得通。

（映雪把刚刚喝了一饱奶——喝了石鸡汤，映雪还真的立即来了奶水——的小根娃子放在草堆上，从自己脖子上拿下一只小银锁，挂在了小根娃子的颈脖上）

映：这把小银锁是从小的时候母亲给我的，我这一去无回，小银锁也算是为娘给你留下的一点想头。不是娘心狠，只怪你生不逢时啊！

（再低头深情地亲了亲孩子的脸庞，泪水婆娑）

映：孩子，我走了，老天保佑你能活下去。

（刚准备出山洞，和进洞的桂嫂撞个正着）

映：（惊喜地）桂嫂，是你，你回来了？你头上怎么了，让我看看。

桂嫂：没事，死不了，让敌人的枪把子砸了一下。

映：我劝过你不要去嘛，瞧这，多危险，我还以为你被盘龙抓了，正准备去——

桂嫂：你要下山，那不就是送死？你死了，小根娃子可就是既无爹又无娘了。小根娃子呢，他睡了？你是不是有奶水了？

映：有了，好多，吊子里还有许多石鸡，你也吃点补补。

桂：我好端端地补什么？你要多吃，把我的小根娃子快快养大。（从草堆上抱起小根娃子。忽然，发现了他脖子上的小银锁。她拿出来看，似曾相识，问映雪）

桂：大妹子，这银锁是哪儿来的？

映：小时候，母亲给我的。

桂：（疑惑地自言自语）怎么这么巧！（忽然明白了，问）你，你小时候叫妮子？

映：那是我母亲取的。

桂：还不到十岁就被送到上海念书去了？

映：是这样，我就是在上海参加革命的。

（桂嫂上前，把头发撩起来）

桂：大小姐，你还记得这块疤吗？

（映雪摇头）

桂：是当年你老子，也就是大地主盘龙用他的手杖戳的。那时，我在你们家当用人，每天有大量的衣服、大量的碗要洗。那次洗衣服的时候，不小心，把你装在口袋里的这只小银锁用棒槌捶扁了一角，你发现后大吵大闹，你老子盘龙不问三七二十一，就给我一手杖，戳得我血流满面。你居然记不起来了？

映：桂嫂，对不起。这是盘龙这个坏蛋干的！

桂：不，他是你老子！

映：可是，从我参加革命，就和他脱离了关系。

桂：你和他脱离了关系？你怎么脱？你身上流着他的血。你们是打断骨头连着筋的关系，是瓜藤和瓜的关系。你说脱就算脱了吗？

映：怎么和你说呢，总之我和他已经不是父女了！

桂：不要说了！哈哈哈哈，（疯笑）这真是报应哪！仇人杀了我儿子，我不但杀不了他，还救了他的女儿，还有他的孙子？我可真傻，真善良，真会

“以德报怨”呐！

映：桂嫂，你冷静一些，你救的是红军，是红军的后代，你没有做错。

桂：对了，不是说，红军是穷人的队伍吗？不是说红军是为穷苦人打天下吗？可是红军的队伍里怎么有大地主的女儿？难怪红军打了败仗，这人心不齐啊！

映：红军是穷人的队伍，可是红军里不都是穷人呀！像我们党的有些领导人，他们原本不是穷人出身，但他们却在为穷人打天下。

桂：住口！你就是把天说破了，都没有用！我要报仇，为我的根娃子报仇，我要杀了这个小孽种，我要让盘龙断子绝孙！

（桂嫂把孩子高高举起来，小孩受了惊吓，哇哇哭起来。映雪扑过去，跪在桂嫂面前哀求）

映：桂嫂，求求你，求求你放了我的儿子！这孩子，他不姓盘，他姓张，他的父亲就是不久前被盘龙杀害的红军团长。

（桂嫂愣了一下，这时，映雪手脚麻利地把孩子抢回，紧紧地护在胸前）

桂：你说什么？你说他是红军的种？

映：是的，可怜这小东西一出世就没了父亲。

桂：这么说，盘龙杀了自己的女婿？

映：是的。

桂：他知道吗？

映：应该不知道。就是知道了，他也会杀。

桂：不，知道了，还杀，和不知道，杀，这是两回事。老古话说，不知者不为怪。这和我不一样，盘龙这狗日的，他明知道根娃子是我的儿子，他明知道根娃子当年给你家看过牛，他还是把根娃子杀了，并且是当着我的面杀的，这个仇我不报，我在乡亲们面前能抬得起头吗？我就是死了，我怎么和他死去的爹交代，向他们吴家的祖宗交代？我必须要杀了这个小孽种，为根娃子报仇。

（上前去抢映雪怀中的孩子，映雪拼命护着，孩子大哭。映雪毕竟身子弱，加上桂嫂因报仇心切而疯狂，很快就把孩子抢到手。映雪躺在地上，抱着桂嫂的腿，哀求）

映：桂嫂，不要，不要啊！他还是个孩子。

桂：孩子？我们家根娃子也才 16 岁，也是个孩子，他还没娶媳妇，连女人味都没尝过，更没有给吴家续上香火，他就死了！他就让你爹盘龙杀死了！

映：我知道你的心情，如果杀了这孩子，能够让你心里好受些，你，你，你就把他给杀了吧！反正，这孩子的命也是你救的，你随时可以拿去！

（映雪见桂嫂失去理智，只好弱下来，以退为进）

桂：我要亲手掐死他，掐死这小孽种，掐死这催命鬼，就是因为他要出世，才把我们家根娃子的命催走了。（用手掐襁褓中的孩子，孩子大哭。映雪背过身，泪水如雨）

映：孩子，我苦命的孩子！老张，我对不住你！

（桂嫂突然松下手）

桂：小孽种，你哭什么，哭得人心里瘆得慌。我怎么就下不了手呢。我真没出息。根娃子，你笑话娘了，娘口口声声说给你报仇，可报仇的机会来了，却下不了手，我，我，我，对不住你呀！

（桂嫂蹲下来，哭）

映：（开导桂嫂）不是你下不了手，是你太善良了，你只要把小根娃子想象成你的大仇人盘龙，你就，就——也许就能下手。

桂：是呀，你看，这就是盘龙！这鼻子，这眉毛，还有这哭，都是脱脱的盘龙。他是盘龙的后人，我要杀了他！我要把他摔死。

（站起来，把小根娃子高高举起来。欲摔）

映：桂嫂，等一下，让我先出去，我不想看到我的儿子——死在我的面前！

桂：什么？你不想看着儿子死在你面前？是的，哪个母亲都不想呀！我怎么能做这样的事？可，盘龙为什么就能做到呢？

（桂嫂很痛苦，想不通）

映：桂嫂，很简单，因为你是人，而盘龙不是，他是个畜生，他连自己的女婿都杀！

桂：（吼叫）闭嘴，你哄我！盘龙是你老子，你不会恨他！

映：可他更是我仇人，是共产党、红军的仇人！不信，桂嫂，我去杀他！

桂：真的吗？你真的敢去杀盘龙？你真的想去杀盘龙！

映：想，更敢。我愿意去给根娃子报仇，也给老张报仇！

桂：那你还等什么？

映：（看着桂嫂怀抱中的婴儿，深情地）那，那小根娃子就拜托你了，逢年过节的时候，让他到我和他父亲坟头上烧炷香。

（欲下，桂嫂突然又喊住了她）

桂：站住！

映：桂嫂，你是不是怕我——跑了！

桂：不是，我总觉得这里有些不对！

映：哪里不对？

桂：盘龙是你老子？

映：不，他是我的仇人！

桂：不，他是你的老子！

映：他更是我的仇人！

桂：不行，他首先是你的老子，你是他的女儿，你不能去杀老子！

映：为什么？

桂：这是中国人的人伦道德，你要是杀了亲生父亲，你死了怎么去见祖宗，阎王爷也不会让你托生！

映：我是共产党员，不信这些！

桂：共产党也是人，是人都得遵守祖宗的规矩！

映：那仇怎么报？不报了吗？

桂：当然要报，还是我去报！我想通了，冤有头债有主，我还得去找盘龙。（把孩子递给映雪）孩子还是离不开亲娘，与其让你们娘俩阴阳相隔，倒不如让我报了仇，去和根娃子地下团聚去。

（坚决地下）

映：（阻止）桂嫂，你不能去！

（这时，姚婶气喘吁吁地上来了）

姚：桂嫂，你这是到哪里去呢？

桂：姚婶，你怎么又来了？

姚：不好了，有人告密，说这洞里躲着红军伤员，敌人马上就要来了。

桂：真的？

姚：我给他们烧饭时，听一个连长说的，我偷偷跑来报信，你们赶快走，不然来不及了。

（姚下）

映：桂嫂，这可怎么办？

桂：怎么办？怎么办？逃啊，我知道有条小路可以通后山。

（这时，从山下传来两声枪响）

桂：姚婶，是姚婶被他们杀了！

映：枪声不远，敌人马上就要到了。桂嫂，你快走，他们是冲我来的，和你没关系。（把小根娃子塞到桂嫂的怀中）只是，我有个请求，请你把我的小根娃子当做你的儿子，带走，条件允许的话，就把他养大，好吗？

（桂嫂接过孩子，孩子在向她微笑）

桂：（欣喜地）瞧，这小东西笑了，他笑了，真像我们家根娃子小时的模样。

映：（跪倒）拜托了，我会在阴间保佑你们的！（欲下）

（桂嫂一把拽着映）

桂：你说什么？你去干什么？秤砣离不开秤杆，儿子离不开亲娘。你还是带着小根娃子走！

映：那你呢，你怎么办？

（桂嫂把映的红军军装扒下）

映：你干什么？

（桂嫂又将自己的外衣脱下，穿到映雪身上，把孩子塞到映雪手上，把她用力推出山洞）

桂：记住，向右走50米，有棵大树，树下面就是下山的路。

（一边说，一边把军装穿好，深情地环视了一下山洞，毅然向相反方向，一片盛开的映山红丛中跑去）

（两声枪响，桂嫂慢慢地倒下，倒在一片映山红中）

（画外音：根娃子，我对不起你，你的仇我报不了了——）

（暗光）

九

（当代）

（大别山映山红生态创业园）

女导游：同学们，展现在我们面前的是占地万亩的大别山映山红生态产业园。当年，为了掩护红军母子脱险，桂嫂就是倒在这里。

吴：其实，站在这里，红军母子雕像的故事也就接近尾声。那个红军女军医就是我奶奶，而那个小根娃子就是我的父亲。为了永远感激桂嫂的救命大恩，父亲把我改姓桂嫂的夫家姓——吴。并且，让我叫桂嫂为奶奶。

众：哦，原来如此。

女：这片生态产业园，在吴总的父亲手上曾经劈为茶园，吴总的父亲一生牵挂红山坳的乡亲们脱贫致富，曾为当地的乡亲们脱贫做出了巨大贡献。大家还记得那首脍炙人口的《再见大别山》吗，就是当年的吴将军和老区人民鱼水情深的真实写照。今天，吴总又接过了他父亲的接力棒！

（大学生惊讶：啊！）

吴：不要这样说，这样说，让人惭愧。记得我父亲第一次回来寻找我吴家奶奶的坟墓，回去后他一直眼含泪水，闷闷不乐，他对我奶奶说，这些年，乡亲们一直盼望当年他们用生命和鲜血支持的共产党和红军能带领他们走上富裕路，可这么多年过去，他们走的还是羊肠路，吃得还是山芋糊，冬天连一件御寒的衣服都没有。后来，父亲为红山坳的乡亲送来了一车军大衣，还修了一条土路。

女：那件军大衣可起作用了，当年，红山坳的冬天没有冻死一个人。乡亲们叫它“救命衣”，现在家家都还当成文物似地收藏着。

吴：父亲去世后，我一直在想着这个问题，如果我们这些红二代、红三代，或者是干二代、干三代，我们利用自己的身份和条件，仅为自己，为家族，去赚黑心钱，甚至连我们这些善良的乡亲都不放过，连这浸染着先烈鲜血的土地都不放过，我们不仅丢了共产党的“初心”，我们还丢了做人起码的“良心”！这些人，到老区来看看，难道不羞愧吗？不管怎样，我们心中都不能丢了百姓！

众：对，说得好！

女：就是为了继承父亲的意愿，今天，吴总在茶园的基础上，扩大成生态创业园，为“精准扶贫”开辟一条道路。他让困难户以山地入股，只要在园里干些力所能及的事，就能拿工资，年底还有分红。这被当地老百姓称为真正的“扶贫工程”。

大学生：太棒了。

吴：还有一点，我这个产业园，是为大学生搭建的创业平台，大学生进来创业，我除了提供必要条件，还三年不收任何费用。

女：大家可能还不知道，目前除了北京、上海的著名大学的学生来创业，还有许多“海归”也落户产业园了。

大学生甲：太好了，等我毕业了，也来这里创业。

大学生乙：算我一个。

（大家纷纷表态：还有我，算我一个）

吴：太好了，这片革命先烈染红的地方，就是我们大显身手的地方！

大学生：好！

女：那好，我们进创业园现场体验好吗？

众：好！

（在主题曲声中，光渐暗）

第二节　戏曲剧本的创作

戏曲剧本是戏曲艺术的第一度创作，它是戏曲舞台艺术二度创作的基础，即所谓“一剧之本”。剧本包括内容和形式两大部分，内容包括主题、故事内容、人物性格等；形式包括场次的情节结构、唱念安排等。一个好剧本需要把握戏曲剧本创作的技巧要素，并使剧本不仅是“案头之作”，而且能适合搬上戏曲舞台，是得到当代观众共鸣的“场上之作”。

一、剧诗：戏曲剧本的审美核心

中国戏曲走的是由民歌、唱诗、唱词、散曲到说唱故事的发展道路。从宋金的“诸宫调”开始，有了叙事性的唱本。在歌舞的这条线上，曲词和滑稽戏也被综合进来成为戏曲剧本的因素。清代孔尚任将戏曲文学定义为：传奇虽小道，凡诗赋、词曲、四六、小说家，无体不备。（孔尚任《桃花扇·小引》）张庚先生对于戏曲艺术的基本美学特征是这样论述的：在戏剧跟诗歌的关系上，戏曲是用诗歌来唱故事，是诗歌与表演相结合的发展得最复杂的形式。（张庚《戏剧论文集》）戏曲的剧诗的特性，可追溯到上古和先秦时期的“诗言志”之说，诗词曲的作用在于表现作者的思想、志向、抱负；汉代则强调诗的情感因素，“情动于中而形于言”（《毛诗序》）；唐代的孔颖达统一了诗的“情”与“志”：“在己为情，情动为志，情、志一也”。

“诗化”是对戏曲剧本文体的科学概括，其内在结构、节奏韵律、文学形式都应是“诗化”的。戏曲剧本的形式由唱、念组成，唱词要诗词化，念白要赋体化（即含诗意的散文）。抒情性和叙述性是戏曲唱与念的主要功能。一般来说，戏曲的唱侧重用于表现抒情性内容。用唱来抒发感情、交代情节、揭示人物的内心矛盾，刻画人物的性格和精神世界。唱既可以把人物瞬间的思想活动的来龙去脉，梳理放大，也可以把人物的思想时空和行为时空压缩在短距离内，这是戏曲的唱的独特的审美功能。

剧本唱词的格式需符合剧种声腔程式的特点。戏曲的唱词的种类分曲牌体（如昆剧、粤剧等）、板腔体（如京剧、桂剧、豫剧等）和民歌体（包括小曲、歌谣、说唱等，如花鼓戏）等。戏曲唱的表现形式有独唱、对唱、齐唱、伴唱、帮唱等。川剧的帮唱很有特色，又叫帮腔，帮唱可以增强唱腔的表现力。帮唱的功能很多，与人物性格有时协调，有时不协调：有时为了强调思想感情，作重复性叙述；有时表现人物理智的争辩；有时则作为第三者的客观评价，或是在向观众解说人物心情，表现对人物的批判或是同情。

念白侧重用于表现叙述性的内容。它是“诗化”的散文，讲究戏剧性、感情性、音乐性，并有节奏感，念白精炼，对话简短，讲究个性化。大段的念白，能起到在叙述中抒情，在抒情中叙述的相辉映的艺术效果。为了强调某种感情效果，还运用重复对称的形式，比如“当真？——当真”“果然？——果然”这种形式。唱与念都是归结到刻画人物上，使人物传神。

剧本的“运动性”的情节和行为动作的情节，要为表演的舞蹈化提供基础，通过载歌载舞来揭示特定矛盾中特定的人物心情，或展开人物之间的矛盾。运动性情节如《徐策跑城》的“跑城”通过圆场虚拟的时空舞蹈来表现徐策的兴奋心情，《秋江》通过划船舞蹈来表现陈妙常与老艄公之间的喜剧性冲突；行为动作如《霸王别姬》中的剑舞，《骆驼祥子》中的醉酒舞等。

二、主题：戏曲剧本的灵魂

艺术属于上层建筑——精神活动，它本身就是人类有别于其他动物的精神产物，它的存在就是为了给人类以情感上的满足，给人们以真、以善、以美。用一句话概括，就是艺术欣赏不单是人的情感活动，也是社会活动的重要组成部分。

中国戏曲艺术，从它的胚胎期，就接受了这一古典美学思想，从中国有记载的第一个演员优孟扮演孙叔敖起，历经唐代的参军戏，宋代的院本，金、元的杂剧，到明、清的传奇等戏曲艺人，无论有无剧本依循，他们的演出内容，不单纯取悦于观众，更是通过讽喻、调笑、歌舞、滑稽、杂技等娱乐手段，颂扬人间的真情，揭示生活的真理。李渔曾说："古人作文一篇，定有一篇之主脑。主脑非它，即作者立言之本意也。"（李渔《闲情偶寄》）"主脑"也就是我们现在说的主题。主题包含剧本蕴含的深意和哲理，是戏曲舞台艺术构思的基点，也是统一各艺术部门和塑造形象的基础。它是剧作者通过对社会生活的观察和体验，用戏曲艺术反映社会生活的本质现象，向人们阐明一种思想和真理，这也是剧作家对这些生活现象是非爱憎的立场。

我国历代的戏曲观众，从来都把审美理想放在首要的地位，他们欣赏戏曲，除了把它作为娱乐性活动，还对戏曲寄托褒贬善恶、分辨忠奸、抑扬美丑的希望。为此，历来有成就的戏曲艺人都很懂得情节本身不是他们追求的目的，而是通过情节反映出角色的思想感情，使观者悟出天地万物之间的运动规律，领悟做人的道理。主题思想必须通过人物性格、情节的进展、戏剧冲突等艺术表现"自然"地流露。而不能像某些剧本，尤其是现代戏，急功近利，采用拼凑概念、贴标签的做法。

优秀的戏曲剧本都是不断地从演出实践中修改打磨出来的。剧作者要根据导演、演员二度创作的舞台需要，提出改进的意见，共同协商修改方案。有的剧作者在创作过程中，就提前与导演切磋，并听取主创人员等的意见，使作品搬上舞台的过程中，减少不必要的返工，提高剧本的"成活率"。

三、情节：戏曲剧本的血肉

情节是人物自身或人物之间矛盾的发生、激化、转机等的经历，也是"人物性格的历史"。人物性格需要通过情节的铺陈来展现，而情节则依托人物性格来设置，必须符合人物的性格逻辑。情节由一个接一个的事件构成，事件有大小，小的事件也叫细节。剧本的情节丰富、生动，人物就"活"了。

戏曲剧本的情节还要求"奇特"，剧作家要根据生活，展开大胆而丰富的想象，构思不同凡响的情节。在传统戏中就不乏这样的佳作，《六月雪》《牡丹亭》《闹天宫》等就很有代表性。但是，情节不可有"扭捏巧造之弊"，不可为曲折而曲折，堆砌旁枝，不是从人物心理出发而随意编造。如果情节游离人物性格和主线，即使曲折复杂，也会被观众贬称为"情节戏"。

所以，要挑选非常有表现力的情节，情节要围绕主题和人物的命运，对重点情节要加以渲染、强调，旁枝的情节是为了陪衬主干，要避免枝蔓太繁，可有可无的情节尽量省略。最理想的戏曲剧本是既有栩栩如生的人物，又有曲折的剧情。

戏曲剧本的情节要有头有尾，要求有相对的完整性，观众了解了故事的来龙去脉，就乐于欣赏。一般整本戏和小戏都“有头”，至于折子戏也要注意“有头”，要用唱、念把故事的“前因”向观众介绍清楚；“有尾”指的结尾，不仅有结局，还指有余韵。比如传统京剧《宋士杰》的结尾：宋士杰为帮助杨素贞打赢官司，自己却因告倒了官而被发配，正在无计可施时，杨素贞突然发现毛朋正是帮她写状的人，于是宋士杰的命运有了转机，可谓奇峰突起，这样的奇峭之笔，很有余韵。每一幕的收煞也要有余味，“收场一出，即勾魂、摄魄之具。使人看过数日而犹觉声音在耳、情形在目者，全亏此处撒娇，作临去秋波那一转也”（李渔《闲情偶寄》）。李渔改写的《琵琶记·描容上路》的收煞很值得我们参考，原剧本是张大公念完下场诗便结束了，他改为张大公目送赵五娘下场后，加上感叹：“嗳，我明日死了，哪有这等一个孝顺妇！可怜！可怜！”这一目送和这一句感叹，使这场戏增添了余味。

有些剧本，缺乏生动的细节描写，因此显得干巴而难以动人。有些为了制造“意蕴”或“哲理”，故意淡化情节，或是写成“无情节”是不可取的。

四、戏剧冲突：戏曲剧本的动力

没有冲突就没有戏剧，戏剧冲突是一出戏的动力。冲突包括人物之间的矛盾以及人物自身的矛盾。某出戏有“戏”还是没“戏”，就是看这出戏有没有矛盾冲突。焦菊隐先生说，戏就是矛盾，有矛盾就有戏。所以，要在矛盾冲突中刻画人物，细节也要围绕着矛盾设置，细节把矛盾挖得深，表现得尖锐，人物的内心世界揭示得也深刻，对事物的评价也更透彻。即使简单的事件，也会使人感到丰富而有光彩。情节由矛盾构成，要围绕主要人物的命运来写矛盾，要避免枝蔓太繁。人物在一般的情况下，性格不容易显现，只有处在矛盾比较复杂的情境中才能看出其态度，人物的性格也就显得具体而突出。

张庚先生指出，写戏“要把最有戏剧性的情节直接表现在观众面前”。（张庚《论戏曲表现现代生活》）戏曲的戏剧矛盾一般是直接表现，采取明场交代，即把尖锐的矛盾直接表现在舞台上，并且让观众事先知道，这是戏曲结构的特点之一。如“上场引子”“下场诗”“自报家门”“背供”等，包括正面或反面人物的计谋都开门见山地先告诉观众，让观众知道情节内容和关键性的局势，可以引起对人物命运的关心，造成悬念，构成戏剧性，并可以使他们专心地欣赏表演。

五、人物性格：戏曲剧本的根本

人物形象是一切好戏的根基。戏曲的人物形象要求性格鲜明，张庚先生指出，人物性格模糊是戏曲中的大忌，因为性格不鲜明，矛盾斗争就不可能强烈。（张庚《论戏曲表现现代生活》）法国剧作家贝克认为，一本戏的永久价值，在于人物形象的塑造。我国著名导演焦菊隐先生认为，戏剧是为了在观众面前创造有思想的、能揭示客观真理的艺术形象。

剧作家要塑造鲜明的人物性格，主要通过情节的铺叙和对人物性格的细节刻画，揭示人物内心世界及其命运，把人物心境抒发得真挚动人。戏曲不同于其他的舞台艺术。话剧是剧本形式决定表演形式，而戏曲却是表演形式决定剧本形式，戏曲剧本要从有利于舞台表演出发。戏曲的行当表演程式不仅用来表示人物的心理特征，而且能从外形上包含某类人的性格、性别、品德、年龄、身份、职业等丰富的内容。它的功能是表现生活、表现人的种种情感、情绪状态以及隐喻和象征艺术家对人物的审美评价。所以，剧作者要有行当的意识，要懂得行当的特性，使舞台表演色彩丰富，人物性格鲜明。有的戏的人物性格单薄而难以动人，难以得到戏曲观众的共鸣。

六、结构：戏曲剧本的骨架

剧本的结构是指大、小情节的组联方式。话剧常用的是“散点”办法，多头绪地全面铺开情节和介绍人物。戏曲的结构要求点线式布局，所谓“一人一事”，讲究事件的连贯性。戏曲剧本的结构很重要，全剧的脉络要分明，前后要呼应，情节一环紧扣一环，一气呵成，不能成为断线之珠。同时，剧本要使观众弄清前因后果，有头有尾，一般分开端、发展、高潮、结局等。开场要醒目，即提出问题要简洁明了、高潮之前要有铺垫、收尾要独特而有余韵，并要使整体结构符合戏曲的舞台表演程式。

传统戏的结构大多是“分场”式，在布局上，一般以大的场子深入地表现矛盾，以短的场子介绍情况，有时还用“过场戏”交代剧情，补充说明一些重要的情景和背景，加强戏的连贯性，使剧情顺畅。现在新创作的剧目不少采用“分幕”式结构。

戏曲舞台艺术从表演形式上来分，称为唱功戏、做工戏、文戏、武戏等。一出戏中的武场戏要与文场戏相互穿插。戏曲剧本要根据剧情和体裁，考虑表演的布局，巧妙安置唱、做、念、打的布局，尽量做到文武相济，歌舞并茂，要留空隙给演员表演，发挥演员的表演技巧，使戏具备多姿多彩的观赏性。

七、节奏：戏曲剧本的脉搏

戏曲“舞台节奏”的概念，包含速度的因素，但又不等同于速度，它是舞台上各种艺术因素——文学、音乐、调度、布景、灯光、气氛以及表演等的有机总和。节奏感是观众对戏曲表演艺术的审美感受。剧本的节奏是未来演出舞台节奏的基础。

由于戏曲艺术表演形式的歌舞化，剧本要为唱、念、做、打的表演腾出时间，所以，戏曲剧本要精炼。戏曲剧本宜短不宜长，头绪忌繁，场子、人物都要简练，台词（唱、念）既要着墨细微的矛盾冲突和渲染人物的思想活动，又要做到要言不烦。优秀的戏曲剧本节奏，如同高明的画家，水墨丹青，浓淡相宜，耐人寻味。剧本节奏的流畅与拖拉，从根本上说，基于戏剧冲突的紧与松。剧本的审美节奏的要点有如下几点。

（1）入戏要快：戏曲剧本讲究“词曲中开场一折，即古文之冒头，时文之破题，务使开门见山”。法国的哲学家狄德罗也说：“正是第一个情节决定了整个作品的色彩。”以上中外戏剧家所说的“山”和“情节”，指的都是要直截了当、单刀直入地写矛盾冲突，使观众从一开始就被吸引。

（2）情节跌宕多姿：当代的观众一般喜欢戏剧矛盾大起大落，对比强烈的戏。为使观众一直保持浓烈的欣赏兴味，情节的悲喜、戏剧矛盾的张弛、气氛的低潮与高潮、情绪的舒缓与强烈，表演的文与武的对比，都是构成审美节奏感的要素。

（3）有情则长，无情则短，艺术就是感情。当代观众的欣赏趋势，青睐于情感冲突强烈的戏——包括外部的和内在的情感冲突，对于无感情冲突的戏，缺乏审美耐心。所以，一出戏中，叙述性情节要简练，对于情感冲突的戏要夸张、放大。戏曲还擅长于用唱来刻画内心冲突，使情感得到细致的刻画，增强戏的感染力。

八、情趣：戏曲的润滑剂

戏曲讲究情趣的传统，“趣”是艺术作品的一种审美属性。戏曲的前身参军戏和杂剧等，都是以机趣、调笑取悦观众。从《张协状元》的剧本中的末白：“弹丝品竹，歌笑满堂中”“是间惟有笑偏饶，教看众乐陶陶”中可看到戏曲以插科打诨渲染生活气息，调节戏剧空气。李渔对插科打诨——“趣”的功能又作了进一步的解释，“科诨乃看戏之人参汤也，养精益神，使人不倦”（《闲情偶寄》），这话道出了中国戏曲观众的特殊审美心理。这种喜剧色彩的穿插，包括悲剧中也很需要。像《荒山泪》这样的大悲剧，其中也穿插插科打诨。所以，有的专家认为，我国戏曲的“准”悲剧不太多，常常是悲喜同存的。传统戏最后的结局常常是善恶有报，“大团圆”，有个美好的理想。比如，《梁山伯与祝英台》的“化蝶”就是很典型的例子。

戏曲表演有一个特殊行当——丑行。它的表演特征是融情、理、乐于夸张、变形之中，表演含有喜剧色彩，起到活跃和调节舞台气氛的作用。丑行以滑稽、幽默、讽刺、诙谐、揶揄、轻松、风趣等艺术手法，或表现正面人物的幽默风趣和赞扬美的事物，或对丑恶事物进行揭露和鞭笞。丑行扮演的人物，有的是奸诈刁恶的被讽刺、被否定的对象，有的是被善意批评的对象，也有善良、机智的人物，是赞美、肯定的对象，有的则是与悲剧性相渗透的人物。如《苏三起解》中崇公道这样善良诙谐的人物的出现，使这出戏充满喜剧情趣。《打渔杀家》这出正剧中的教师爷，就是色厉内荏、愚莽的被讽刺的喜剧式的人物。

九、雅俗共赏：剧本与观众的纽带

戏剧是运动的直观的艺术，不似阅读书籍或欣赏绘画，可以反复翻阅、琢磨、研究。观众看戏时，如果对词义弄不明白，就会影响欣赏兴趣。况且戏曲是来自民间的艺术，广大的农民观众是戏曲的主要观众群。

历来不少古代戏曲理论家有过这样的论述，如“词宜明白而不难知”（李开先《西野春游词序》）、“曲本取于感发人心，歌之使奴、童、妇、女皆喻，乃为得体”（徐渭《南词叙录》）、“雅俗共赏”（黄周星《制曲枝语》）等，都十分重视直观性的感知效应和传达效应，力求观众一看就懂。所以，戏曲剧本的唱词应该避免过分雕琢和堆砌华丽的辞藻，或引用艰深的典故，使观众费解；但也要避免唱词的粗俗、简单、缺乏性格，以及文理不通和陈词滥调的“水词”。所以，戏曲剧本要注意通俗性，尤其是唱词，既要有文采，又要浅显易懂。剧本必须是文学的，又是戏剧的，不仅可读，而且可观。所谓“填词之设，专为登场”，所以，剧本需要被纳入舞台艺术的轨道。

第三节　小品剧本的创作

何谓小品?《辞海》指出：原指佛经的简本，现指简短的杂文或其他短小的表现形式。怎样创作一个质量高的小品？小品是什么？小品应从立意、选材、人物、冲突、语言等方面入手。创作一个小品可以从主题开始，小品的关键在于深入挖掘主题、表现事件。如何从已知命题和自己命题中挖掘出一个主题，并分析相关事件；同时，要培养作者运用演员的思维，用演员的眼光去选择主题。此外，还要挖掘行动的欲望，这一原则贯穿在小品创作的整个过程之中。

一、确定主题，题材新颖

题材无论如何，都要新颖。如不新颖，就不出小品；如要出，则必须精品。小品的主题是小品的灵魂，要用主题来维系一切。如是公益演出，主题的选择比较宽泛，自己觉得什么好就写什么；如果是行业约定的小品，就要根据行业的特点，选择一个最能体现行业特点的主题进行创作。好的小品主题，要能给人以思考和启迪。

二、构思故事，看人说话

构思一个故事时，一定要围绕主题来完成。故事是载体，要通过故事的情节展现主题。小品应力求短小而精悍，若过多介绍故事的前因后果，就会使小品又长又乏味。题材要新颖，有搞笑的、抒情的、反映的、赞美的等。

同时，要看对象说话，这点很重要。如观众是一群孩子，则应该写得搞笑开心，或抒情有趣，可使之从中升华思想。如观众是一群领导，则要写得严肃认真，适度风趣。不能有盲点，夸张要适当，否则会差之毫厘，失之千里。依对象来创作小品，好比察言观色，让观众们认同了，你就成功了。

三、大题小做，小中见大

艺术源于生活，且高于生活。小品的题材多取自于生活中的一些凡人小事。我们要用生活的眼光去挖掘题材，进行创作，不能瞎编乱造。在对生活进行“艺术夸张”时，要注意夸张适度，应给人一种真实感。题材宜小不宜大。小品要“大题小做”，不要“小题大做”。一个小品最好只反映一件事情，或者只反映一件事情的一个侧面。小品的题材应是令人关注的社会问题，要以人为本。“小中见大”，既要管中窥豹，又要有广度和内涵。

围绕故事，收集素材。创作小品时，素材来源有二：一是从生活中的积累得来；二是从书籍、影视、戏剧作品中模仿。这里提及的模仿并不是按部就班的故事实例，而是经过你的“艺术加工”后的“再创造”。观众最希望看到的是我们的创作能力，最真诚的东西往往最能打动观众。

小品是艺术，艺术源于生活又高于生活，故千万不能把生活直接搬上去，否则，也没人看。生活中的事经过我们“艺术处理”，才能搬上舞台。主要是将生活中有趣、有意义的事经过压缩后写入剧本，如将生活中的两个人写成一个人等。

四、语言艺术，突出特色

小品的语言要生动、有趣、幽默、诙谐，不要板着面孔说话，要通过语言揭示人物的内心世界。小品最宝贵的是语言的生动和妙语连珠。要巧妙地运用各种修辞手法，切忌平铺直叙。小品语言口语化、个性化，极具冲击力。口语化有两层含义：一是讲标准的大多数人都能听懂的普通话；二是讲具有地方特色的语言。小品中一个人物的一段台词不宜过长，尽量使用短句，力求简洁，同时不要过分追求剧本情节的完美，应力求短小而精，若过多介绍前因后果，就会使之又长又乏味。要深入生活，贴近生活，体验生活，从生活中找语言，要用艺术的眼光去发现语言，突出题材。

五、巧设结构，出人意料

小品结构形式大体上有两种：开放式和闭锁式。开放式结构就是让戏剧情节按时间顺序按部就班地展开，如赵本山和黄小娟表演的《相亲》；闭锁式结构就是只写高潮和结局部分，把事件最精彩的部分表现出来，如黄宏和魏积安表演的《擦皮鞋》。

六、舞台艺术，借鉴技法

小品创作与小说创作是完全不同的两种艺术形式。小品创作的要点在于：

要时刻注意它的可塑造性和可演性，要注意把人物情感的变化和心理变化通过语言和行动表现出来。戏剧小品虽自产自销，却仍受西方喜剧艺术的影响，尤其是卓别林喜剧艺术的影响，像蒙太奇手法、陌生化技巧、黑色幽默等现代技法都在不同的戏剧小品中得到运用。尝试的结果，不仅使戏剧小品具有鲜活、时尚的亲和力和感染力，而且提升了戏剧小品的艺术品位以及反映生活的深刻性。赵本山的《昨天·今天·明天》小品，使用陌生化语言、陌生化角色互换，让一对老夫妻旧貌换新颜。

七、忌成相声，或小戏剧

小品和相声、小戏剧都是语言艺术和舞台艺术，却有着本质的区别。与相声相比，相声一般也有小品短小、幽默风趣的特点，以及其他一些共同的特点，但不同点在于：相声是“说学逗唱”，重在“说”，一般不用道具，不化装。小品不仅要用道具，要化装，而且重在“演”，通过表演取得效果。与小戏剧相比，两者在形式上一致，主要区别在于内容，小品不必有较多的内涵和思想性，只要将具体事物的“一面”表现得活灵活现即可。小戏剧说得多演得少，容易使人视为相声；光演不说，成了哑剧。

八、小品剧本示例：《网购奇遇》（2016 年央视春晚小品）

潘长江：喂！喂喂喂，喂？哎呀，别退货呀亲哪！是因为那个差评的事吗？哎呀，喂喂，那都是一场误会……你放心，亲，喂喂喂？那个我保证，亲，喂喂喂？

（潘长江放下电话）

潘长江：一个差评耽误我多少事呀，今天我非把它销了不可！202，就是这家！（按响门铃）

（蔡明出场）

蔡明：是你？

潘长江：是你？

蔡明：小豆包？

潘长江：大漂亮！哈哈哈……

（蔡明猛地把门带上，潘长江被门撞到了）

蔡明：怕什么来什么！你是来跟我道歉的吗？

潘长江：道什么歉啦？

蔡明：咱们四合院儿拆迁那天，你的鸽子组团儿在我的车上拉肚子的事！

潘长江：五年前的事你怎么还记得呢，不就是在你车顶上拉点儿粪吗，你擦擦不就行了吗？

蔡明：我开的是敞篷车！更要命的是挡风玻璃上全是，雨刷器这么一刮，呃，抹得那叫一个均匀。出胡同口儿，我就撞一三蹦子上了！

潘长江：什么？我那三蹦子是你撞的？

蔡明：那三蹦子是你的？

潘长江：啊！

蔡明：对不起，对不起，你怎么不在上面呢？

潘长江：我找这元凶，整整找了五年了，没想到原来是你，你说你讨厌不讨厌呐？

蔡明：我讨厌?!

潘长江：啊！

蔡明：咱俩一个院住了三十年，你每天早晨起来练唱歌，中午练霹雳舞，晚上敲架子鼓，生命不息，你是扰民不止啊！我都纳了闷儿了，这么些年，我就没见过你有个正经工作！

潘长江：哎哎哎，我办架子鼓培训班，这不算正经工作吗？

蔡明：哎呀，你那个培训班办的，六年就一个学员，那人还是你媳妇儿！

潘长江：哎哎哎，我还唱歌呢！

蔡明：哎呀，你那歌唱的，跟吃了塑料袋似的！

潘长江：我跳霹雳舞也挣钱哪！

蔡明：哎呀，你那个霹雳舞跳的，离远了一看，还以为衣服架疯了呢！

潘长江：我不跟你说了，我不是找你的，我走错门了，我是来找一个叫王铁塔销差评的！

蔡明：什么差评啊？

潘长江：网购！网购上的差评。打电话她不接，发短信她不回，非得逼我亲自上门来求她。再见，不，再也不见！

蔡明：留步！

潘长江：不留！

蔡明：我就是王铁塔。

潘长江：那……那……那个……你怎么能叫这么一个网名啊？

蔡明：怎么了？大夫说我缺铁！

潘长江：那个……大漂亮，对不起了啊，看在咱们三十年老街坊的份上，你就把这差评给销了呗！

蔡明：我要是不销呢？

潘长江：你要是不销的话……

蔡明：干吗？用炮轰我呀？

潘长江：我哪敢轰你呀，你不轰我就不错了，这是我给你做的锦旗，哎呀！（秀出锦旗）你看！

蔡明：塔哥放一吧，铁大亲我马？

潘长江：怎么念的？铁塔大哥亲，放我一马吧！

蔡明：这是锦旗呀，还是聊天记录啊这个？

潘长江：我给你挂上啊。

蔡明：你别给我挂，你别给我挂，你别给我挂，你挂你……（潘长江把锦旗挂到蔡明的画上）得，我这就算挂了。

潘长江：对不起，对不起啊，对不起，大漂亮，我们开一个网店特别不容易，你知道一个差评，对一个店主来说意味着什么吗？那就好比，我跳进游泳池里，那是灭顶之灾啊！

蔡明：就你，扎洗脸盆里也够呛！

潘长江：我就不明白了，这么点小事儿，你至于给个差评吗？

蔡明：小事儿?！我明明订的是一条黄裙子，为什么寄来一条紫裙子？

潘长江：颜色错了可以换嘛！

蔡明：换？这么好看为什么要换呢？

潘长江：好看你为什么给差评呢？

蔡明：我明明订条黄裙子，为什么寄来一条紫裙子？

潘长江：颜色错了可以换嘛！

蔡明：这么好看为什么要换呢？

潘长江：好看你为什么给差评呢？

蔡明：我明明订条黄裙子……

潘长江：停停停，哎哟我的妈呀，别绕！绕得我脑袋都疼。大漂亮，如果你把这差评销了，我给你们家干活儿，我干活我……（擦灯）

蔡明：切！你擦两下灯，我就答应你？我是阿拉丁啊！你们个别开网店的，太不靠谱了！夏天，我买了一件游泳衣，绿色的，下水它就掉色儿了，我刚游了半圈，就听岸上有人嘀咕，嘿，瞧那大姐还游呢，累得胆汁都吐出来了嘿！

潘长江：质量太差，应该给他差评！

蔡明：我善良，我忍了！上个月，我买了一个床头灯，声控的。该睡觉了，我就说："灭灯。灭灯，灭灯，灭灯！"还亮着。

潘长江：亮一夜吗？

蔡明：后来我换了个口令，它灭了。

潘长江：你喊的啥呀？

蔡明：老公，拔插销！

潘长江：太坑人了，给他差评！

蔡明：我善良，我又忍了！可前两天，一个商家又给我寄错了东西，你说茫茫人海，这么多柔弱的女子，干吗可着我一个人坑呢，阿嚏！

潘长江：不能再忍了！

蔡明：不忍我怎么办？

潘长江：给他差评！

蔡明：对！我就给了他差评。

潘长江：痛快！然后呢？

蔡明：然后那个商家就在这擦灯呢！

潘长江：那个……大漂亮，这个网店是我跟我儿子联合开的，这也算是互联网创业吧！我儿子是学服装设计的，专门为你们这些老年……

蔡明：谁老年？

潘长江：老年轻老年轻，上了岁数的小姑娘设计服装的！

蔡明：我还是老年吧！哎呀，我来不及了，我得走了，我赶紧给你把差评销了。

潘长江：你赶紧走啊，谢谢谢谢！大漂亮，这还有几句话，你念念澄清一下；麻烦啦，麻烦啦；来，听我口令，预备，开始念！

蔡明：我是买家王铁塔，近日错把差评打，分不清楚紫和黄，只因我是大色盲。

潘长江：讲究，讲究人！

蔡明：销差评是按红的还是按绿的？

潘长江：按绿的。

（蔡明按键）

潘长江：按绿的，你干吗按红的？

蔡明：只因我是大色盲。

潘长江：你是故意的对吧？

蔡明：我不是故意的，我是成心的。赶紧走吧，赶紧走吧，我还得参加喜马拉雅模特大赛呢！

潘长江：喜马拉雅？如果你不销这个差评，我让你赶不上飞机，你信不？

蔡明：比赛就在楼下！我们小区叫喜马拉雅！

潘长江：敬酒不吃吃罚酒，当心我要你好看。

蔡明：那你多余了，我已经好看得不要不要的了！

潘长江：好！既然你这个态度，我就住在你们家不走了，什么时候销，什么时候我走。

蔡明：嘿！要无赖是不是？成，我这就给客服打电话，我投诉你！

潘长江：能，能，能咋的？

蔡明：关你网店！

潘长江：大漂亮！大漂亮，网店不能关哪，你要是关……

蔡明：你别动，我就关！

（混乱中，蔡明的一只袖子被扯掉了）

潘长江：呃……你套袖掉了！

蔡明：这是我参加比赛的衣服！

潘长江：那这差评销不了了吧？

蔡明：你太乐观了吧？还惦记差评呢！

潘长江：啊！

蔡明：我这都……“一枝独秀”（一只独袖）了！

（观众鼓掌）

蔡明：我也不投诉你了！

潘长江：太好了！

蔡明：我报警！

潘长江：别报警！别，别报警。我走，我走还不行吗？

高粼粼：蔡队长！

潘长江：真是的……

（高粼粼开门，把潘长江撞到了门板后面）

蔡明：哎呀！小高主任，别着急，别着急，怎么了，别着急……

高粼粼：我能不着急吗？——您这衣服您，热啦？

蔡明：我这……你赶快说什么事儿吧！

高粼粼：那个，咱们小区模特队那八套服装刚刚送到了。

蔡明：啊啊啊。

高粼粼：可是，我明明订的是 L 号的，结果送来的全都是 XXXXXXL 号的，这一穿上，大妈全变大麻袋了！还有半个小时就比赛了！怎么办呢，怎么办，大麻袋啊！怎么办呢……

蔡明：冷静，冷静，你先回去稳住大麻袋……

高粼粼：啊？

蔡明：稳住大妈们，我来想办法。

高粼粼：哦，好，那我先走了啊！

（高粼粼离开）

蔡明：怎么办呢，怎么办呢，怎么办，大麻袋，怎么办……

潘长江：冷静，冷静，冷静一点，我有办法！

蔡明：你有什么办法？

潘长江：我给老伴儿打电话。

蔡明：两个老伴儿？

潘长江：这是我老伴儿，这是我儿子。（打电话）老伴儿，稍等一下啊；儿子，赶紧去咱们家库房，挑八套 L 号的礼服交给你妈；老伴儿，拿到礼服之后，火速送到喜马拉雅——什么爬不上去呀？送到喜马拉雅小区；儿子，这事儿十万火急；老伴儿，十分钟之内必须送到；快！执行我的命令！！！（挂电话）搞定。

蔡明：嗨嗨嗨，电话通了吗？你吹呢吧？

潘长江：十分钟之内肯定送到呀！来来来，你赶紧坐下，坐下坐下……

蔡明：干吗？

潘长江：我把你套袖给你缝上！

蔡明：你会吗你？

潘长江：我会吗？

蔡明：哟，还随身带着针线？

潘长江：嗯，你以为创业那么容易呀，啊？啥活儿都得会干！

蔡明：小心别扎着！

潘长江：我不怕扎！

蔡明：我怕你扎着我！

潘长江：哎呀！

蔡明：就你这个人吧，你，你……诶诶，就你这个人呐，你……诶诶诶，你这放风筝呢？你把那线弄短点不就完了吗？

潘长江：这样不省事吗？

蔡明：就你这智商，在网店也就打个包吧！

潘长江：不止打包，我还打字呢，我还在网上负责跟客户聊天呢！

蔡明：就你？打字特慢吧！想打个新年好，等发出去该吃月饼了。

潘长江：打字慢是次要的，关键总打错别字，闹出老多笑话了。有一回，一个老太太第一次网购，我想说，呃……您有什么问题随时问我，结果打成了：您有什么问题随时吻我，哈哈哈……

（观众鼓掌）

潘长江：这不逗是吧？我给你讲一个逗的，有一回一个老头儿，为他老伴儿相中了一套衣服，他网银里没有钱了，我想说，您能货到付款吗？结果打成了：您能活到付款吗，哈哈哈……

（观众鼓掌）

潘长江：这个，这个也不逗是吧？我给你讲个绝对逗的，还有一回呀……

蔡明：哈哈哈……

潘长江：不是，我还没说呢！你笑什么呢？

蔡明：随时吻我，哈哈哈……

潘长江：哎呀，这反应有时差啊！这反应……哎呀！

蔡明：哈哈，笑死我了……

潘长江：不管怎么说，自从开了这个网店之后，我就像换了个人似的，以前是成天混日子，越混越没劲，现在呢？虽然真的很累，但是累得非常充实，以前街坊邻居都不待见我，现在天南海北的朋友都给我打好评！没小心一不留神就迎来了开店以来第一个差评。

蔡明：哟，谁这么讨厌哪，哟，我这么讨厌哪。

潘长江：哎呀！这也不能完全怪你，首先是我们的错误，我再次给你道歉；大漂亮，对不起了啊！

蔡明：哈哈哈，活到付款，哈哈哈……

潘长江：哎呀，火星的时差呀这是！

高粼粼：蔡队长！

潘长江：太吓人了！

高粼粼：蔡队长……

潘长江：躲过一劫呀！

蔡明：怎么了？怎么样，怎么样？

高粼粼：太神奇了，咱们的服装都解决了！

蔡明：啊？

高粼粼：有一个阿姨啊，送来了八套特别漂亮的礼服，这一穿上，大麻袋又变回大模特了！蔡队长，您太厉害了！

蔡明：不不不，不是我厉害，是他厉害！

高粼粼：哟，这还有一人哪！

潘长江：嗯？

蔡明：小豆包！这个差评我给你销了。不光是为衣服，更重要的是，为你这个人销差评。而且以后，我给你网店免费当模特！

潘长江：太好了！

高粼粼：比赛马上就开始了，蔡队长，咱们快走吧！

潘长江：不是，用不用我陪你去啊？

蔡明：我的扇子拿着！

潘长江：不是，我到那儿可以照顾你，那个……

蔡明：不对！我老邻居在里边呢。

高粼粼：对对对……

（蔡明猛一开门，把潘长江撞到了门板后）

蔡明：人呢？什么时候走的呀？（离开）

潘长江：哎呀，差评销了，鼻子肿了！等我一会儿!!! 哎呀，等我一会儿……（急着跑了出去）

第四节 相声剧本的创作

相声创作是相声艺术繁荣之本，不抓相声创作，相声艺术就成了无源之水、无本之木。抓好相声创作，相声艺术就会有灿烂的明天。

一、注重生活积累

大家都知道，相声创作的源泉是生活的积累。没有丰厚的生活积累，只会闭门造车，就创作不出好的相声作品。相声界的老先生们常说："相声是记问之学。"一记一问，就是在生活中摄取创作素材。天津人很幽默，用天津话说就是天津人有哏。茶余饭后，街谈巷议，处处有哏，就看你经心不经心，能不能把这些哏化为包袱。哏在生活中来，有时是稍纵即逝。这就要求我们相声创作者要用心去记，要用笔去记，厚积薄发就是这个道理。

二、选定相声题材

选定题材就是找准相声创作的切入点。人间万象，千奇百怪，你的作品从什么角度去写，写什么，怎样去写，就必须要选准切入点。这个切入点要有新意，要能施展你所掌握的技能，要能把你积累的生活中的哏容纳进去。哏的容纳，不是包容一切，要去粗取精，去伪存真，要选与主题、人物、情节有密切关联的哏。相声是喜剧艺术，选定题材注重哏的选择就注重了相声的喜剧性。有了可用之哏，有了贯穿始末的喜剧性，这篇相声作品就有了本。哏在生活中是五彩缤纷的，选定题材时要做到为我所用。远离主题、远离人物、远离情节的哏再好，也不能纳入作品，不然，作品就显得杂乱无章，枝蔓太多，冲淡了主题。

三、设计喜剧线索

创作相声要设计一条喜剧线。喜剧线是由喜剧人物的喜剧关系和喜剧情节构成。没有人物的相声作品，其喜剧线是由构成喜剧特色的相声演员的喜剧关系和喜剧内容构成。在这条喜剧线上，作者要把你平时积累的经过充分选择的哏，巧妙地串在一起，再把这些哏进行艺术加工，设计成一个个能让观众发笑的包袱。南开大学教授薛宝昆先生曾经把包袱分成两个类型，即肉中噱与外插花。肉中噱是与主题有关的包袱，这样的包袱紧紧围绕着喜剧线，不离开人物性格和人物关系。外插花是远离主题、远离人物性格、远离人物关系的包袱，这样的包袱是贴近相声作品的，在相声作品中不是不可以用此类包袱，而是尽量少用，用要用到巧妙处，不要让它冲淡主题，干扰主题。

四、注重谋篇布局

在相声创作中，结构就是谋篇。相声的结构分成垫话儿、瓢把儿、正活儿和底四个部分。垫话就是一段相声的开篇，写好垫话这段相声就有了一个好的开端。老先生们常说："一段好的相声要凤头、豹尾、猪肚子。"凤头就是要开篇开得好看、好听，要引人入胜，要抓住观众。写垫话要有一个顶门包袱，这个包袱一响，后面的包袱就好使了。写垫话不宜写得过长或过短，要适中，垫话过长就会头重脚轻，挤掉了正活的篇幅；过短就少了铺垫，顶门包袱就抖不响，后面正活的包袱就会受到影响。瓢把儿就是垫话与正活之间的过渡，这个过渡要巧妙，不能两不挨着。正活是一段相声的瓤子，是你要说的人物、人物关系和故事情节。正活由若干个包袱组成，所谓猪肚子，这就要求设计包袱要严谨，包袱布局要合理，节奏要环环相扣，特别是不能折腰，当腰的包袱不响，就会影响后边的演出效果。底是一段相声的结尾，织席编篓，贵在收口，一段相声的底写不好，就会前功尽弃，就会驮不住整个作品。写底要埋好伏线，做好充分的铺垫，好的底在相声作品中起着画龙点睛的作用。

五、刻画人物性格

要写好一段相声，更要注重人物性格的刻画，很多成功的相声段子，其人物就被刻画得活灵活现，如《买猴》中的马大哈、《夜行记》中的飞车王、《歪批三国》中的苏示、《聊天》中的李大白话蛋等，早已是家喻户晓了。要写好人物性格，就要厘清人物关系。人物性格不是孤立存在的，他是在人物关系的基础上表现出来的。有了人物关系，就有了矛盾冲突，就有了故事与语言，就有了人物的性格语言与行动，就有了刻画人物性格的细节。但这些还不够，写相声与写其他作品不一样，就是相声离不开包袱，这就要求在创作相声时，要在人物性格、人物关系上去找哏。相声中的人物是喜剧人物，相声中的人物关系是喜剧关系。抓住这些喜剧特色，把生活中积累的哏用在喜剧人物、喜剧人物关系上，再在包袱的技艺上进行科学的处理，这篇作品就有了生命。

六、强调包袱设置

包袱设置是相声艺术的一大特色，怎样设置好包袱是相声创作的关键。包袱设置就是根据内容需要，把不同类型的包袱巧妙地安排在相声作品中。每种包袱各有特色，什么类型的包袱用在什么地方，这都要进行科学的安排。每个包袱或每组包袱是一个单元，单元包袱是独立存在的，它们之间也是互有联系的，前边的包袱是后边包袱的铺垫，后边包袱是前边包袱的延续。包袱要让观众发笑，这就要求我们在设计包袱时，遵循包袱的规律：预料之外，又在情理之中。预料之外，就是在包袱的铺垫上将哏隐藏起来，也就是要在观众不知不觉中铺平垫稳，特别是包袱扣，要系得严实，不能洒汤漏水。这样，在包袱抖开时，观众恍然大悟，笑就自然产生了。

就包袱的铺垫来说，包袱有皮儿薄的，也有皮儿厚的。皮儿薄的包袱，不需做过多的铺垫，观众一看一听就知道怎么回事，过多的铺垫那就是画蛇添足了。皮儿厚的包袱必须铺平垫稳，这样，观众才会被你引入包袱设计的“陷阱”，这样的包袱有铺垫、有过程、有滋味，相声的魅力也正在于此。

七、找准相声主题

书有书胆，戏有戏眼，透过书胆和戏眼你能知道这部书、这出戏的立意和主题。同样，相声的立意和主题是通过一个个的包袱来完成的，因此，在一篇相声作品的主题挖掘上，一定要在关键的包袱设计上狠下功夫。这就要求我们在写相声时多动脑子，在关键包袱上不能草率处理，要挖空心思想绝哏，想能体现主题的脆包袱。这些说起来容易，做起来很难。主题是一篇相声作品的灵魂，必须找准挖深。无主题论和唯主题论都不合适。无主题让人写起相声来很茫然，不知从何下笔。唯主题论又让主题束缚住了手脚。在创作中，不是主题先行，而是在朦胧中找好点子，找喜剧人物，找人物间的喜剧关系，找与这些有关联的哏。于是，主题渐渐清晰，喜剧线渐渐形成，喜剧情节也就顺理成章了。在包袱的设计上，特别是关键包袱，要从主题立意上深挖，直到找到比较满意的包袱。寓教于乐，寓庄于谐，这是创作相声设计包袱最高的追求。

八、汲取姊妹艺术

相声创作还要注重汲取姊妹艺术的精华，将其巧妙地融入作品中来。相声是笑的艺术，是喜剧艺术。凡是能让观众发笑的艺术，我们都可以借鉴，引为我用，如戏剧中的插科打诨，二人转中的对白，滑稽中的笑料，小品中的喜剧效果。同时，相声是语言艺术，也是表演艺术。语言艺术是相声的长处，但在表演上，很多相声演员则是“像不像，成成样”或“点到而矣”。他们是在学，而不是表演。这就要求我们在创作相声作品时，加大表演力度，让演员在舞台上动起来，如冯巩的相声，就是吸收了小品的表演特点，让相声与小品融合在一起，喜剧效果格外强烈。相声演员要像冯巩那样，要学会演戏，这对相声演员更好地刻画人物是极有益处的。相声大师马三立、侯宝林先生，他们都很注重从姊妹艺术中汲取营养。侯宝林先生的很多戏曲唱段，发音吐字，行腔走韵，举手投足，无不惟妙惟肖，声情并茂。马三立先生在刻画人物上每每有独到之处，他在说相声，也是在演戏。他段子中的“马善人”“马大学问”“马大哈”，都给观众留下了很深的印象。汲取姊妹艺术的精华，绝不是拿来主义，而是把人家的好东西与相声技艺结合起来。一些相声演员的“闹相声”“唱相声”，虽说也借鉴了一些姊妹艺术，但“为闹而闹”“为唱而唱”，不知道怎样在闹中、在唱中合理地揉进包袱，这种“闹相声”“唱相声”不过只披了一张“汲取”之皮，是不会有生命力的。

总之，相声创作难度很大，它不同于小说、诗歌、散文、戏剧等其他文学艺术形式，其有着独特的规律性。只有我们掌握了它的艺术规律，多写，多实践，创作出好的相声作品也就水到渠成了。

思考题：

1. 话剧剧本的创作结构有哪些类型？
2. 戏曲剧本的审美核心是什么？
3. 小品创作的要点有哪些？
4. 在相声创作过程中如何设计喜剧线索？

第七章 合唱训练与编排

合唱指集体演唱多声部声乐作品的艺术门类，可有伴奏或无伴奏。它要求歌唱群体音响的高度统一与协调，是普及性最强、参与面最广的音乐演出形式之一。人声作为合唱艺术的表现工具，有着其独特的优越性，能够最直接地表达音乐作品中的思想情感，激发听众的情感共鸣。

第一节 合唱的类型

合唱的类型可按参加者的音色特点和有无伴奏，分为同声合唱和混声合唱，有伴奏合唱和无伴奏合唱。

一、同声合唱

同声合唱由同类的人声组合而成，常见的有下列三种：男生合唱、女声合唱、童声合唱。

女声合唱和童声合唱一般分为三个声部，即高音声部、次高音声部（中音声部）、中音声部（低音声部），人数比例可为8：6：6，男声合唱可为6：4：6，人多（少）时按此比例增加或减少。

二、混声合唱

由成年男声与女声（或童声）混合组成，一般有下列几种：男声加女声（最常见的混声合唱）、男女生加童声。

最小混声四声部的合唱应以女高音5人、女低音4人，男高音4人、男低音5人组成。混声三声部合唱应以女高音8人、女中音6人、男声6人组成。

合唱队的规模有如下的类别：小型合唱队（20～30 人）；中型合唱队（30～60 人）；大型合唱队（60～80 人）；特大型合唱队（80 人以上，由于人数过多，不易获得精细的声音变化，但可以获得强劲有力的声势，在群众性的大型歌咏活动中经常出现）。

童声合唱中的男童声变身期前，其音域比成年男高音高一个八度，因此童声可代替女声参加成年人合唱，所以也有女声加童声以加强童声的高音声部，但要注意童声的音域没有成年女生宽，气息的持续力也比较短。

三、有伴奏合唱

常见的是钢琴或乐队伴奏。伴奏一般对合唱起衬托或填充作用，有的作品中伴奏部分与合唱同等重要，有的作品中合唱就是乐队声部和织体的一部分，如贝多芬的《第九交响曲》、马勒的《第二交响曲》《第三交响曲》《第八交响曲》等。

四、无伴奏合唱

无伴奏合唱是指仅用人声演唱而不用乐器伴奏的多声部音乐表演方式，也包括为此写作的声乐曲。无伴奏合唱源于欧洲中世纪天主教堂的唱诗班（圣乐团）。无伴奏合唱能充分发挥男女不同声部、声区、音色的表现力，并在整体上保持音质的协调和格调的统一。

合唱队的组成原则是：担任演唱旋律的女高音及演唱和声基础音的男低音（外声部）人数稍多于男高音和女低音（内声部），以便突出旋律和获得低音有力的支持。

第二节 合唱的声部

合唱是人声的组合。不同的人声有不同的音色、音域及表现力。相同或相似的音色、音域的人声组成一个声部，声部是合唱队的基本单位的艺术表现，合唱是在不同声部的协作下得以实现的。

一、声部的划分

由于性别、年龄、声带结构的不同，合唱队可分为多个声部，至少可分为高音声部和低音声部，为了加强和丰富合唱的表现力，还可根据作品的需要将每个声部再分为两个声部。

1. 同声合唱的声部划分

高音声部和低音声部组成同声二部合唱，如男声二部合唱、女声二部合唱、童声二部合唱等。高音、中音和低音声部组成同声三部合唱，如男声三部合唱、女声三部合唱和童声三部合唱等。将同声二部合唱的每个声部再各自分为两个声部，即高音声部、第二高音声部、中音声部、低音声部，组成四部同声合唱。这在男生合唱中较为多见。因为男声有男低音，可担负和声的低音，与上方三声部构成完美的和声效果；而女声或童声合唱因缺少低音，分为四声部比较困难。

2. 混声合唱的声部划分

混声合唱通常都由四个声部组成，被称为混声四部合唱。以意大利语的字头字母为该声部的缩写符号。

女高音声部（Soprano 缩写形式为 S）再分部标记为 SI SII 等。

女低音声部（Alto 缩写形式为 A）再分部标记为 AI AII 等。

男高音声部（Tenor 缩写形式为 T）再分部标记为 TI TII 等。

男低音声部（Bass 缩写形式为 B）再分部标记为 BI BII 等（意大利语为 Basso，通用为英语）。

二、声部特点

每个声部都有其自身在音色、音域和音区的特点，应根据其特点区分和决定不同的声部划分。现将各声部的特点和音域介绍如下。

1. 女高音声部

（1）音色特点：明朗、轻盈、抒情、秀丽，有较强的表现力；在高音区时可产生较强的穿透性音响。

（2）音域范围：从小字一组的 c1 到小字三组的 c3，常用音域从小字一组的 f1 到小字二组的 a2。

（3）主要任务：因为它是合唱的最高声部，所以常担任主旋律的演唱，通常称为上外声部。

（4）注意事项：这是合唱中最重要的声部，由于音区较高，容易出现声音尖锐和歌唱位置低的现象。训练时要特别强调气息的支持、状态的打开和头腔共鸣的高位置。

2. 女低音声部

（1）音色特点：圆润、浓厚、温和、充沛，在保持高位置的头腔共鸣基础上，可适当加入胸腔共鸣成分，它给合唱带来温暖、充实之感。

（2）音域范围：从小字组的 g 到小字二组的 g2，常用音域从小字组的 b 到小字二组的 d2。

（3）主要任务：在混声合唱中女低音主要是对女高音起伴随和烘托使用的，在传统合唱的写法中，常处于合唱的中间声部与男高音声部互相起取长补短、彼此衔接的作用。

（4）注意事项：这是一个较难演唱的声部，通常变化音很多，影响着和声的色彩变化，所以对演唱者的素质要求较高。

3. 男高音声部

（1）音色特点：明亮、刚健、尖锐、清晰，但它同时又具备“轻声高位”的弱唱功能，使旋律有一种飘逸、柔和之感。

（2）音域范围：从小字一组的 c1 到小字三组的 c3，常用音域从小字一组的 f1 到小字二组的 g2（有时记谱比实际音高一个八度）。

（3）主要任务：在混声合唱中男高音主要是充实合唱的和声效果，同时也常单独地或与女高音相距八度担任主旋律的演唱，成为主旋律声部。

（4）注意事项：它虽有极为悦耳的特殊效果，但不能长时间使用，否则会削弱和声色彩。在男声合唱中常担任主旋律。

4. 男低音声部

（1）音色特点：低沉、浑厚、坚实、有力，胸腔共鸣稍多一些，越是偏低的音区，音色越浓。

（2）音域范围：从大字组的 C 到小字一组的 e1，常用音域从大字组的 G 到小字一组的 c1。

（3）主要任务：这一声部就是合唱的最低声部，不论在男声合唱还是混声合唱中，主要担任和声的基础音演唱。

（4）注意事项：这也是个关键的声部，由于它的自然发声位置较低，音色容易突出，如不加以限制，就会破坏合唱整体音响的协调和美感。所以，演唱者要加强训练其发声及共鸣的高位置和严格的音准，并习惯于敏捷的起声，使其自然地融于合唱整体音响的要求之中。男低音声部在无伴奏合唱作品中更为重要。

第三节　合唱的队形排列

合唱队形的安排和排列通常按照以下四个原则来进行。

（1）女高音声部常担任主旋律，同时伴奏乐队的第一小提琴也常担任相同或相似的旋律，为了指挥方便，以及合唱队易于与乐队合作，可将女高音声部放在乐队第一小提琴的同一边——指挥的左面。

（2）因为女高音声部常担任主旋律，而指挥的右手比较灵活，所以女高音声部放在指挥的右手边，以便更好地控制和掌握。

（3）为了便于常担主旋律的女高音声部与担任和弦基础的男低音声部（即两个外声部）更好地合作，可将这两个声部尽量地排列在一起。

（4）合唱写作中常出现音层性的写作（即女高音声部与男高音声部唱同一旋律，女低音声部与男低音声部唱同一旋律）。为了同音层声部之间更好地合作，将女高音声部与男高音声部尽量安排在一起，将女低音声部与男低音声部尽量安排在一起，以便于它们之间的合作。

根据以上四个原则，就可按实际情况为合唱队安排不同的队形。在一般情况下，混声合唱可排成下列几种队形。

根据第一、第三与第四种原则，可排成下列队形：

T2　T1　B2　B1

S2　S1　A2　A1

指挥

这种队形是目前用得最多的一种。因为它既有利于合唱队之间的合作，也有利于合唱队与伴奏乐队之间的合作。同时在演唱音层性作品时也易于唱同一旋律的声部之间的合作。对指挥来说，也有利于对合唱与乐队的同时控制与掌握。

根据第二与第三种原则，无伴奏合唱常采用下列队形：

T2　T1　B2　B1

A1　A2　S1　S2

指挥

如果演唱传统性写作方式的作品时，以下队形是很有利于合作的。它是根据第一、第三两种原则排列的。女高音声部有了和弦基础音的男低音声部在正后方托住，无论是在和弦感、音准和节奏上都会感到有稳固的依靠。不过这种队形对音层性合唱写作方式的作品演唱来说，会增加合作上的困难。

B1 B2 T1 T2

S2 S1 A2 A1

指挥

总之，合唱队形的排列是为了获得更好的相互合作关系和效果而制定的。可根据当时的实际情况，进行各种队形的安排。队形的排列也不应当是一成不变的。

同声合唱可根据第一、第三种原则，排成下列队形：

第二 第一 第二 第一

高声部 高声部 低声部 低声部

指挥

也可按下列队形：

第二高声部 第一低声部

第一高声部 第二低声部

指挥

这种队形有它本身的优越性，在演唱二声部或四声部作品时固然不成问题，就在演唱三声部作品时可将声部按原队形作下列调配：

中声部 低声部 高声部

指挥

合唱组织中如有下男低音声部，就应该将它放在男声的中央，它一边是第一男高音，另一边是第二男低音，而前面是第一女高音及第二女低音，这样相互间就更易于合作。

第四节 合唱的队员选择

组建一个合唱队，首要的是每一个成员的音乐素质和歌唱基础，要坚持从实际出发，以合理的标准来选择合唱队员，才能给合唱队的发展与进步奠定基础，从而不断地提高合唱队的艺术素质和总体水准。因此，合唱队员应有正确的思想认识，要热爱集体、遵守制度、明确参加合唱队唱歌是集体活动，为追求集体的合唱的艺术而来。此外，还应根据不同合唱队的定位，确定选择队员的标准，既不能脱离实际而要求过高，也不要过大地偏离既有的水平。

一、内容的选择

（一）歌曲基础

在无伴奏的情况下演唱指定歌曲，考查音域、拍子节奏、音色和音乐表现的准确程度；用简单、必要的练声曲考查发声方法、音域扩展、吐字咬字等方面，为确定声部做准备，并了解存在问题和今后的发展。

（二）音乐素质

（1）模唱钢琴上所弹出的音高，了解音高感和听辨能力。

（2）模唱（奏）所给的节奏组合，了解节奏感和模仿能力。

（3）视唱指定歌曲，了解音乐感和视谱能力。

二、选择标准

1. 音色

根据听觉的经验，测定属于何种音色，如有的人具备高音音色，但是唱不高，再进一步了解是否属于发声方法或存在的其他问题。如果是方法问题，可以先唱第二高音声部（或放在低音声部，待有了进步达到高音水平后，再归到应在的声部）；如果属于生理病变，则应考虑是否适合合唱队的需要。

2. 音域

这是最常用的考核标准，听一个人的高音和低音各唱到什么音，就决定他（她）所属的声部往往是片面的，因为一个人的演唱音域会受到心理因素和发声方法的限制，影响正常发挥，甚至使用不正常的方法以达到自己盲目追求的高音或低音，造成错误印象，应考虑是否能够通过训练和学习正确的方法，使音域有所发展，从而科学地认定所属声部。

3. 换声点的运用

换声点也叫“提位”，是指以自然状态由低到高演唱音阶时，都会在某几个音唱不上去的感觉，这里很自然地要增加气息的支持，加强呼吸部位肌肉的对抗和发声器官肌肉的控制，提高和更换共鸣位置，向上一个声区自然地过渡，否则就会导致挤压发声器官，喉结上升，以低位置唱高音，发出喊唱的声音，甚至声音破裂，这个界限的所在叫作换声点，是发声器官运动时的客观状态。每个人的换声点虽有不同，但总的来说是相对统一的，以相似接近的换声点来决定声部的划分是比较科学的。换声点高的人可编入高音声部，反之则应属于中、低音声部。鉴别每个人的换声点，具有一定专业知识和经验的人才能胜任。

第五节 合唱的训练

合唱的基本训练是在指挥的领导下集体进行的，内容包括演唱的姿势、呼吸、发声、共鸣、唱法、力度和速度的对比、咬字吐字的训练以及对指挥动作要求的反应等。作为指挥，应当知道用何种手段，能使合唱团的演唱达到预期的艺术效果。作为合唱团员，应当知道合唱艺术对集体声音的要求并掌握实现的方法。指挥和合唱团员在共同创造着合唱艺术的音响，双方都是主动的。通过基本训练，合唱团员应学会如何在指挥的统一指挥下，积极主动地进行合唱艺术表现。

一、演唱姿态

正确的演唱姿势能使发声器官保持正确的状态，自然、放松是保持正确姿势的原则。身体既不松懈也不僵直，站立时，要自然挺直、双肩下垂、双脚分开、重心靠前，为了避免疲劳，两脚可以轮换支撑身体重心。坐着时，只坐椅面的前三分之一，要有一种“呼之欲起”的感觉，上身的姿势与站立时相同，为呼吸、发声做好充分准备。避免松垮、靠着椅背、跷二郎腿、含胸驼背等不良姿势。头部要自然端正，发声时下部放松、笑肌抬起、面部微笑、双眼看向前方，精神上保持兴奋状态。正确的姿势为歌唱的呼吸、发声、共鸣以及情感状态奠定了良好基础。排练时，指挥要经常提醒合唱团员，培养大家保持正确姿势的良好习惯，还应张弛有度，适当休息。

二、合唱的呼吸

正确的呼吸是良好发声的基础，是歌唱的动力。呼吸的训练是合唱基本训练中必不可少的。呼吸是人生存的本能，是一种人人有、人人会、很自然的生理现象。生理上的呼吸是：空气经过口、鼻、喉、气管等通道流入肺部，引起肺部膨胀、胸腹部扩张、带来氧气，然后迅速排出、带走废气。歌唱的呼吸也是同样原理，但因为歌唱的声音有高低、长短、强弱以及刚柔、明暗等区别，就要求歌唱者掌握气息控制的方法，以适应歌唱声音不同变化的需要。歌唱的呼吸要求：吸气时，要快、深、多；呼气时，则须根据需要有计划地控制，做到慢、稳、匀。也可以说：生理的呼吸是下意识的，歌唱的呼吸是有意识的。合唱的呼吸，是在指挥的指挥下，集体或部分的统一进行的，有着很强的一致性。具体的过程是：吸气、保持、呼出。合唱的用气一般是一个乐句一换气，要使合唱团员养成这样的习惯。

起声时有两种情况：第一种为激起，呼气与发声同时进行，声音爆发性地发出；第二种为舒起，先出气，后发声，声音舒缓地发出。从吸气到发声再到下一次吸气前，是呼吸的全过程。

一个合唱团有了呼吸的统一，才能有合唱的一致性。所以，合唱的呼吸训练是非常重要的。

呼吸训练有两种方法：一是纯呼吸练习，二是结合发声的练习，实际上呼吸只有结合发声的训练才有意义。不过在此之前，进行一些纯呼吸训练，有利于大家对合唱呼吸原理的理解。

纯呼吸可分四种情况：急吸慢呼、急吸急呼、慢吸慢呼、慢吸急呼。

合唱一般常用的是急吸慢呼和慢吸慢呼。练习时，首先要按正确姿势站好，可两人一组相对而立，双手放在对方腰两侧，这样可以使团员互相学习、互相感受，然后在指挥的统一指挥下进行练习。

（1）急吸慢呼。按照要求，以统一的速度，利用口、鼻快速吸气，吸气要深，然后保持，保持时间可稍长些，再在统一指挥下呼气。呼气时可用“嘶”的声音有控制地将气息慢慢呼出，以检验呼气是否平稳、均匀。急吸分段慢呼，要求按呼一拍休止一拍的节奏进行。呼气时以小腹下部为支点，有控制地均匀呼气和休止；休止时是保持状态，不要吸气。一口气分若干次呼出。呼气时节奏可以变化。

（2）急吸急呼。合唱中用得不多。

（3）慢吸慢呼。较慢速度的歌曲常用的呼吸方法。气息流入肺部的速度缓慢均匀，呼气的原理和方法同前。

（4）慢吸急呼。合唱中用得不多。

合唱的呼吸有三种：整体呼吸、声部之间轮流呼吸和循环呼吸。循环呼吸是合唱艺术独有的，它可以表现一种连绵不断的特殊声音效果。运用循环呼吸的原则是：合唱团在不减低音量的情况下，不统一地轮流换气。使听众在较长的音乐段落中，感觉不到合唱团的呼吸，这是合唱艺术中一种独有的特殊表现手段。

三、合唱声音训练

合唱的声音训练是合唱团提高演唱水平的关键，学问多，难度大，指挥必须有计划、有步骤、有目的地进行严格训练。合唱声音训练的基本内容包括呼吸、共鸣、音准、唱法（连音、非连音、断音、跳音等）、力度变化等，每一个练习都是综合各项内容又各有偏重。呼吸的训练是为了获得最好的呼吸支持。由于声区不同，歌唱时气息状态也不同。低音区：气息松弛，强调均匀、平稳；中声区：声门闭合自然，气息用量适中；高声区：声带拉紧，边缘变薄，需要强而有力的气息冲击才能使之振动，气息用量大。如果掌握不当，容易使喉结上提，发生高音困难、声音挤压等问题。因此，演唱者开始练声时，应从中声区较弱的力度开始。声音共鸣位置的训练，是使合唱团逐步达到合唱艺术所寻求的共性声音的途径。只有解决好各声区的共鸣位置，才能获得完美的合唱艺术效果。合唱的基础是声部在统一声音共鸣位置基础上的齐唱能力，而这种能力来源于每个人基本功的提高。每个合唱团员的声音必须服从整体，去掉个性，追求共性。直声训练是使合唱团取得共性的有效手段，可获得纯净、明澈的音质。所以，训练时应从直声入手，打好合唱团的声音基础；在排练歌曲或演出时再带有正常的声音波动，听起来才既有共性又有活力。总之，气息深、位置高、声音直的结合是达到合唱共性的正确方法。

（一）松弛练习

1. “哼鸣”的练习

目的：感受喉头松弛而稳定的状态，寻找头腔共鸣。

方法：嘴唇轻闭，牙齿分离，口腔打开。

要求：声音不要往鼻子里跑而形成鼻音，嘴唇周围有轻微的振动感。声音“激起”，每个音要有弹性。要注意倾听周围同伴的声音，并随时调整自己的声音，使之与集体的声音融合。这种“倾听”能力，是合唱团员应具备的重要能力。要坚持倾听集体的声音，养成使自己的声音融入合唱的习惯。

2. 开口音的练习

目的：感受开口音的唱法。

方法：唱“a”时，带少许“o”音，这样有利于口腔打开。

要求：声音高位、靠前，直声，似从哼鸣过渡而来的发声状态。要严格按正确的呼吸要求进行练习，掌握正确呼吸方法。

3. 闭口音的练习

目的：感受闭口音的唱法。

方法：唱“mi”时，尽量保持唱“a”时的状态，舌部调整。

要求：声音高位、靠前，直声。

4. 开口音与闭口音的综合练习

目的：感受开口音与闭口音的混合唱法。

方法：唱闭口音时也要尽量保持开口音时的口形状态。

要求：声母要轻咬，重点唱后面的韵母。

（二）共鸣练习

共鸣是声音的润滑剂。因为缺乏泛音的共振，仍算不上好的乐音。经过训练，合唱团员要学会有意识地运用不同的共鸣区域，发出在音色上和集体一致的声音。人的声音可分三个声区，各自有不同重点的共鸣部位。共鸣位置可分：头腔、口咽腔、胸腔。任何声区都要使用混合共鸣，只是因为声区的不同，而有所侧重。共鸣依靠下腭、舌、咽部肌肉和软腭肌肉来调节口、咽、鼻腔的使用而获得。练声时常要求大家“下巴放松”或“软腭抬起”等，便是这个作用。开始练习共鸣最好在中声区轻声唱，音高自上而下，喉部保持自然的松弛状态，体会从胸腔到头腔共鸣的感觉。声音轻柔而灵活，舌在口中平放，并随着音的变化进行调节。声音从口中发出的同时，仍保留一部分在鼻腔和头腔之中，以体会混合共鸣的感觉。共鸣的中心点在眉心。音在下行时，声音保持高位，不能随着音的下行往下掉。

1. 胸腔共鸣

用深沉的咳嗽，寻找横膈膜下降和腹肌弹跳的感觉。训练腹肌弹跳的灵活性。

2. 头腔共鸣

演唱时要注意打开颌关节，减轻下颌重量，感觉骨室有轻微震动感，眉头处也有微震感，这样歌声就集中明亮了。

（三）力度变化的练习

声带振动的幅度决定于气息对声带的冲击程度，这种冲击需要均匀有力。如果气息支持无力，不均匀，声音强时就会挤、炸，弱时则会虚、浅，还直接影响音准。均匀有力的气息靠横膈膜和腰腹肌肉的动作，在均匀有力的气息支持下所发出的弱声也会集中、圆润、有穿透力，否则，即使是强声也是分散无力的。练习时应从弱开始，感觉气息正确、稳定后再扩大音量。

（四）四种唱法的练习

常见一些合唱团在演唱上情绪饱满、声音洪亮，也有激情；但由于缺乏声音层次上的变化和整体布局上的对比，听起来一般粗、一般响，从而导致一般化。原因在于指挥缺乏对合唱作品的处理和声音表现上的手段。好的合唱团应掌握刚、柔、弹、跳、起、伏、强、弱、快、慢等十种手段，恰如其分地表现合唱作品的内容，使每个合唱作品既能正确地表达思想感情，又有很高的艺术品位。

1. 连音

常用于抒情优美的音乐段落。

目的：求得连贯、圆润、柔和、美好的声音。

方法：支持声音的气息就像蚕吐丝那样均匀、连续不断。

2. 断音

作为连音的对比，断音也是常用的一种唱法。

目的：求得短促、清晰、有弹性的声音。

方法：在连音的基础上，横膈膜和腰腹肌急速动作，让气息有节制地、轻微地冲击声带。

3. 连音与断音的综合练习

4. 有弹性的强音

常用于中速的进行曲。

目的：获得强而有弹性的声音。

方法：有控制地唱出强音。

常用于中速、宽广、雄壮的进行曲。

5. 不连不跳

最常用的唱法，自然而有弹性。

目的：获得自然而有弹性的声音。

方法：既不连也不跳。

（五）多声部合唱功能的练习

多声部合唱训练，力求统一、平衡、和谐。

四、咬字、吐字

合唱艺术是有文学内容的，是与语言紧密相连的，无词的作品很少。合唱训练除了歌唱发声的各种问题外，对于语言的正确表达也有严格的要求。除了带有方言的合唱作品外，合唱的语言以普通话的发音为标准。要把每个字每句话都向听众交代清楚，合唱团员都要讲标准的普通话，正确地咬字、吐字才能正确地表达合唱作品的文学含义。有的合唱团演唱时观众听不清歌词，就是咬字吐字出了问题。咬字指声母的形成，吐字指韵母的发音，声母的咬字与韵母的吐字都关系到字义正确的表达。汉语的一个字就是一个节，每个音节由若干因素组成。一个音节是由声母和韵母一口气连续产生，咬字吐字应本着声母轻韵母重的原则，占字音时值最长的部分是韵母。因此，可以认为把字音唱清楚的关键是韵母，而字音的正确与否则靠声母。有一种意见认为：合唱只要咬死声母、分清韵母，就可以达到语音清楚的目的。其实不然，无论什么时候声母都不能咬死。雄壮有力的歌曲作品，可以强调有力的喷口，但要有弹性而不能咬死；柔和抒情的歌曲作品，则要求声母有含着唱的感觉，千万不能把声母和韵母中的每一个因素都分得清清楚楚。

五、合唱曲目的选择

合唱曲目的选择对于合唱团来说至关重要。首先，曲目的题材内容要符合合唱队成员的思想水平、文化素质，曲目的难易程度要能体现合唱队声音的表现力和艺术感染力。除了有特殊要求外，应从本团成员的演唱能力、合唱意识的掌握等多方面考虑，从简到繁，由易到难，制定出“长计划，短安排——训练与演唱曲目相结合”的方案。具体应从以下几个方面考虑。

1. 作品的文学内容

不同合唱团的年龄段、生活经历和文化基础是决定曲目题材的依据，在选择歌曲内容上要有所差异，有些歌曲题材内容属于中性，有的则有特指，如儿童生活、青年生活、部队生活或老年生活，选择时要慎重考虑。

2. 合唱审美的标准

是听觉的艺术，合唱艺术的音响魅力在于集体人声歌唱的旋律美、和声美、织体美和结构美结合，无论是同节奏还是主旋律伴唱或复调织体，它的特点都体现在美的合唱音响中，把这种自然的音响发挥到极致，扩展了人的想象力，从而使心灵得到美的熏陶。如果选的歌曲不美、不好听，引不起大家的兴趣，将会把整个排练引向失败。好听，应当包括旋律、和声以及织体与结构，只有这几项的尽善尽美，音乐和歌词相互完美的结合才是一首成功的合唱作品。

3. 作品的难度

作品的难度要符合合唱的水平，譬如音域、节奏、和声色彩、转调、结构和风格等，可以稍难于合唱队当前的水平，但经过努力可以达到。不要只着眼于内容有意义、好听，而不顾难度的可行与否，尤其不要不顾自己的实力，盲目攀比，即使努力也唱不好，反而影响排练效果。

第六节　作品分析与艺术处理

对合唱作品本体分析程度，会直接影响合唱排练及舞台演出的效果。因此，合唱指挥者最重要的是如何进行合唱作品的分析及把握分析的过程，而非分析的结果。对合唱作品的分析，可以从以下几个方面进行。

一、作品背景

了解合唱作品中词曲作者所处的历史年代、生平及创作意图等背景材料，对于准确把握作品的风格是非常有益的。以《黄河大合唱》为例，当我们熟知并了解词作者光未然和曲作者冼星海的生活年代、经历以及作品的创作背景，就不难感受到《黄河大合唱》这部作品的特定时代气息和作品中蕴含的民族气节。

二、曲式结构的分析

进行合唱作品的结构分析最大的益处就是能使指挥者背谱快，结构感清晰。以大家所熟知的无伴奏合唱《半个月亮爬上来》为例，全曲结构是由起、承、转、合四个乐句构成的一部曲式，可简单标记为：起 a（1—4 小节）、承 b（5—8 小节）、转 c（9—14 小节）、合 d（15—22 小节）。若指挥者脑海中有了清晰的结构图式，就不太容易出现忘谱的现象。

三、和声和对位的分析

合唱作品中和声与对位写作技法的分析都是必需的，这更多的是涉及对音乐本体的分析，也是指挥者处理作品的依据所在。很多指挥都会忽略合唱作品中和声与对位的分析。原因有两个方面：一是自身对和声与对位知识掌握不够；二是观念上的不重视。

四、写作手法的分析

合唱作品的写作手法主要有主调性合唱作品、复调性合唱作品，以及主调、复调写作手法相结合的合唱作品。熟悉上列三种合唱的写作手法，对我们分析处理合唱作品中的层次结构是非常有帮助的。

五、词的分析

合唱作品中的词是合唱这一立体艺术区别于交响管弦乐、民乐合奏等立体音乐艺术的最重要标志。也有人把词看作是合唱之灵魂，足见其在合唱作品中的重要地位。对合唱作品中的词意、咬字与吐字发音方法的分析及掌握的程度，直接决定着合唱团演唱水平的高低。

六、音乐术语的分析

正规的合唱比赛，评委面前都会有份合唱参赛队演唱的乐谱，其中合唱队是否准确诠释了谱中的有关速度和力度等音乐术语，是评分高低的重要标准。以音乐术语中的速度为例：《半个月亮爬上来》原速标记为“Allegretto”（小快板），音乐应该是表现轻快、轻松而稍带急切期盼的形象。但是在合唱演唱中，很多指挥没有真正地分析理解小快板的速度，作品被唱成了中板甚至于行板的速度，情绪转而成了缠绵略带忧愁，甚至语气中有了哀求的口吻。这种谱面上速度把握的失误，必然会导致整个音乐表演的失败。由此可见，指挥者排练前必须反复地分析比较合唱总谱上所有的音乐术语，以合理、准确地表现音乐作品。

七、乐句与呼吸的分析

从曲式的微观分析角度而言，合唱的演唱必须把乐句与乐句之间的关系表达清楚。合唱是一门声乐艺术的“交响乐”，气息是合唱演唱的生命线，如果把乐句之间的关系与气息呼吸中的大换气、小换气、偷换气和抢换气相结合起来分析，必然会使指挥者由拍子指挥过渡到声音指挥，从而收到意想不到的效果。

八、音准的分析

在具体分析各种音准之前，有必要先了解各种律制（五度相生律、纯律和十二平均律），从而才能找到音准的理由和为何需要这样的音准。多声部视唱音准是制约我国合唱发展的关键因素之一，也是合唱演唱成功的前提。对于合唱作品中各声部的旋律音准及纵向的和声音准的分析，是排练者必须要做的案头工作。

九、钢琴伴奏的分析

好的钢琴伴奏，对合唱团演唱水平的提高起着重要的作用，而好的伴奏除了良好的演奏技术之外，更多的是对于伴奏功能定位的分析及把握。钢琴伴奏从功能分析角度而言大致有三种情况：和声织体的衬托、复调性对比副旋律、主题并置。以莫扎特的《眼泪》为例，在对伴奏功能进行了综合细致的分析后，往往会发现伴奏其实就是真正的指挥，有了这层认识之后，指挥者就会侧重于合唱队员边听伴奏边唱合唱的训练。因此，对于伴奏功能的分析，对于丰富合唱艺术的表现力是必不可少的。而恰恰是这一点，又是很多指挥及合唱排练者容易忽视的。

十、画面感的分析

从文学角度而言，合唱作品的演绎是可以用场景式的画面进行描述的，这种描述有利于合唱成员准确地把握音乐形象，尤其是对于篇幅较长、拍子及速度变换较多的合唱作品，建立合唱的场景画面感是非常有意义的。以合唱《放下三棒鼓，扛起红缨枪》为例，可分为四个场景画面：一（1 — 37 小节）、美好家园；二（38 — 84 小节）、风云突变；三（85 — 110 小节）、苦难岁月；四（111 小节—结尾）、奋起革命。有了这种画面感的分析，排练者的排练就会变得生动形象起来。

十一、作品精神的分析

这是从美学意义上而言的，是对各层次上技术分析的提升与补充，其实质就是把握作品的精神内涵，挖掘隐藏在乐谱背后作曲家想传递给欣赏者的思想感情及人文关怀。以《长征组歌》为例，作品展示了在共产党领导下，红军将士团结奋战、浴血抗敌的壮丽画卷，揭示了红军将士众志成城、万众一心、百折不挠、自强不息的伟大精神。合唱团员在反复演唱中必然会感受到作品中的精神内涵，从而激发自身的民族自豪感，深化爱国主义情感，而这一点正是《长征组歌》的精神所在。

十二、结语

对合唱作品的分析是个综合运用知识的过程，需要分析者具备较全面的音乐素养。希望此节内容能起抛砖引玉之效，引起排练者对合唱作品分析的足够重视，为演唱者和指挥者提供一些参考和借鉴。

思考题：

1. 举例说明合唱的各种类别。

2. 合唱的队形如何排列？

3. 根据业余合唱团的相应水平，选择三首适合他们演唱的合唱作品并说明选择依据。

第八章 朗诵节目编排

第一节 诗歌朗诵

诗歌是一种常见的文学体裁，它用精练、形象、富有节奏感和音乐性的语言，用比兴、夸张、拟人、反复等表现手法，通过丰富的联想和想象，抒发情感，创造鲜明的形象和深远的意境，来概括反映现实生活。

中国的诗歌，诞生早、普及广、成就高，历史非常悠久，对整个文学的产生和发展有着强大的影响力和渗透力。从体裁来讲，有律诗（如白居易的《钱塘湖春行》、古体诗（如杜甫的《石壕吏》）、民歌（民间集体创作的《木兰辞》）、叙事诗（《孔雀东南飞》《木兰辞》也属于叙事诗）等中国古代文学的名篇佳作。

诗歌主要靠个体情感的直接抒发，有感而发，直抒胸臆，构成非常个性化的表现形态。因此，要朗诵好一首诗，首先要了解诗歌的写作背景和目的，感受诗人所要表达的思想感情，把握好它的写作特色和艺术风格。朗诵者要读出诗歌的节奏感和音乐美，而不是用固定的腔调从头念到尾；要投入真情实感，以情感人。对于具体的作品，要进入作者的心灵，弄清楚诗人创作的动机，在初步理解之后，再融入自己的认识和体验，这样就会对作品产生接近感和亲近感，最终通过朗诵者真挚、准确和充满激情的表达，让诗歌从文字变为有声语言，进入到听众的心灵，和他们产生共鸣和交流，达到思想感情上的互动。诗歌朗诵的基本要领有如下几个方面。

一、整体感受

我们把每一首好的诗歌都可以看作是一件完整的艺术品。要鉴赏它，朗诵它，首先要从整体上去感受它。怎么去感受呢？最好的方法是反复去阅读、吟诵。没有这个作为基础，你单单去看诗歌，是很难体会到诗意和诗情的。大家往往有这样的感觉，就是对于一首诗的理解，难度要大于对一篇小说的理解，原因就在于诗歌的创作有高度的概括性，还有思维的跳跃性，更有节奏的音乐性，它创作的思维方式是比较特殊的，诗歌是极富想象的艺术。诗歌的世界往往和现实的世界有很大的不同，这个“不一样”，就有了诗歌特别的味道。诗人融入诗中的思维往往是一个一个的凝结点，这些点就像是颗颗珍珠，而串起这串珍珠的就是诗人的创作思路。我们所说的整体感受，就是不能看到单个珍珠的浑圆光亮，你要看到整串珍珠给你的美感，还要理解它们之间的关系。我们常常会感受到的是：这一句写得真好，这个词用得真美，这个也需要用心去体会，但对作品有一个整体的把握，那就是获得了一把领会诗的意境和意义的金钥匙。要做到这一点，唯一的办法就是反复吟诵，细细揣摩，读通读懂，全面把握。

二、激发情感

整体把握了一个作品之后，接下来我们要做的是激发朗诵者内在的情感。我们常常说，诗人是最有激情的，他的激情一定借助于他的作品来表达，朗诵者如果不能延续这种感情的流露，那么在有声语言的二度创作中，就中断了情感的链条。所以，朗诵诗歌一定要带有感情，如果是以漠然的态度去读一首诗，就很难捕捉和表达诗人的感情脉络。

1. 关心生活

每个人对作品蕴含的感情刺激反应强与弱、快与慢同感知的差异性有关，与其日常生活中的态度也有关系。如果一个人平时对周围的一切漠然置之，无论外界有什么愉快、悲痛的事情都不会明显影响他的思想感情，始终无动于衷，那么让他十遍百遍地阅读吟诵作品，可能反应也不大。因此，热爱生活、关心生活，对生活充满热忱之心也是吟诵诗歌产生真情、深情的重要基础。

2. 注意积累

感情离不开对作品的感受，也离不开感觉这一简单的心理过程，即让客观事物的个别特性在人头脑中引起反应。比如说，有人对红色特别喜欢，也特别敏感，鲜艳的花朵、鲜红的旗帜等都会激发起其激动和愉悦的情感，日常生活中，视、听、嗅、味、触等感觉给我们留下的印象，都必须牢牢记住，一旦我们在吟诵中遇到这样的文字内容，就可以打开我们记忆的仓库，唤起一种对应的情感来。

3. 借助想象

情感往往借助于想象的翅膀。一般来说，想象越丰富，情感也就越丰富。如果我们吟诵诗句的本身，能一边从我们口中诵出这些词句，一边从这些词句中“看”到它们的形象，不仅能使我们的语言绘声绘色，而且能由此调动我们的情感，让“内心的情景再现”点燃情感的火焰，在心中燃烧起来。情感与形象难分难离，要在脑海中展开想象，让心中的形象与情感融为一体，让这种力与美的极限去打动听众，感染听众。

三、捕捉意境

我们常说好的诗歌它的意境很美，于是我们就要去捕捉这种意境。那么意境究竟是什么呢？它是诗歌创作所达到的情景交融的思想和艺术境界，是通过对富于特征的事物的描绘，与诗人内在的意境有机结合而创造出来的一种生活画面。所谓意境的“意”就是作者的思想感情，所谓“境”就是诗中描绘的具体事物和生活画面。如张志和的《渔歌子》：“西塞山前白鹭飞，桃花流水鳜鱼肥，青箬笠，绿蓑衣，斜风细雨不须归。”这是一幅江南春天的美妙图画：春江水涨，烟雨迷蒙，鸟飞鱼肥，悠然垂钓，是一幅写意的山水画。这首词描绘了春天秀丽的水乡风光，塑造了一位渔翁的形象，赞美了渔家生活情趣，抒发了作者对大自然的热爱。我们在朗读时，要展开联想和想象，将诗中的语言化为具体生动的画面，去再现诗歌的意境，理解作者的情感内涵，从而理解诗歌的主题。

四、品味音韵

诗歌的语言都是精练含蓄的，它区别于其他文学体裁的一个最大的特点就是具有节奏感和音韵美。诗歌一般分行排列，具有一定规律的停顿和间歇，不仅可以给人阅读，还可以朗诵和歌唱，这就使得诗歌的语言富有节奏和音韵，读来朗朗上口，悦耳动听。反过来，这种节奏感和音韵美也赋予诗歌更多的感情色彩。我们在朗诵诗歌的时候，要充分把这种美给展示出来，通过声音的高低快慢、强弱轻重，语调的抑扬顿挫，把诗歌的内容恰到好处地表达出来。

【例《再别康桥》】

康桥：即剑桥，英国著名高等学府剑桥大学所在地。1921 年，诗人曾游学于此。康桥时期是徐志摩一生的转折时期，诗人曾满怀深情地说：“我的求知欲是康桥给我拨动的，我的自我意识是康桥给我胚胎的。”正是康河那充满灵性的水，开启了诗人的性灵，唤醒了久蛰在他心中的诗人的天命。1928 年诗人再度漫游欧洲，并到剑桥大学讲学，在归途写下了《再别康桥》这首传世之作。

轻轻的我走了，
正如我轻轻的来；
我轻轻的招手，
作别西天的云彩。
那河畔的金柳，
是夕阳中的新娘；
波光里的艳影，
在我的心头荡漾。
软泥上的青荇，
油油的在水底招摇；
在康河的柔波里，
我甘心做一条水草！
那树荫下的一潭，
不是清泉，是天上虹；
揉碎在浮藻间，
沉淀着彩虹似的梦。
寻梦？撑一支长篙，
向青草更青处漫溯；
满载一船星辉，
在星辉斑斓里放歌。
但我不能放歌，
悄悄是别离的笙箫；
夏虫也为我沉默，

沉默是今晚的康桥！
悄悄的我走了，
正如我悄悄的来；
我挥一挥衣袖，
不带走一片云彩。

此诗是徐志摩最著名的诗篇之一，抒写了诗人故地重游、再别康桥时的情感体验。诗人在剑桥留学的两年中深受西方教育的熏陶及欧美浪漫主义和唯美派诗人的影响，追求个性解放的人生理想，追求“爱、自由、美”的生活理想，追求英国式资产阶级民主的政治理想。然而回国后，诗人屡屡受挫，曾经似“快乐的雪花”般的诗人，变成了“卑微”的“残苇”，发出了绝望的叹息。理想的幻灭更激起诗人对往昔康桥岁月的回忆与珍惜，诗人以这样的心绪再次漫步康桥上。因此，诗歌反映的情感是复杂的，既有理想幻灭的感伤，更有对母校的挚爱、依恋以及淡淡的离情别绪。全诗以三个“轻轻的”起笔，将至深的情怀幻化为西天的云彩，用虚实相间的手法，描绘了一幅幅流动的画面，构成了一处处美妙的意境，细致入微地将诗人情感表现得真挚、隽永。

这首诗艺术特色鲜明，较为典型地表现了徐志摩诗歌的风格。诗人善于从生活中捕捉鲜活、富有个性特征的景物形象，糅合诗人的情感与想象，构成鲜明、生动的艺术形象，从而营造了优美、明丽的意境。那西天的云彩，河畔的金柳、河中的波光艳影，还有那软泥上的青荇……各种物象相映成趣，无不浸透着诗人对康桥的无限深情。尤其诗人的比喻独特而又贴切，手法巧妙，使情与景水乳交融，丰富了诗歌内涵，增强了诗歌的艺术感染力。本诗结构形式严谨整齐，错落有致。诗歌语言清莹流丽，音节抑扬合度，节奏轻柔委婉，和谐自然，堪称徐志摩诗作中的绝唱。

第二节　散文朗诵

散文是一种自由、灵活地抒写见闻感受的文体，形式自由，题材多样而带有艺术性，篇幅一般不长，能迅速反映现实生活。

散文的种类因取材、立意和表达的不同，可分为叙事性散文、抒情性散文和议论性散文等。散文写作者的所见、所闻、所思、所感，记录作者的生活和思想的真实经历，直接反映作者的个性。

我们要朗诵好一篇散文，首先要分析它的篇章结构，体会它内容和形式的统一。散文的语言是极富表现力的语言，非常灵活，参差错落，富于变化，这也是我们要着重去分析和体会的。散文朗诵的基本要领如下。

一、扣住感情

散文作者写自己的所见、所闻、所思、所想，最终要抒发的是自己的思想情感，思想情感是作者创作的基础，也是贯穿整个作品的脉络。因此，扣住作者的思想感情，就等于抓住了马匹的缰绳，就能深入理解作品，提高阅读文章的能力，为朗诵做好准备。

比如《荷塘月色》，朱自清写于1927年7月，作者不满当时黑暗的社会现实，却又找不到出路，他幻想超脱现实，而又欲罢不能。这种复杂矛盾、苦闷彷徨的思想感情，既是《荷塘月色》的思想基础，又成为贯穿全篇的脉络。作者在文中刻意描写景物，创造意境，正是为了寄予这种感情，表达这种心境。《荷塘月色》正是作者借抒发这种情感，曲折地反映了当时的黑暗社会现实，反映了当时一部分要求进步却尚未找到出路的知识分子苦闷彷徨的情绪和前进步履的艰难。

二、探求意境

散文往往是诗情画意的，好的散文就像一首诗，具有深邃的意境。作者往往在描绘客观事物的过程中融入自己的主观情感，构成情景交融、情理交融的艺术境界。我们在朗诵散文的时候，要不断去探求作品的意境，这不仅可以更好地去理解散文的内蕴，也可以陶冶朗诵者的心灵。

写山川景物的散文，创造意境往往采用借景抒情、情景交融、托物言志的方式。

写风土人情的散文，创造意境往往采用情不直抒、理不直陈、因事明理的方式。

历代散文大家，他们在作品中所创造的意境往往是区别于他人的显著的标志之一，如周作人的散文的意境是平淡隽永的，刘白羽的散文是雄壮瑰丽的，杨朔的散文以托物言志的风格见长，而秦牧的散文则像线穿起来的珍珠，松散而神聚。

我们再拿朱自清的散文《背影》为例，去探究散文的意境。

朱自清在这篇散文中，写了在特定的情景下父亲的背影，特别是离“我”有一定距离的背影，作者只是用极其简单的速写笔法，抓住了传神的细节，勾勒出一副淡淡的背影的轮廓画。父亲的慈爱和迂执、艰难和努力、困顿和挣扎，都聚集在“背影”这一个点上，儿子对父亲一生零星的印象和百感交集的思绪，都汇聚于这个点进行集中、组合、强调，创作出一个有机的艺术整体和意蕴丰富、耐人寻味的艺术境界。

朗诵散文的时候，朗诵者既要注意意境的探求，又要注意作者感情的抒发，将情、景、意有机结合起来，更好地体会散文的意境之美。

三、品味语言

散文和小说不同，它没有复杂的情节，没有矛盾冲突；也不像诗歌，不是很刻意去追求和谐的节奏和美妙的旋律。散文语言的特点或庄重，或诙谐，或直白，或婉约，或浓烈，或清淡，是极具表现力的语言，需要我们去好好品味。而品味散文的语言，最重要的是要抓住关键的字词句，细致体会它在表达主题思想方面的作用，这些字词句，往往是整篇文章的关键点，它的传神之处需要我们在预读的时候慢慢去咀嚼。

还是拿《荷塘月色》做例子。《荷塘月色》写月光的一段——

月光如流水一般，静静地泻在这一片叶子和花上。薄薄的青雾浮起在荷塘里。叶子和花仿佛在牛乳中洗过一样；又像是笼着轻纱的梦。虽然是满月，天上却有一层淡淡的云，所以不能朗照；但我以为这恰是到了好处——酣眠固不可少，小睡也别有风味的。月光是隔了树照过来的，高处丛生的灌木，落下参差的斑驳的黑影；弯弯的杨柳的稀疏的倩影，却又像是画在荷叶上。塘中的月色并不均匀；但光与影有着和谐的旋律，如梵婀铃上奏着的名曲。

这一段写荷塘的月色，月色本来是无形的，但一个“泻”字，赋予了月光像流水一样的动态，这个“泻”就是关键字。作者抓住了月光下荷塘、荷叶、荷花的种种特定的形态，通过比喻和拟人的方法进行侧面描写，使得无形的月光有了可以感知的形象。这一个段落中，“虽然——却——所以——但——固——也”这样一个连续转折的复句，委婉曲折地表达了柔美的月色给人的淡淡的喜悦，接下来，作者又用了通感的手法，把光和影的协调组合比喻成小提琴上演奏着的名曲，让人产生更加丰富的联想。这一段文字，正面描写月光，侧面描写月影，以月影渲染了月光，把光和影和谐地统一了起来，情与景熔于一炉，生动刻画出荷塘上朦胧的月色，给人以美的享受。我们在朗诵的时候，要抓住有关的词和句子，体会其美妙的语言和意境，准确地去把握作者语言的特色。

说到不同的语言特色，鲁迅的散文和朱自清的就大不一样，鲁迅散文的语言是冷峻、幽默和隽永的，而朱自清散文的语言特点是简练和干净的。这都需要我们去细细品味。

四、抓住“文眼”

什么叫文眼？文眼就是提示文章中心的字眼，它是文章的窗户，就像眼睛是心灵的窗户一样，通过它就能窥探到文章的中心。诗有诗眼，文有文眼，散文的眼就是作者着力表现的中心点，是文章结构的枢纽点，也就是全文神聚的点。在分析文章中心思想的时候，通常要借助文眼，因为这是把握中心的重要手段。

怎样去识别散文的“文眼”呢，它并无固定的位置，不易分辨，但只要精于阅读，还是可以找到的。如《荷塘月色》，它的文眼就在篇首，“这几天心情颇不宁静”为文章定下了感情基调，不宁静的心情去写宁静的荷塘，这是一种对比，是一种彷徨的心绪的表达。很多散文的文眼就是它的标题，如杨朔的《荔枝蜜》，开头说“蜜蜂是画家的爱物，我却总不大喜欢”，全文正是由“总不大喜欢”展开，为什么不大喜欢？因为小时候被蜜蜂蜇了。为什么后来发生了兴趣？因为喝了荔枝蜜，“觉得生活都是甜的”。为何后来发出赞叹，甚至梦见自己变成蜜蜂？因为作者被蜜蜂的无私奉献的精神所感动，进而又联想到那些在平凡岗位上无私奉献的劳动者。这篇文章的文眼就出现在了最后，歌颂劳动者和劳动成果。

抓住了文眼，就扣住了全篇的中心，准确表达主题就有了方向。

【例　余光中《沙田山居》中的部分文字】

书斋外面是阳台，阳台外面是海，是山，海是碧湛湛的一弯，山是青郁郁的连环。山外有山，最远的翠微淡成一裊青烟，忽焉似有，再顾若无，那便是大陆的莽莽苍苍了……

海天相对，中间是山，即使是秋晴的日子，透明的蓝光里，也还有一层轻轻的海气，疑幻疑真，像开着一面玄奥的迷镜，照镜的不是人，是神。海与山绸缪在一起，分不出，是海侵入了山间，还是山诱俘了海水，只见海把山围成了一角角的半岛，山呢，把海围成了一汪汪的海湾。山色如环，困不住浩渺的南海，毕竟在东北方缺了一口，放樯桅出去，风帆进来……起风的日子，海吹成了千亩蓝田，无数的百合此开彼落。到了夜深，所有的山影黑沉沉都睡去，远远近近，零零落落的灯全睡去，只留下一阵阵的潮声起伏，永恒的鼾息，撼人的节奏摇动我的心潮。有时十几盏渔火赫然，浮现在黢黑的海面，排成一弯弧形，把渔网愈收愈小，围成一丛灿灿的金莲。

海围着山，山围着我。沙田山居，峰回路转，我的朝朝暮暮，日起日落，月望月朔，全在此中度过，我成了山人。问余何事栖碧山，笑而不答，山已经代我答了。其实山并未回答，是鸟代山答了，是虫，是松风代山答了。山是禅机深藏的高僧，轻易不开口的。人在楼上倚栏杆，山列坐在四面如十八尊罗汉叠罗汉，相看两不厌……山谷是一个爱音乐的村女，最喜欢学舌拟声，可惜太害羞，技巧不很高明。无论是鸡鸣犬吠，或是火车在谷口扬笛路过，她都要学叫一声，落后半拍，应人的尾音。

从我的楼上望出去，马鞍山奇拔而峭峻，屏于东方，使朝暾姗姗其来迟。鹿山巍然而逼近，魁梧的肩膂遮去了半壁西天，催黄昏早半小时来临，一个分神，夕阳便落进他的僧袖里去了……尤其是西屏的鹿山，白天还如佛如僧，蔼然可亲，这时竟收起法相，庞然而踞，黑毛茸蒙如一尊暗中伺人的怪兽，隐然，有一种潜伏的不安。

千山磅礴的来势如压，谁敢相撼？但是云烟一起，庄重的山态便改了。雾来的日子，山变成一座座的列屿，在白烟的横波回澜里，载浮载沉。八仙岭果真化作了过海的八仙，时在波上，时在弥漫的云间。有一天早晨，举目一望，八仙、马鞍和远远近近的大小众峰，全不见了，偶尔云开一线，当头的鹿山似从天隙中隐隐相窥，去大埔的车辆出没在半空。我的阳台脱离了一切，下临无地，在汹涌的白涛上自由来去。谷中的鸡犬从云下传来，从夐远的人间。我走去更高处的联合书院上课，满地白云，师生衣袂飘然，都成了神仙。我登上讲坛说道，烟云都穿窗探首来旁听。

起风的日子，一切云云雾雾的朦胧氤氲全被拭净，水光山色，纤毫悉在镜里。原来对岸的八仙岭下，历历可数，有着许多山村野店，水浒人家。半岛的天气一日数变，风骤然而来，从海口长驱直入，脚下的山谷顿成风箱，抽不尽满壑的咆哮翻腾。蹂躏着罗汉松与芦草，掀翻海水，吐着白浪，风是一群透明的野兽，奔踹而来，呼啸而去。

……最令人心动而神往的，却是人为的噪音。从清早到午夜，一天四十多班，在山和海之间，敲轨而来，鸣笛而去的，是九广铁路的客车、货车、猪车。曳着黑烟的飘发，蟠蜿着十三节车厢的修长之躯，这些工业时代的元老级交通工具，仍有旧世界迷人的情调，非协和的超音速飞机所能比拟。山下的铁轨向北延伸，延伸着我的心弦。我的中枢神经，一日四十多次，任南下又北上的千只铁轮轮番敲打，用钢铁火花的壮烈节奏，提醒我，藏在谷底的并不是洞里桃源，住在山上，我亦非桓景，即使王粲，也不能不下楼去：

栏杆三面压人眉睫是青山
碧螺黛迤逦的边愁欲连环
叠嶂之后是重峦，一层淡似一层
湘云之后是楚烟，山长水远
五千载与八万万，全在那里面……

余光中的散文《沙田山居》，以其特有的笔法，写了他在香港“山居”阳台上欣赏到的景色特点，对周围的景物进行了精心的描摹，既写了外在景观，又写了内心的感受，情景交融。文章深厚的文化内涵，诗一样的语言，表现了作者对祖国及祖国文化的热爱，那深深的乡愁更让人难以忘怀。下面就从作者的思路章法、语言特色、思想情感等方面作简要的分析。

（1）本文思路清晰，结构布局严谨。文章开篇平实，但就在这平平常常的叙述中我们能感受到作者那深厚的情感。接着作者进一步展开，描绘“千亩蓝田”的海，“禅机深藏的高僧，轻易不开口”的山，“弥漫”的云烟雾气，“咆哮翻腾”的风，以及火车的轰鸣。

全文以“站在阳台上看风景”为线索，将不同美景尽揽胸中，谋篇布局，浑然一体，这也为文中细致的描写和充分的表现提供了坚实的基础，成功地表达出作品主题和作者的那份乡愁。当然，本文的景物海、山、云、风等是纠缠在一起的统一体，作者艺术地将这些景物结合在一起，没有割裂的痕迹。

（2）本文的语言典雅，具有诗歌的韵味。余光中是一位诗人，他的这篇文章可以说是诗化了的散文。①语言的细腻准确。作者犹如拿着马良的神笔在绘着祖国的壮丽山河，看那“最远的翠微淡成一袅青烟”“山影黑沉沉睡去”“千山磅礴的来势如压”“掀翻海水，吐着白浪”等，无不如诗如画。另外，大量的叠词的运用加强了语言的节奏感：灿灿、姗姗、碧湛湛、阴森森、莽莽苍苍、零零落落、远远近近、朝朝暮暮等。②拟人、比喻、排比等修辞手法的使用，让景物都有了灵性，给人以丰富的想象与美感。“海吹成了千亩蓝田，无数的百合此开彼落”“山谷是一个爱音乐的村女”“我登上讲坛说道，烟云都穿窗探首来旁听”。从全文看，作者完全把笔下的景物当作有情感的人来写，表现它的喜、怒、哀、乐，我们仿佛感受到了作者那份人与自然对话的真诚，那份喜悦，那份欣赏，那份赞美，那份依恋，所有景物都脉脉含情，充满了诱惑，难怪作者深入其中，尽情享受。③典故的运用增加了文章的深度。“住在山上，我亦非桓景，即使王粲，也不能不下楼去”，作者运用典故来表露心迹，“下楼去”做自己心中长久想做的事，让祖国早日实现统一，文章显得含蓄、深沉，也留给读者深远的回味。

（3）文章的情和景融为一体。一切景语皆情语，除了直接地抒情外，那景物描写中更包含了作者的深情，作者赞美祖国河山的壮丽秀美，但更深沉的是文中浓浓的乡愁和对祖国统一的渴盼。

本文发表于 1987 年，那时香港还没有回归，作者站在他那似家非家的阳台上，望着“大陆的莽莽苍苍”，必然会心潮澎湃，特别是结尾处的语句，“湘云之后是楚烟，山长水远/五千载与八万万，全在那里面……”那里面是什么呢？我们仿佛感受到了作者那颗跳动着的心，那种爱乡、思乡、想回到祖国怀抱中的急切心情，由此带给读者的也是感情上的强烈共鸣。

第三节　集体、配乐朗诵

一、集体朗诵

朗诵节目的编排，除去个人朗诵以外，还有双人、多人等集体朗诵。

集体朗诵，可分为多人、集体两种形式（集体朗诵，可有个人领诵或多人领诵）。集体朗诵所采取的稿件内容一般以诗歌、散文或带有情节的故事等，但并不是所有的题材都适合集体朗诵，我们要根据稿件的内容来设计朗诵的形式。例如，《我希望你以军人的身份再生》这首诗就不适合多人或集体朗诵，因为其诗创角度是个体军人；《四月的黄昏》《天路》则适合双人朗诵，而且是男、女二人，因为其表现的是一对恋人的内心世界；而《风流歌》则较适宜双人或集体朗诵，因为其表现的是一代人的心声；而《光的赞歌》从表面看诗创无特殊人称要求，然而，诗的内容气势宏大，语言节奏感强，因此，很适合集体朗诵，以体现诗作的内涵与气度。

那么，一首集体朗诵的诗应当如何分配朗诵词呢？分配原则如下。

（1）按朗诵者的声音条件。

（2）按朗诵者的形象气质、性格特点。

（3）按朗诵者的表达技能。

我们以《知青纪事》为例来加以分析。《知青纪事》表现了男主人公“秋石”和女主人公“冬阳”这两位昔日同窗与恋人，在“文革”年代不得不分手，今又重逢的人生轨迹与心理历程，内涵丰富，情感深挚，令人动容。这个作品内容较多，共分四个部分：美好相识、共度动乱、兵团分手、别样相见。这是男女生合作朗诵的材料，将其分为四对男女生合作朗诵也可，具体处理如下。

第一段朗诵内容，可选择声音较年轻、性格较活泼的一对男女生朗诵，因为这段表现的是男女主人公在中学时代，正值青春年华，又美好相识，生活中充满幸福和活力，呈现出亮色。

第二段朗诵内容，可选择情感细腻、感受和表达较好的一对男女生朗诵，因为这段表现的是动乱年代，二人经历了动乱的苦难和痛别，生活中充满暗淡的色彩。

第三段朗诵内容，可选择内涵较深、声音稳实的一对男女生朗诵，因为这段要表现的是男女主人公分隔两地去农场插队，受当时环境的压力承受着心灵煎熬，生活与心灵被扭曲，最后二人分了手，呈现的是浓浓的黑色。

第四段朗诵内容，可选择声音较厚实、性格较内向的一对男女生朗诵，因为这段所表现的是男女主人公各自成家，却并不如意，或离异，或似陌路人，虽然返城、事业有成，但内心深处却潜藏着那抹不去的记忆，生活中充满杂乱的色彩。

这样的分配处理可以表现男女主人公人生不同阶段的生理、心理特点，有益于朗诵处理的丰富性和表现力。在朗诵的头、尾加上现在时的每人轮流说出的心语、合诵，更有一种节目的整体感。

（开头）朋友们，在我们父辈的一次聚会上，我们听到了这样一个真实的故事，那三十多年前“北大荒”的一幕幕往事浮现在眼前。对于我们来说，这发生在“冬阳”与“秋石”之间的故事未免过于残酷，但它毕竟是实实在在地发生过，在无数知青们之间发生过……

（结尾）朋友们：

（四段男）我们的故事到这里似乎该结束了，但火热的生活带给我们的新生活却正在进行；

（四段女）其实，历史每一天都在结束，每一天也都在开始；

（一段女）青春、爱情、理想永远是美好的，值得珍惜；（一段男）昨天属于历史，而明天则属于我们；

（二段女）但愿今后的每一天都是平静而崭新的；

（三段女）希望我们从长辈的经历中汲取多一点坚韧与思索；

（三段男）希望后来的人们不要忘记，在共和国的历史上曾经有一群为祖国奉献青春的人们，他们就是：

（合）中国知青！

（多人）集体朗诵，除去划分朗诵词、选择朗诵者之外，还有朗诵配合的问题，那么，配合的条件是什么呢？

（1）以朗诵词意思的相对完整为朗诵配合的前提。

（2）以朗诵的互补、叠加为朗诵配合的前提。

（3）以朗诵情绪的推进、转换为朗诵配合的条件。

比如《光的赞歌》这是著名作家艾青的一首充满革命激情的力作，诗中饱含着哲理与激情，使人读来心潮起伏、热血沸腾。加之，诗作很有诗味，诗句朗朗上口、很有气势，很适合多人或集体朗诵。由于这首诗比较有力度，因此，男生多人朗诵较好，音色比较统一，能显示音乐美、力量美、和谐美。

总之，（多人）集体朗诵的成功，有赖于朗诵词划分合理、朗诵者选择合适，朗诵处理既有意思的相对完整，也适于诗情的表现，加之朗诵处理的艺术性。（多人）集体朗诵不但具有朗诵独有的音乐美，也极具震撼力，这是个人朗诵所无法比拟的。

二、配乐朗诵

配乐朗诵将一首诗配上音乐朗诵，音乐烘托诗句的表达，使诗情、诗境得到展现，既能给人以美的享受，也能帮助人们很快进入诗的意境，使得朗诵更吸引人，更有艺术性，这就是配乐朗诵的魅力所在。那么，如何做好配乐朗诵呢?

（1）选择配乐要合适。配乐的风格、情绪、节奏，甚至配器应与朗诵的内容、意境、情感相适应。

（2）要会接音乐。一般音乐转换应弱接，反差大的音乐转换，可在朗诵声中过渡，不显生硬。

（3）朗诵要合上配乐。朗诵应能合上配乐的段落、重点乐句，要自然和谐，应具有等、抢、调节能力。要想做好配乐朗诵，首先要有配乐资料的积累，平时多听，多了解音乐的性质、风格、情绪、节奏、配器等情况，以便使用时心中有底。因为，绝大多数的配乐都是从现有音乐中剪裁而来，真正为一首诗专门作曲的很少。比如，非常敬业的著名朗诵艺术家张家声老师为了给他的朗诵佳作《人民万岁》配乐，专门请有关音乐编辑为其剪辑合适的音乐。

音乐可以为朗诵增色，这是大家公认的。音乐是通过旋律、节奏、和声等手法塑造音乐形象，表达思想感情的。运用音乐进行配乐朗诵，朗诵者的情感也更容易被调动起来，使有声语言更显得生动、立体和活跃。

但是配乐又不是随随便便找一段音乐作为陪衬，必须认真选取，使之符合作品的内容，达到整体的艺术效果。

（1）要选择与作品内涵和基调相接近的乐曲，朗诵者既要吃透朗诵作品的思想主题，也要了解配乐曲目的情感基调。比如朗诵古诗，就必须选用中国传统的古乐曲，现代曲目和西洋的古典音乐是不可能选用的，要不音乐和朗诵就风马牛不相及，成了两张皮。

（2）选用的曲目的长度要和朗诵作品的长度大致相同，如果太长，建议去掉头，留着尾巴，找一个有起始感觉的乐段，用淡入的方式展开。

（3）注意适当留白，古时候有“大音稀声”和“大象无形”的说法，在朗诵的过程中，朗诵者和听众往往都会有“陶醉”“酝酿”“回味”的状态，用留白的艺术，可以达到“此时无声胜有声”的艺术效果，给观众留下思考和想象的空间。

（4）控制好配乐的音量，有些地方突出旋律，有些地方淡化音乐，切忌音量过大，喧宾夺主，造成干扰。

思考题：

1. 诗歌朗诵的基本要领是什么？
2. 散文朗诵的基本要领是什么？
3. 如何处理集体朗诵？
4. 如何处理朗诵配乐？
5. 编排一个集体配乐朗诵节目。

第九章 舞蹈表演编排

第一节 单、双人舞编舞

单人舞小品的编导技法是整个编导教学中的一部分，是舞蹈编创的基础技法之一。本节从对动作的认识入手，通过对动作的分析、开发，对身体各个部位的动作重新架构，着重对学生进行编导技法的形式训练，培养动作思维能力，使其在动作的概念中认清动机的产生、发展、变化以及舞句、舞段、小品的形成过程。

一、单人舞小品的训练步骤

（一）认识、选择动作

动作是人体在空间的运动。舞蹈以人体为物质载体，运用人的肢体动作作为语言形式来表达编导者对社会生活、人物思想、情感的深刻的体验与感悟。

舞蹈动作一般来自三个方面：一是生活动作；二是传统的舞蹈动作；三是创造性动作。生活动作是以生活为原型的动作，传统的舞蹈动作是已经形成程式化的动作，而创造性舞蹈动作则不拘泥于一定程式，属于编导者的体验与知识阅历创新的动作类型。编导者可以根据以上三种动作进行提炼、剪辑、加工，从而形成舞蹈语言材料。

动作选择要有新意，创造性、对比性、造型性强，动作连接要单纯。目的是从创造动作入手，对动作进行选择和认识。

用不同的节奏做动作练习，如 1/4、2/4、3/4、4/4 等，通过不同的节奏进行练习，让学生清楚地认识动作形成的过程、不同的动作之感、动作连接的作用以及不同的视觉效果等。

（二）动作元素分解

元素是构成舞蹈动作的最小单位，通过对动作的分解找到不可再分的元素，而后对这些元素进行重构，形成舞句、舞段、小品等，其关键是对动作本体的分析与研究。

动作元素可分为单一元素和复合元素，单一元素是身体的一个部位形成的动作，复合元素则是身体两个或两个以上的部位形成的。一般来说，动态造型是由多个复合元素同时运动产生的。

选择一个二度空间的动作元素，按照动作的运动路线依次进行有机的动作分解，形成多个不可再分的动作元素。要想分解得细致和精确，可以从身体的任何一个部位开始，也可以按顺序从脚到头或从头到脚依次完成。

（三）造型的构建

造型是动作在空间中相对静止的一种状态，是在元素分解的基础上进行构建的。造型的质量直接决定下一步骤的好坏。因此，造型要干净、结实。

造型的形成，要求沿着元素动作的形成过程及力量走向顺势而生，不能违背元素本身的动律路线。造型力求出奇，创新性强。

（四）时、空、力的运用

时间指的是人体动作在空间所占的时值，通常有快速、慢速和中速之分。速度在一定的时间内通过运动体现出来。节奏有规律的变化在舞蹈中有强化主题的作用，使动作的质感和表现力得以改变。时间变化要有逻辑性，不刻意寻求形象、意象和表现的内容。造型流畅的连接形成的舞句，可以称为“原型”，对“原型”进行时间的变化，即节奏和速度的变化，进行多种可能的探索，可以产生极致的对比。

空间是一个三维的立方体，能无限地扩展和压缩。从物理层面看，一般分为自然空间和人体空间，包括高中低三度空间及长宽高舞台空间；从身体层面讲可分为内空间、外空间、主空间及副空间等。通过对“原型”舞句的空间变化，感受身体动作在不同空间的存在意识，认知同一动作在不同空间的视觉效果。

不同的力量会给动作带来不同的质感。力量的变化引起空间和时间的变化，从而给“原型”以丰富的变化和发展。舞句通过力量的变化产生不同的形象或意象，成为新的舞句。力量变化最好的方式是寻求两极的对比，如收缩与放松、紧绷与松懈等。

（五）舞段的建构

舞段是把时间、空间、力量变化的练习有机地组合，长度一般不少于3分钟，是时、空、力的综合练习。舞段对每一段的材料进行编织和剪辑，对“原型”元素进行分解和重构，把时、空、力变化的舞句进行任意组合切割，从而形成舞段。

舞段要求动作与动作的连接科学、合理，各种变化、运动路线合乎各自的动作要求。舞段的构成切忌动作的堆积，应有动作的丰富性和可观赏性，对比鲜明，达到一种相对的极致。

（六）形式结构小品

形式结构小品指的是小品在形式结构上具有完整性，不苛求在主题、人物、形象、意境等方面的表现，即动作形式的合理编织与构建。

小品的时间长度一般为3～5分钟，结构相对完整，可以运用重复、对比、调度等多种手段进行编导，连贯性强，在元素、造型、舞句的材料使用上要进行细致准确的分析。

在形式结构小品的练习中，给观者的感受是多样化的，形象在这时会自然而然地产生，观者所理解的人物、形象、思想等是小品本身的魅力所在。

（七）音乐即兴运用

音乐的即兴运用是指相对固定的舞蹈小品在不同风格的音乐配合下进行舞动的形式。舞者可以和音乐节奏同步而舞，也可以把音乐完全当作一种背景进行舞动。不同的合作方式产生的艺术效果和意象情感也不同。这种练习主要是打破常规的编导模式，尝试一种新的方式与音乐产生联系，给观者以不同的艺术感知与丰富的想象空间。

综上所述，单人舞小品编导技法基本是从以上七个步骤进行的，通过以上各步骤的练习，可以使学生对单人舞小品的编导技法有所了解和掌握。

二、双人舞的训练

双人舞是由两人合作表演，互为对照物，以相互协调和对比性较强的动作、较高的技术技巧以及姿态造型来共同表达一个主题的舞蹈，其形式感在视觉上有着独特的艺术魅力。在双人舞的表现形式上，古典芭蕾双人舞结构中的托举、大跳、旋转等技巧独具造诣。而在中国民族民间舞蹈中许多双人舞形式，也有一套套人民群众喜闻乐见的、富有生活气息的、民族色彩浓郁的双人舞构图方法，这是创造中国民族双人舞的宝贵源泉。此外，在自然界也有许多能为我们双人舞创作带来很多启发的地方。

训练双人舞编舞技法的目的：根据双人舞人数限定的特殊性，从生活中选择构成双人形式的各种特定形式，展开想象，寻找与特定形式相符合的内容，确定双人的关系层，形成对话与交流，探索双人动作在特定形式中运动的规律性轨迹，挖掘双人动作在空间发挥的可能性、造型设计的可视性。

（一）镜子形式编舞练习

镜子作为生活用品，它能客观地反映出镜中映照物的真实状态。普通的镜子映出的影像与现实中的实像是完全一致，而用来娱乐的哈哈镜中映现的影像却是一种巨大的夸张和变形，与实像有着强烈的反差。若在损坏破碎的镜片中，实像便变得支离破碎，失去了它原有的完整、完美。假若人的精神、情绪出现了异常，视觉便会产生错觉，出现幻觉，那镜中的形象便出现错位。因此，利用各种镜子的作用进行双人舞的编舞训练，可以探索创造双人舞独特的表现形式。

1. 平面镜双人练习

训练方法：两人动作的角度、高度完全一致，动作具有对称性（绝对对称）；两人的距离可零距离接触，也可拉开距离形成对映；可配以相应的音乐。

训练要求：两人的动作必须同步；方向可以面对面，也可以背对背，但不能同一个方向。

2. 哈哈镜双人练习

训练方法：两人的动作出现强烈的对比，一人的动作极度地夸张、变形，与对方形成高低、大小、宽窄、长短、曲直、歪斜、倒置等对比；两人的动作可以交替、互换；可以充分利用多角度、多空间进行发展；可选择幽默、风趣、活泼的乐曲。

训练要求：充分展开想象，大胆运用变形夸张的手段。

（二）影子形式编舞练习

镜子形式中的两人是以实像为主，影子便是虚实的结合。在光的作用下影子的出现是实与虚的关系；在人物情绪、精神作用下，影子的出现便是更虚的幻影。无论哪一种“影”，两人关系都是主动与被动。影子形式编舞练习是根据生活中的一些现象，探索几种由影子构成的双人舞形式。

1. 光影

训练方法：在日光、灯光的作用下，不同角度或高度的照射均会出现影子的异样，并具有较大幅度的夸张和变形，甚至没有了原型，所以双人的动作有较强的对比性。

训练要求：当光斜照时的人影是长的，所以两人有一定的距离感，可近可远；当光从正顶照射下来，便没有了距离，两人完全接触、重叠。

2. 水影

训练方法：水影中的影像是与镜子相同的实像。但由于水是流动的，影像的出现会与实像有所不同。角度也不同于镜子，镜子中的两人多数在平行的高度，而水影多数处于高低、上下的角度。因此，水影在形式上也完全不同于镜子的形式感。

3. 心影

训练方法：在心影中，由于人的思维状态在情绪的影响和作用下各有不同，出现的心中影像也各不相同，有幻影、阴影、梦影等。不论哪一种心影，双人动作有被动与主动的关系。

（1）心中忘不掉的影——幻影，思念之感，实像主动，影像被动，若即若离。

（2）心中笼罩着的影——阴影，恐慌、焦虑之感，实像既有主动也有被动，影像既有主动又有主动，闪现不定。

（3）心中甩不掉的影——梦影，惊吓、摆脱之感，实像被动，影像主动，追缠不放。

训练要求：在“影子”练习中两人可以接触，接触是内在联系，使其具有连贯性，“影子”作为调度，是外在变化的因素；要善于挖掘动作、动机内在联系的连贯性，适合发展的最佳动势、角度。

（三）牵引形式编舞练习

生活中物理力的作用使得许多现象形成了成双成对的形式，如地心的引力、磁铁的吸力、气流的推力、运动的拉力以及人类情感相吸力都能构成探索双人舞的形式依据。

训练方法：双人相距一定的距离（20 厘米），在始终不接触的规则下，选择身体的三个部位进行牵引，一方主动，一方被动。

训练要求：要寻找动作的内线，发现动作主干，即连接线：动作过程、连接要清楚，记住动作的逻辑性；在动作可能的情况下，强化力度和节奏，用力方法可随时改变。

（四）穿套形式编舞练习

穿与套是一对矛盾的统一体，有穿必有套，有套必有穿。穿与套在人体动作的空间中不断反复循环，由此构成一个有意味的形式，创造出特殊的双人舞的语言系统。

训练方法：一人想方设法设计套的动作，另一人想方设法穿出套；在第二空间设计套，在第一、第三空间进行穿，由于空间的不同，视角感不同，效果也不同。

训练要求：充分利用身体营造的无数个能穿的空间，寻找空间发展的可能性，产生新动作；以音乐为基础，要有力度概念，过于连绵的动作会使视觉失去兴趣；要求舞蹈过程，要流畅，始终不要离开穿套。

（五）复调形式编舞练习

复调是音乐基本表现手段中的一个种类。它是在同一时间内若干曲调的结合，这些曲调互相配合但独立发展。由于多种不同特点、不同性质曲调的结合，复调在突出内容和帮助形象塑造上起十分鲜明的作用。它们互相配合，协同表达同一内容，具有很强的对比性和表现力。舞蹈借助音乐的复调体形式进行双人舞编舞练习，对创造双人舞的形式和内容，以及舞蹈形象的塑造有着特殊的作用。

训练方法：根据复调音乐所提供的不同性质、特点的两种曲调，或是主要曲调与伴奏形成平衡的和声关系，展开想象，以表达一个主题，塑造两个对比强烈的舞蹈形象，编织不同性格的动作语言。

训练要求：紧紧抓住音乐所提供的旋律与节奏，不要放弃音乐中的每一个音符；在一个空间中要始终看见两种不同的力量，在动态中寻找，在空间中利用；在不同步的运动中，要寻找某个时空的同步、协调和统一。

第二节　三人舞编舞技法

三人舞作为一种特殊的表演形式，主要形成于古典芭蕾舞剧中，其对话性和个性化标准，使之在舞蹈语言及形式上既不能扩充改编为群舞，也不能缩减为双人舞。

三人舞在中国传统习惯上，利用三人形式及三者的关系进行规律性的运动，不断形成对立和统一，共同表达一个主题。三人舞切忌形式、形象、内容的一统，不能成为群舞“三人跳”而没有构成三人特定的关系层。

三人舞在造型和空间上的占领较双人舞更具优势。三人中无论是 A（男）—BB（女、女）或 B（女）-AA（男、男），还是 ABC（男女、男或女）、AB—C、BC—A 等，所构成的形式都独具魅力。

训练目的：通过三人各种形式构成法进行编舞练习，从中寻找三人舞在造型和空间上的有力优势，创造独具魅力的三人舞形式。

一、重奏式编舞练习

三重奏在音乐中指三件乐器的演奏者，各按自己的声部演奏同一首乐曲，如“弦乐三重奏”（小、中、大提琴）、“管乐三重奏”或“钢琴三重奏”等。舞蹈借助音乐三重奏的演奏形式进行三人舞编舞练习，寻找三人舞形式的构成因素。

训练方法一：三人各自设计高、中、低不同高度动作，四拍一次进行不接触的造型组合，每次造型中三人的动作都有高、中、低三个层次。

训练要求：基本在原地，也可有走动；即兴做，相互不能商量；不停地变换动作，寻找新动作。

训练方法二：三人以身体某个部位接触，寻找一种关系，使其合情合理。

训练要求：学会利用三条线，即高、中、低；学会利用躯体运动的收缩、开合、延伸；不要重复，利用偶然撞击产生新动作。

训练方法三：三人造型以一人为中心统一方向，另外两人寻找配合中心方向的新动作、新造型。

训练要求：三人相互的配合要有默契，每一组动作都要反复磨合；确定方向后，整体造型要有空间的统一感。

训练方法四：选择音乐，用三种造型方法进行串联，形成组合。

训练要求：连接动作要寻找动律，要有舞蹈性；造型的转换要依照动态重心寻找动势，不能硬性、随便拆开造型。

二、对称式编舞练习

对称是指图形或物体对某个点、直线或平面而言，在大小、形状和排列上具有一一对应关系。对称产生审美愉悦，人们在创作和欣赏艺术品时喜爱对称。对称式三人舞，不但在造型上能构成独特的形式和内容美，而且在舞蹈形象以及服装上均能形成鲜明的对比，产生较强的视觉效果。

训练方法：绝对对称——A：BB。在舞蹈形象的塑造上，以 A 为中心，BB 为陪衬；在动作设计上，BB 的动作始终保持绝对对称；在造型设计中，以 A 为核心，A 始终处于中轴地位，BB 可在两旁，也可以在后、前，并可在一、二、三度空间形成高、中、低的对比；相对对称——在形象的绝对对称基础上，BB 的动作设计、造型设计可以相对对称。

训练要求：形式与内容要绝对统一，必须有构成三人舞对称式的关系层；无论是绝对对称，还是相对对称，动作的造型和造型中的空间要有强烈的对比，要开掘三人动作在空间中运动的可能性和视觉上的可视性。

三、衬托式三人舞编舞练习

“衬托”是为了使人物或物象的特色突出，用另一些人物、物象来陪衬或对照，在物象的外廓渲染衬托，使其明显突出。衬托式三人舞形式，在结构中 A 占作品的主要地位，在情节和动作、造型、画面上都很突出，B_1 和 B_2 作为两个性格、动作基本相似的角色陪衬，对 A 形象的塑造有很大的光彩。

训练方法：以 A 为中心，B_1B_2 为陪衬，造型上要突出 A；B_1B_2 在动作设计上要有所区别，有层次、有对比，构成 B_1B_2 与 A 的对比。

训练要求：A 与 B_1B_2 动作的设计要考虑三个角色之间的联系，特别是处于陪衬地位的两个角色之间的情节联系；B_1B_2 动作的设计要有性格特征的差异，既有对比性，又要和谐统一，使整体构图、画面、造型的变化丰富多彩。

四、钮结式三人舞编舞练习

ABC 三个不同性格的人物，以一个事件或情节为纽带纽结在一起。人物性格和情节的发展丝丝入扣，形成连环套缠绕在一起，有强烈的矛盾冲突。

训练方法：寻找 ABC 三个不同性格的人物形象，以其中一个形象为主，围绕一个中心事件扭结起来；ABC 三人身体的某个部位相互接触，在运动中连接成结，在结中寻求空间运动的可能性，寻求解结的运动方式，再形成新的结，依次循环反复。

训练要求：动作本身就是内容，要研究人体动作，寻找动作语言；对动作本身的含义要去理解、迎合，千万不要解释动作；用最简练的色彩、最简练的线条、最简练的语言填满空间。

五、综合练习

1. 方法

三种技法练习，训练目的各不相同，但最终是为了编创出流畅的、有鲜明个性的、能体现人物情感关系的三人舞蹈动作。若要进行三人舞蹈作品的编创，必须综合运用三种技法。另外，编导者还要从作品的要求出发，合理选择运用。

2. 练习步骤

练习 1：三人一组，自选音乐 2 ~ 3 分钟，综合运用三种技法进行编排，允许设定人物、命题。

练习 2：三人一组，自选 4 分钟左右音乐进行音乐构思，运用技法来表现人物、情节或情结。

3. 要求

编排流畅、新颖，合理运用三种技法。如设定人物，则要注意个性动作的编创，处理好三人间的关系；有命题的话，要表现出情感关系。总之，做此练习，必须是三人舞，而不是三个人的舞蹈。

三人舞的编排技法训练，由于每个练习在做作业时，可以选择音乐，那么就必须要求学生准确把握音乐的情感、节奏和音乐色彩，要根据音乐去进行三人舞的动作编排。

总之，学生通过本小节的练习，逐渐熟练掌握了三种技法后，可以帮助其开拓三人舞的动作语汇。

第三节　群舞编舞技法

群舞是四人以上舞蹈样式的总称。按舞者性别分男子群舞、女子群舞、男女群舞。按不同表现手法分“情绪舞”“情节舞”“歌舞”。群舞由于人数众多，可以由多个点形成不同线条画面的变化，充分利用舞台的时间和空间，运用形式美的各种原则和方法进行舞蹈的构图造型，在艺术创造上有很大的潜力。群舞创造意境，烘托和渲染艺术气氛，展示民族风格和地方特色，具有巨大的优势，能够充分地发挥出舞蹈特有的艺术表现力。

将舞蹈的基本动作材料组成能够表现出某种意义的序列和关系，这种组织方式和表现手段是舞蹈的形式感。群舞的形式感主要以点、线、面、体作为主要表现手段，也是群舞创造意境，烘托和渲染艺术气氛，展示民族风格和地方特色极其重要的条件。

训练目的：通过运用各种线、形进行编舞练习，从中学会把握群舞构图的设计和调度的方法。

一、斜线调度编舞练习

斜线在舞台上是视觉空间最长的一条线，斜线最具动感、流动感、遥远感、动荡感、危险感、负担感、压迫感。

训练方法：在斜线上呈现两种不同的力量，并在一个空间中流动。如石头和水、树与藤两种力量的撞击、汇合、分离转换。中间可以形成双人、三人形式。在方向上面对面、背对背、面对背都会产生不同的视觉效果。

训练要求：主要在斜线上进行，动作的运动要考虑方向性，考虑形成的感觉；一个空间中要始终看见两种不同的力量，主要在动态上寻找力量的呈现并挖掘动作的张力；调度的转换要合理。调度的结构方式有内部的规律，要注意寻找动作的因果关系，因为它是动作运动、调度的内在逻辑。

二、纵线调度编舞练习

纵线也是直线，直线的形式感是高耸、挺拔，构成的形状刚健有力，平面上有纵深感、逼近感、透视感。

训练方法：形式可以为十一人或七人，也可以为双人、三人；动作上可以面对、背对。面对属实，造成“我与你”，形成逼近感。背对是虚，造成离开、远去的感觉，造成形式感，创造意象；利用纵线调度寻找定点，在定点上形成高、中、低的三度空间，使其产生透视感。

训练要求：主要研究形式，考虑在纵线的调度中能利用什么空间。注意空间张力的作用。对空间的造意方式要细腻；研究动作抽象的感情符号，寻找情感的表达方式，严格动作的准确性、逻辑性；空间、画面、思维要与动作的思维结合，要考虑视觉上的先后和主次旋律，分清给观众看什么。

三、横线调度编舞练习

横线的感觉是宽阔、平稳、安定、寂静。横线上往一个方向的流动形成无止境的延伸，由中间向左右两旁的延伸形成无边无际的漫延。

训练方法：顺一个方向进行流动并反复循环。流动时动作的方向性中面向、侧向、背向均会产生不同的感觉。循环可有大循环、小循环、套循环；进行在横线上由高到低的曲线式运动、上下起伏式运动、前后凸凹式运动、扇骨形滚动式运动；从中间往左右两边扩散流动或从左右两边向中间汇合运动。

训练要求：无论进行哪种运动都要注意画面的空间感，要有层次，在空间和调度中追求造意方式；在造意方式中要注意群体的方向感，学会把握秩序。排列的顺序及内部的规律要合理，要有自己内部的秩序。

四、曲线调度编舞练习

曲线呈波状，充满活力，具有幽雅、优美、柔和的特点。在民族民间舞蹈中许多曲线的调度构成了丰富多彩的图形。

训练方法：曲线在斜线、横线、直线、角、块、圆形上均可以运用，并可以在平面、立面、空间中运用，自由度较大；运用民族民间舞蹈传统的曲线构图进行调度，如龙摆尾、龙过街摆尾、豆角蔓、九连灯、双龙过街等。

训练要求：动作的选择要与曲线运动的规律相结合，突出圆润柔和以及特有的曲线美；在民族民间舞蹈传统的曲线图形中寻求创造更新意味的形式感。

五、角、块形调度编舞练习

三角形由斜线、直线和平面构成，无数条线能构成五角形、菱形，同时也是多边形、锥面体。这些图形在空间中因不同的角度呈现出不同的形式感。四边形、长方形、梯形、菱形等形成的多面体所呈现的形式感也是多种多样的，四方形的平稳、梯形的庄严、长方形的宽厚、菱形时隐时现的神秘多彩等，都能营造出各种富有意味的动感空间。

（一）三角形横线上流动练习

训练方法：从底线一排到角尖依顺序流出，再沿原路线向反方向流到台中；三角形在台中经弧线绕八字圆后向台中后区流动，收缩成小三角；小三角向台右后区流动至后区右角；小三角在斜线上向台左前角流动，在整体向前流动的同时，每两排向后错动两次，形成涌动状，最后一次的错位涌动，三角形的角尖变底边线，底线变角尖，由原角对斜向的正三角变为角对右台后角的倒三角。

（二）四方形、长方形、梯形流动练习

训练方法：平面上可顺边线条进行流动；方形中向横向、竖向、斜向进行正面、背面上的交错式流动；立面上分排分层次做高、中、低运动。

（三）菱形、五角形流动练习

训练方法：平面上的斜向、横向、正向、背向运动；立面上旋转式环动。

训练要求：不论进行哪一种图形的调度编舞练习，都需要在特定的图形空间中，尽可能挖掘出与图形相呼应的动作流程，创造一个具有审美愉悦的舞蹈形式和意蕴无穷的动感空间。

六、圆形、放射形与聚、散调度编舞练习

圆形象征着和睦圆满，心花怒放，喜气洋洋；放射形具有兴奋感，扩张、舒展；散，散开；聚，聚集，有向心力、凝聚力。

训练方法：圆形顺时针、逆时针环形流动，可面向或背向；大小圆形套式环动；大小圆形向内、向外、交错流动；多层圆形向内中心区覆盖式涌动，再向外翻开呈开花式滚动；圆形从中间分开后收拢，再由凹处向外凸显散开。放射形可以由三角形、方形、菱形、圆形等图形先聚集，形成造型后呈放射形散开。聚散可以突聚突散，也可以慢聚慢散。

训练要求：圆形的流动、转动、翻动、滚动层次要鲜明，动作的幅度、动势以及节奏要与圆形上的方向感相符合。聚集的造型要有立体感、层次感、方向感。造型动作形态注意高、中、低不同层次的对比，单个动态造型要符合中心的方向感，造型与造型之间要寻找接触的各种方式。散开时依据造型动势可以慢脱离，一层层散开，也可以快脱离，迅速散开。聚和散有慢聚慢散、突聚突散，或慢聚突散、突聚慢散。每一次的聚散要以一个人为主，形成中心点。

七、点、线、面、体综合调度编舞练习

综合运用所有线、形、图的调度方法。在综合中有结构和形式本身的内

容。结构是秩序感，每个人的结构方式是心中的一种感觉，是与自己心灵撞击的一种对话方式。结构一旦进入创作领域，不是把原来旧的结构样式翻出来，而是研究新的东西——形式。所以要善于打破别人，打破自己。看得见的形式，看不透的结构是结构本身的作用。

训练方法：综合调度人数五、七、九人均可。调度根据内容而选定；选择一段五分钟长度的完整音乐，音乐可以是旋律、清唱、打击乐、民间乐曲，可以是抒情、欢快或悲喜的。

训练要求：形式要与内容相吻合。所选用的调度中必须有一个主要的调度。调度的方向感、空间感以及构图、画面、动作的排序要有逻辑，有秩序；调度要与动作糅合在一起，骨干动作、核心动作要清晰，目的性要明确，不要忘记动机、元素的变化。

思考题：

1. 单人舞小品的训练步骤有哪些？
2. 双人舞编舞技法训练有几种类型？
3. 三人舞的特点及编舞技法训练有几种类型？
4. 群舞编舞技法训练分几种？

第十章　小品节目编排

第一节　小品构思

小品是学员集编导演为一体的习作，也是集各种元素为一体的成品，特别能锻炼学员的创作想象力、结构能力、编导能力。小品教学中一般都是由学员自己构思创作的，学员既编又演，这自然对其想象力是个很好的锻炼。以下简单谈谈如何构思小品。

（1）小品必须发生一定的事件，并有一定的冲突，遇到障碍矛盾后改变演员的动作。

（2）小品必须有较丰富的规定情境，特别是人物关系的设置，并有较完整的结构。

（3）小品是演员对生活的发现与提炼，要符合生活的逻辑与顺序。作品力求具有生活气息，滚动生活的露珠，同时要展开艺术想象。

（4）小品要揭示与反映一定的意蕴与思想意念。

（5）小品是反复构思、反复排练、较为完整的艺术成品。

（6）小品构思、排演及表演要讲究艺术魅力，并可以进行演出，追求观赏性。

第二节　小品编排

一、主题鲜明、寓意深刻

主题鲜明就是要求小品中的事件都围绕一个主题展开，为一个主题服务，要求小品组织者一开始就确定好自己要表现什么，并且执着地走下去，去选取事件、人物、细节进行编排，主题鲜明并不容易做到的。那么如何去设立一个有深刻寓意的主题就变得很重要。

艺术来源于生活，这里主要是一个小品组织者的知识、经验和积累问题。我们应注意观察生活，在生活中要做一个有心人。我们要培养自己细致的观察力，经常去各种场合体验生活，必要时可以用笔记下自己的感受，另外要注意多阅读相关书籍、多看好的影视作品、多学习各种方面的知识，如心理学、社会学、哲学等，我们才不会在编排小品时因为没有素材而抓耳挠腮。很多学生在组织小品时感觉无从下手就是因为平时的积累不够。

二、事件典型

有了深刻的主题之后，就要选择那些能很好揭示主题的事件。选取的事件最好能触动人物的情感，让人物产生较大的行动及行动的变化，这样才有利于塑造人物。事件就是能够改变在场人物动作的事实，而现实中发生的任何一件事都可以称为事实。每一个小品都必须有事件，且事件要有开始、发展、结束的全过程。主题与事件有十分密切的关系，主题是通过事件揭示出来的，事件是围绕着主题的。组织小品过程中，对事件的选择是很考验组织者的功力的，一定要选择典型事件。什么是典型的事件呢？就是那些有代表性的，在同一类的事件中突出的，比较能说明问题，更能给人遐想的事件，如猫和老鼠的斗争事件就是两个矛盾双方斗争这一类事件中的典型事件。

三、结构精巧

有了一个深刻的主题，并选择了典型的事件后，就要设立一个精巧的结构组织事件的叙述顺序，如设计哪些应重点突出、哪些应一笔带过等，来很好地表达这个主题，也可以说是选择一个合适的形式来很好地为内容服务。形式要从内容出发并且为内容服务。结构对于小品很重要，好的结构有利于表达主题，可以吸引观众，同时便于事件的展开。结构好像一个人的骨架，事件、细节这些筋脉血肉是附着在结构之上的，选对结构也是小品成功的基础条件。小品的结构与一个大的影视作品的结构在实质上是一致的，传统的冲突式剧作结构是三段式：开端—发展—结局，很多小品也是这样的结构。值得注意的是，人们总会渴望看到新的结构、与众不同的结构，如开放式结尾的结构、时空交错的结构等，新鲜的东西总是容易引起人们的兴趣，采用新颖结构往往给人留下深刻的印象。但采用独特的结构的前提是不影响并且有利于主题的表达，如可用舞台手段等帮助设计倒叙式、插叙式结构等，设计好如何抖一个好的包袱很关键，采取倒叙这样的结构要求较高，经常需要巧妙的舞台设计，如转场的设计等。

四、规定情境清楚

规定情境是角色展开行动的依据和条件，它制约着角色行动的性质、样式和角色的心理活动。其实一切与人物的行动有关的规定都是规定情境的范畴。表演艺术是行动的艺术，行动的链条是：感觉—判断—行动，也就是说我们是先接收信息，再经过思考判断才去行动的，而这个信息就是规定情境中的一部分，思考判断时是结合全部的规定情境来思考的，行动也是在规定情境中行动的。行动的三要素是：做什么、怎么做和为什么做，这三个要素也都要受到规定情境的制约。人的动作都是以内心为依据的，内心有一条动作线，演员在内心中对规定情境进行分析，以角色的思维逻辑去思考判断，然后用意志去发生行动。好的表演细腻，有大量精彩而又符合人物身份、性格特征的个性化的细节，而这些都需要从规定情境中去开掘，演员的行动必然要依据于规定情境，如在学校大会上或法庭上，人就不能大声喧哗，距离很远的朋友挥手打招呼必然会加大挥动的幅度。规定情境越清楚、细致，演员就越知道如何行动，就越能组织出真实而又精彩的动作细节。

五、实践检验

组织小品一定要注意多排练，反复实践。表演本来就是实践的艺术，是行动的艺术。认识论告诉我们，认识来源于实践，实践是检验真理的唯一标准，要充分注意实际排练中的感觉，有时在排练中会突然产生灵感，找到好的表达方式。可以找人看排练，或找一个导演来导这个小品是一个非常好的方法，反复排练可以对小品进行不断地丰富和细化，许多细节都是在实践排练中自然涌现的，通过反复排练还可以修改和完善小品中不合理的地方，可以帮助演员获得正确的感觉，许多小品是从一个点、一个事件的不断排练中逐渐发展为一个完整的小品的。我们要重视小品形成阶段的反复构思与反复排练，正是在这种反复的重复中发现问题进而修正。当然这种重复性必须与即兴性创作相结合，保持排练、演出的新鲜感。

第三节　小品表演

小品教学是表演教学中的第一个阶段，目的是让学生从较简单、相对较自由的表演练习入手，学习表演的基本技巧基础，能够当众完成人物的行为，达到解放天性、恢复本能的目的。这是学习表演的初期阶段，表演者当然要充分重视，学会表演小品是以后塑造完整的性格鲜明的人物形象的基础，但往往表演者容易给自己定下过高、不切实际的目标，以至总是体会不到表演的乐趣，看不到自己的进步，这对自信心的建立是极为不利的，对自己以后的表演学习是不利的。表演者不用给自己提出过高的要求，也不要一开始就选择难度较大的小品去演，应该脚踏实地，循序渐进地往前走。演员的四大素质是：信念、理解力、想象力、激情，这之中信念又是首中之首，我认为每一个初学表演者都应通过表演小品建立起自己强大的信念感，敢于当众大胆地表演，完成人物的行动，以至于敢于展现自己的激情，这是表演者应明确的小品表演练习阶段要达到的首要目标，特别对于电影演员来说是更重要的，要知道人的心理是非常脆弱的，这就需要表演者多积累成功的经验。

要表演好一个小品首先要有一个好的小品剧本，这跟演大的影视作品是一样的道理。表演者在努力培养自己的艺术感觉的同时，要对自己有正确的认识，能够编出好的小品、鉴别出好的小品，表演自己的水平能力所能胜任的小品。学生可以组织自己的小品并邀请其他同学与自己一起演，表演者可以多选择自己平时较熟的合作者，毕竟表演是众人配合的艺术，彼此之间较熟悉的一拨人配合也比较有默契，容易获得成功。另外，接到别人的邀请时，学生应该仔细考虑自己的情况，分析对方的小品本子，看本子好不好，自己能否胜任，是否感兴趣，自己的时间是否允许等，表演者不可贪多，应该选择好本子、选择自己感兴趣的本子，然后去深入钻研、排练。值得注意的是，接了别人的本子后，就应该与大家真诚合作，在排练过程中要勇于提出自己的想法跟大家讨论。表演者只有学会跟大家很好地配合才能演好小品，找到几个好搭档是很有益处的。下面我谈谈表演小品中要注意的四个方面。

（一）探索克服自己紧张心理、恢复本能的方法

紧张、不自信是初学者的头号大敌。表演者在表演中应该努力找到克服自己紧张心理、恢复本能并建立起信心的方法，这可以通过各种途径，如用“恢复童心”做引路，在小品表演中减少自我批判、增强游戏感，再如练习注意力的集中、练习摆脱杂念，组织一系列行动，利用“热身法”等，方法就是要在实践中去不断摸索，这也是“我的技巧”中的一部分。这是表演小品最重要的前提，解放了自身的素质才能去演活生生的人，紧张时可努力控制自己将注意力放在对规定情境的感受上、放在对手的感受上。

（二）学会组织行动

表演是行动的艺术，学习表演就是要学习如何组织行动。表演者在小品形成阶段要起码学会组织简单的行动，行动来自对规定情境的细致分析，来自对自己所扮演的角色性格的分析。严格按照行动的三要素——做什么、为什么做、怎么做去组织行动，以角色的思维、逻辑对规定情境进行充分的感受再去行动，如果对规定情境缺乏足够的理解，没能按行动的三要素去详细分析就会出现错误的组织行动，这是初学者易犯的毛病。另外，表演初学者还常会犯表演结果、表演情绪的错误，如还没看到远方来的朋友就已经打起了招呼，好多演员“未卜先知”，就是因为没能按照行动的链条去行动，表演的重点是展现过程，在感觉—判断—行动这个链条中，初学者往往抛弃了感觉和判断，直奔结果。初学者应有意识地锻炼自己按照行动的链条去行动，真听真看真感觉到，在头脑里进行思索判断后，由意志交给肌体去执行动作，这可以适当地拉长行动的链条进行训练。

（三）注意力集中在对手身上

演戏经常是两个人或两个以上的人在搭戏，表演者不能一直想自己的调度和台词，好多初学者易犯不跟对手交流的毛病，只是一味自己演自己的，以至于偶尔对手临时台词说错了或调度错了，有的演员仍然按以前的方式去行动，招来观众的哄堂大笑和不理解，还有的演员就呆立在舞台上手足无措。演员应该牢记自己的戏在对手身上，任何时候都要按照对手的戏去行动，那些比如生气故意不理对方自己一味行动的戏其实也是给对手的反应。演员时刻要把注意力集中在对手身上，这才是真正的表演，这样也可以使演员不费力就背下台词和调度，这样演员之间才能真正搭上戏，实现交流。对手由于某些原因临时改戏，演员要灵活地去应对，让观众看不出痕迹，甚至比以前效果更好，这才是合格的演员。

（四）多练习、多上台

表演是实践的艺术，好多没有上过专业艺术院校的人，也能成为优秀的演员，这里固然有一个天赋的问题，但与大量的实践是分不开的。何况每个人的情况不同，只有具备大量的切身体验，才能说真正学会表演。另外，表演者应尽可能多参加正式的小品演出，在正式的演出中的感觉与排练中的感觉是绝对不同的，肌体与精神的紧张度和兴奋度要大大增强，往往一场正式演出得到的提高比起十场排练得到的还要大。一个人只有通过大量的小品的表演练习和总结，才能表演好小品。

思考题：

1. 小品如何进行构思？
2. 小品如何进行编排？
3. 表演小品时要注意哪些？

第十一章　曲艺节目编排

第一节　快板编排与技巧

一、快板打法与节奏

板，有两个含意，一是指手里拿的竹板，二是指各种板式。作为一个快板演员，既能打一手好板，又熟悉各种板式，能唱出各式各样的节奏来，一定会受到群众的欢迎。

（1）大板：用两块竹板做成，每块长约五寸五（市尺），宽约一寸八，有弧度，两板上端各钻两个眼，用丝线或棉线、尼龙线连在一起。

（2）小板：用五块竹板做成，每块长约三寸三，宽约一寸三，有弧度，每块板上端各钻两个眼，四块板阳面朝前，一块板阳面朝后，在前四块板中间各放两个铜钱，板眼和钱眼对正，用丝线或棉线、尼龙线连在一起。

（3）拿法：大板由右手拿，把大板的下扇握在掌中。小板由左手拿，将食指插入四扇和一扇的合缝处，拇指放在第一块板上，其他三个指头贴在后一扇板上。板是击节乐器，演唱时起掌握节奏和烘托气氛的作用。

（一）快板表演的打法和节奏

板和点是紧密相连的。打的是板，听的是点。

1. 小板的基本打法

演唱时打节奏主要是小板。小板又叫节子，也叫碎嘴子，常用点有四种。

（1）单点：前四扇板和后一扇板轻轻撞击，靠腕子使劲，形成惯性，产生出“嘀嗒、嘀嗒”的声音，这是小板的基本点。

（2）双点：在打单点的时候，拇指上下跳动，就产生出“嘀咯嗒、嘀咯嗒”的声音，这叫双点。在演唱每个自然句的衔接处，往往是用双点填空，便于演员换气。

（3）混合点：一个单点加一个双点就是混合点：“嘀嗒嘀咯嗒、嘀嗒嘀咯嗒”，在演唱中也是常用的点。

（4）碎点（撮点）：小板连续打一个点，有人管这叫打撮儿，声音是“嗒嗒嗒”，常用于板头或特殊效果处。

大板，主要用于板头和小板紧密配合，能打出优美动听的花点来。但在演唱过程中，大板不宜多用，用多了容易把情绪打断，产生杂乱的效果。

2. 大板的基本打法

大板的基本打法有三种。

（1）扣板：抡起上扇猛击下扇，产生出“呱”的声音，这是大板的基本点。

（2）磕板：用下扇轻磕上扇，产生出“得”的声音。

（3）马蹄点：手背弓起握住下扇，形成共鸣槽，两扇板连续撞击，手一张一合，产生出“得哒、得哒”的声音，好像马蹄声，一般用于板头或特殊效果处。

（二）开场板的打法和节奏

板头，又叫开场板，是最先送入观众耳朵的声音。打好开场板有三个作用：一是吸引观众，二是酝酿情绪，三是确定速度。万不可多打，观众不叫好，打起来没完，那就成了要杂技了，效果会适得其反。

我们演出快板常用的板头比较简单，容易掌握。

小板：	X X X	X X X	X X X	X X X
大板：	⊙	⊙	⊙	⊙
念法：	呱嘀咯	呱嘀咯	呱嘀咯	呱嘀咯

X X X	X X	X X X	X	X X X	X X	X X X	X
⊙	⊙		⊙	⊙	⊙		⊙
呱嘀咯	令呱	嘀咯令	呱	呱嘀咯	令呱	嘀咯令	呱

X X　X X　X X　X　X X X　X X　X X X　X

⊙⊙　⊙　⊙　⊙　⊙　⊙　⊙
得得　嘀得　嘀得　得　呱嘀咯　令呱　嘀咯令　呱

X X　X X　X X　X　X X X　X X　X X X　X
⊙⊙　⊙　⊙　⊙　⊙　⊙　⊙
得得　嘀得　嘀得　得　呱嘀咯　令呱　嘀咯令　呱

X X X　X X X　X　X X X　X X X　X　X X X
⊙　⊙　⊙　⊙　⊙
嘀得　嘀咯令　呱　嘀　得　嘀咯令　呱　嘀　得

X X X　X　X X X　X X X　X　X X X　X X X
⊙　⊙　⊙　⊙　⊙
嘀咯令　呱　嘀　得　嘀咯令　呱　呱嘀咯　呱嘀咯

X X　X　X X X　X X X　X X　X X　X
⊙　⊙　⊙　⊙　⊙
嘀呱　嘀　呱嘀咯　嘀咯呱　嘀呱　嘀嘀　呱

二、快板说唱的技巧

写快板要熟悉各种句式，唱快板要掌握各种板式（板式就是节奏）。只有熟练地掌握了节奏，才能唱得变化多端、起伏连绵。

对口快板常用的板式有以下几种。

1. 顶板

就是演唱时顶着板唱，又叫整拍起。对口快板速度较快，激情、火爆，顶板唱用得较多。

红十　月，十月　红，
神州　大地　在沸　腾，
北京　城，传喜　讯，
全国　人民　齐振　奋。

2. 让板

又叫闪板，就是让开板唱，半拍起。同是三、三、七的句子，唱法可有不同。

0从 城 市，0到 农 村，
0百花盛 开 0喜 迎 春。
0从 内 地，0到 边 疆，
0山 山 水水 0披新 装。

这样就把速度放慢了，易于抒发感情。但从头到尾这样唱就不行了，非把观众唱睡了不可。演唱时顶板和让板是交替进行的。这样才听着有起伏，有变化。我们演唱的《说长征》中的“大会师”一段，是这样处理的。

0巍 0巍 宝塔 山，
0滚 0滚 延水 河，
0英 雄的 各路 大军 胜利地 到这 来会 合
红一 方面 军，
红二 方面 军，
红四 方面 军，
0红 十五 军团——
0都是 毛主席 我 们 党 领导的 中国 0工 农红 军，
团结 一致 心连 心。
举红 旗，迈大 步，
共同 走完了 长征 路。
0共 同到 达了 陕北 革命 根据 地，
共同 去迎 接 抗日 救国的 新胜 利！

这样处理，由慢渐快，慷慨激昂，越唱越有劲，能引起观众的强烈共鸣。

3. 垛板

遇到垛句、贯口，用垛板唱，如《说长征》中间一段。

一把米传遍了江西、福建、湖南、湖北、广东、广西、贵州、四川和云南——各地来的指战员。

演唱时要把这九个省名一气贯通。一字板，赶板垛字，让人听着铿锵有力，提神鼓劲。

4. 抻板

把字音抻长，造成特殊效果，如《送猪记》的结尾。

远处传来一回音，
我们是中国人民解放军——
解放军，爱人民，
军民团结一家人。

在演唱第二句中的解放军的“军”字时，有意把字音放慢抻长，让人们回味去。

5. 切板

唱着唱着突然停止，把板切住。如《七遇好八连》中的一段：

八连好，好八连，
艰苦作风代代传，
一滴水，一度电，
一寸布，一条线，
一粒米，一把面，
一块煤，一块炭，
一棵葱来一头蒜——
都要在脑子里边转一转。

当唱到一头蒜时戛然而止，停两三秒钟再起板，仍照原速唱下去，这叫字断气不断，无声胜有声，能收到异峰突起的效果。

掌握各种板式的关键，是演员要有心板。演员的心板，是多年的实践形成的，初学快板的同志务必在这方面多下功夫。

三、快板表演的肢体语言

戏曲艺术常讲的“手”“眼”“身”“步”“法”，即手势、眼神、身形、步伐，法乃以上所述的法则，指身体各部位表演的具体方法。演员的身体是创造角色的工具，为适应表现各种人物的需要，快板书的表演基本上采用戏剧的舞蹈动作。

1. 手法

手在舞台艺术表演中，是刻画人物、表达思想感情的重要部分。同时，手和眼睛有着配合的关系，有这样一句话，“手到哪里眼到哪里”，也可以说手是眼睛的指挥者。

手在舞台上起着眼睛所起不到的作用，比如：千人的剧场，当你在表演的时候，后排的观众是看不清你的眼睛的，这时手就能帮眼睛的忙。例如“要听书，看东南”这样一句台词，如果演员只用眼睛表示，后面的观众难以辨别，这时候，手朝眼睛所看的方向一指就可使观众加深对台词的理解。

作为快板书演员，只用唱不用手，就显得舞台画面呆板、无生气。手可以做出各种各样的动作，如持刀、拿枪、眺望……但是，手的表现要与情节结合，所做的动作要有目的，不能出现无基础动作，像舞台表演时的一些毛病：死板板、端大盆、炸油条、乱比画、动作烦琐等。

参照戏剧艺术，手的基本动作有 3 个要点，即臂圆腋空、力度强弱、层次清楚。

（1）臂圆腋空。臂膀动作要求圆，膀开如弓形，不见棱角，臂展则腋空，意思不要夹臂耸肩，这样才能动作舒展、美观。

（2）力度强弱。无力的手势会软绵绵，没有精神，但用力过猛，又会使动作僵化，这就要求演员要根据人物性格和作品的内容来掌握好分寸，如快板书《鲁达除霸》中鲁达唤酒保时拍案怒吼的动作，就需力度强的动作来表现鲁达愤怒的情绪，如果力度不够就表现不出鲁达这一人物的性格。但有些人物则需要较弱的动作，不可过强，过强亦不能很好地表现出人物性格。

（3）层次清楚。动作不是一下子就表现出来的，它需要有一个过程，比如右手指向远处一座巍巍耸立的山峰，用手直接指，动作既不优美，也显得呆傻，正确的方法是，右手从左边划过，形成一个弧度，然后再伸出，有了这样的过程后动作就显得优美、大方，有明显的层次。另外，动作有时间定位，手势指处固定住，使观众清楚后再撤回，不要虚晃一招又换动作，这样的动作会使观众感觉不到清楚的层次。“欲高先指低，指东先划西”就是动作过程的要领。

手的动作全是由戏剧艺术“云手”而来的，就是说不管手出现了什么动作，离不开云手的变换，万变不离其宗，云手的特点是圆中透刚、刚中透圆。

2. 眼法

眼睛是心中之苗，能反映人的内心世界，人的喜怒忧思哀恐惊七情的表现全靠眼睛。从一个人的眼睛，可以观察出其基本情绪。目光炯炯有神，说明此人精明；眼神黯淡无光，说明此人生病。所谓“出于内，形于色，神在眼，色在脸”，是很有道理的。因此，舞台上的表演，眼睛是得力的工具，人物复杂情感的表达也就更离不开眼睛的功能。表达情感的部位中眼为首，因眼睛是直观，眼睛先看到，其他部位方能相继配合，所以要求演员正确地运用眼睛，“一张脸、死羊眼、身上板”是不能表达出准确的情感的。

为便于眼睛适应于表现人物，下面介绍几种方法。

（1）夸张方法。舞台上演员的眼睛和电影银幕中演员的眼睛是有区别的，电影演员眼睛的变化和日常生活是一样的，通过摄影镜头放大，能清楚地表现出各种人物的思想感情，使观众一目了然。而舞台上的演员眼睛需要夸张使用，否则观众看不出来或看不明显，曲艺演员的眼睛要求表现灵活，因为曲艺演唱有它独特的表演形式，有叙述、独白、人物变换，这和戏剧演员只扮演一种角色比较要复杂得多。在这种人物进进出出感情多变的情况下，就要增强眼睛的表现力，如：表现人物惊恐万分，两眉高挑，两唇张大，眼睛瞪圆，使观众看得清楚。要想表现人物打量一个人，眼睛就要上下左右翻动，表现人物正在思索。以上几例都属于夸张手法，这与生活中的眼睛有着很大的区别。采取夸张的方法，其目的是使观众加深理解。

（2）表现方法。怎样使眼睛有神，观众能看得明白？只有表现的方法得当，才能达到预期的目的。这里介绍的方法，主要是采取“斜视”的办法，头型固定时黑眼珠倾斜和白眼球形成较大的比例，就显得黑白分明，传神绘色。如两个人物的对话，采取斜视的方法既清楚又有层次。

（3）神有立点。就是说眼睛要有的放矢，目标集中，宁看一线，不看一片。这样做不散神，眼中要有物。比如看见一把刀，眼睛就要盯紧，不要嘴里说刀，眼睛乱看，使神情不能集中。“先看片，落在点”，也是用眼睛的表现方法。先看片的意思是领着观众的神走，目的是将观众带到你所说的点上，这样做，使虚拟的东西印象深刻扎实。“要听书，看东南，福建前线在那边”。“要听书”这3个字出口时，演员的眼睛直看观众，将观众的神拢过来这叫看一片，然后再唱“看东南”时，演员的眼睛盯在东南方，落在点上。

3. *身法*

身是各种形体动作的中枢，它能塑造人物，姿态有正、斜、弯、躬、扬、挺等姿势。“手动腿动身必到”，形成一体，才能使动作端庄、挺拔、协调、和谐。下面介绍几种方法。

（1）收腹挺胸平视。曲艺演员是以本人的面目出现在舞台之上的，不像戏剧演员在台上要扮成某一角色。曲艺演员兼演众多的角色，从登台到节目终了，体形变化是不一样的。

演员出场时要有饱满的精神。比较正确的姿势是：收腹挺胸平视前方。收腹，是将腹部收紧，气往上提，胸脯挺起自我感觉似高了一块，眼睛看观众要平视，这样做能照顾到所有的观众。有的演员高扬脸，这样既不亲切，又有趾高气扬之感，不利于演员与观众的情感交流；而有的演员往下扯，这样则显得没有风度，又使楼上的观众只看到演员的脑顶。因此，收腹挺脸平视是塑造身形的力法。

（2）放肩挺腰。肩要松弛放平，不斜不歪，腰要挺起，腰直站如松。这样的姿态做出的动作必然优美，舒展自如。耸肩缩头，扣胸伸脖，就是人不伸展，当然也影响了动作的美观，同时也会造成气流不畅、演唱起来费力。古人常把人的姿态形容为“走如风，坐如钟，站如松”，这说明身形端正，身形才美。

身形还能帮助我们做出各种人物的特征，如扮演个风华正茂的青年，身形要挺拔；扮演女子，身形可左右扭摆；扮演老年人，身形可塌腰……总之，身形可以刻画人物，当然也需要腿、手及表情、声音的配合方能完成。

（3）身形运用。身形还能配合情节，加强矛盾的对比，使形象生动突出。这里所表现的矛盾就是进与退、左与右、上与下的矛盾。无进就无所谓退，无退亦无所谓进。如“往远处看”，按台词的提示，往远处看一定要往前探身，这样的表现实际上并不给观众以远的印象，如果将身撤回，身往后塌，手指前方举目眺望，就会给人以很远很远的印象。“往近处瞧”身形先往后，然后往前探身，显得近。这就是艺术界讲的“欲进先退，欲左先右，欲上先下，逢左必右”的道理。

4. 步法

“步”是演员的根基，不管做什么样的动作，脚步不能乱，脚下一乱，上身必乱。艺术界常说“说书的嘴，唱戏的腿”。这就是说了“步”的重要性。双腿站得牢，说明演员沉着老练，胸有成竹，有的演员脚上缺少步的练习，会“踩水”“走溜儿”“左右摇晃”，无目的地来回快跑……都妨碍舞台的演出效果。

快板书、山东快书的表演步法，基本上吸收了戏剧艺术的“丁”字步，其特点为形象含蓄稳重大方，干净利落有分量。丁字步的站法，给观众侧身，前脚跟直冲后脚的中心，形成“丁”字形，在演唱时可根据这样的步法为基础，刻画各种人物时可随着变换，但是千变万化离不开丁字步。

在丁字步的基础上，还需要套用戏剧艺术在舞台上的常用步法，如圆场步、矮子步、碎步、垫步、云步等。

总之，“手、眼、身、步”这四种法则，必须有机结合，彼此沟通，眼到手到，手到眼随，身动脚动身必到，就是综合的统一。

为了便于掌握以上所述手、眼、身、步的要领，现编口诀如下：

眼到之处手紧跟，
严禁乱舞端大盆。
内心情感眼传递，
夸张斜视自有神。
手动脚动身必到，
刻画形态全靠身。
丁字步法要站稳，
手眼配合身紧跟。

四、“十三道大辙”与两道“小辙儿”

（一）“十三道大辙”

现在流行的“十三道大辙”各有自己的名称，这十三个名称都是分别以本辙中有代表性的两个字组成的。

（1）中东辙，由韵母 eng、ing、ong、iong 拼成的字，如：中、风、龙等。

（2）发花辙，由韵母 a、ua、ia 拼成的字，如：发、拉、马、大、话、挂等。

（3）怀来辙，由韵母 ai、uai 拼成的字，如：派、晒、败、白、来、埋、开、带等。

（4）江洋辙，由韵母 ang、iang、uang 拼成的字，如：江、房、唱、上等。

（5）乜斜辙，由韵母 ie、ue 拼成的字，如：斜、怯、借、月、谢、也、冽等。

(6) 姑苏辙，由韵母 u 拼成的字，如：无、湖、读、出、哭、书、穆、路、属、触、目等。

(7) 一七辙，由韵母 i、er、v 拼成的字，如：纪、西、去、吕、期、系、拟、举等。

(8) 油求辙，由韵母 ou、iu 拼成的字，如：否、周、某、楼、艘、邱、修、九、游等。

(9) 灰堆辙，由韵母 ei、ui 拼成的字，如：悲、谁、飞、泪、每、岁、税、枚、魁等。

(10) 人辰辙，由韵母 en、in、un 拼成的字，如：人、分、臣、金、民、论、神、秦等。

(11) 遥条辙，由韵母 ao、iao 拼成的字，如：桃、衮、扫、叫、老、饶、高等。

(12) 言前辙，由韵母 an、ian、uan 拼成的字，如：眼、反、传、满、演、仙等。

(13) 梭波辙，由韵母 e、o、uo 拼成的字，如：佛、罗、车、和、拨、德、社等。

十三辙平声范例：

人辰辙：要记真；中东辙：要记清；

遥条辙：要记牢；言前辙：要记全；

梭波辙：要记得；姑苏辙：要记熟；

江洋辙：记心房；发花辙：莫忘它；

乜斜辙：用心学；灰堆辙：记心扉；

怀来辙：记心怀；油求辙：记心头；

一七辙：都记齐。

（二）两道“小辙儿”

小辙一般只列两道：

(1) 小人辰儿，包含人辰、梭波、乜斜、灰堆、一七等五道辙韵，如：盆儿、车儿、姐儿、堆儿、枝儿等。

(2) 小言前儿，包括言前、发花、怀来等三道辙口，如：钱儿、茬儿、台儿等。

第二节　相声编排与技巧

一、相声表演基本功

1. 要知词意

相声演员在学说一段相声之前，要知道这段相声作品的意义，要知道作品的主题思想和人物思想。主题思想就是作者通过作品所要说明的问题，人物思想是指作品中所塑造的人物的思想，作者在作品里塑造的人物都是活生生的，是有思想、有性格的。演员不仅要知道主题思想和人物思想，还要知道每句台词的意义。这是说好一段相声的首要问题。

2. 要吐字真

作为一个相声演员，要有伶俐的口齿。相声是笑的艺术，也是语言的艺术。什么段子也离不了说唱哏、学哏，也离不了说，因此它要求演员吐字要真，字字要送到观众耳朵里去，观众听得清楚，才能发笑。观众听不清楚，就笑不了啦。不能叫观众一边听，一边问别人："他说的是什么?"那位回答："我也没听真。"这样就影响效果了。吐字不真，如"钝刀割肉"。有人主张"咬字要狠"。我觉得咬字不能狠，咬字过狠，也使人听着不舒服。相声演员为什么要练习绕口令？就是为锻炼唇、齿、牙、舌、喉，要把"平、上、去、入"四声字说准确。

绕口令小段——《仨老头》

哎，说我诌我就诌，闲来没事儿溜溜舌头。前门楼子九丈九，四门三桥五牌楼，出了便门儿往东走，离城四十到通州。通州倒有六十六条胡同口，那是住着个六十六岁的刘老六，六十六岁的六老刘，六十六岁的刘老头儿这老哥仨。倒盖起来六十六座好高楼，楼上有六十六篓桂花油，这个篓上蒙六十六匹绿绉绸，绸上绣着六十六朵大绣球，在楼下边钉着那六十六根檀木轴，这个轴上拴六十六条大青牛，牛旁蹲着那六十六只、吓人不啦大马猴。六十六岁的刘老六，六十六岁的六老刘，六十六岁的刘老头儿这老哥仨，坐在了门口啃骨头。打南边来了一条狗，哎！这条狗，好眼熟，就好像我大大妈妈家，大大妈妈脑袋、大大妈妈眼睛、大大妈妈鼻子、大大妈妈耳朵、大大妈妈爪子、大大妈妈尾巴、大大妈家口，大大妈家鳌头狮子狗。打北边又来一条狗，哎！这条狗，又眼熟，就好像我二大妈妈家，二大妈妈脑袋、二大妈妈眼睛、二大妈妈鼻子、二大妈妈耳朵、二大妈妈爪子、二大妈妈尾巴、二大妈家口，二大妈家鳌头哈巴狗。两条狗、抢骨头，打成了仇。吓跑了六十六只大马猴，吓惊了六十六条大青牛，拽折了六十六根檀木轴，撞倒了六十六座好高楼，撞洒了六十六篓桂花油，油了那六十六匹绿绉绸，脏了那六十六朵大绣球。打南边来了个气不休，手拿着土坯头去打狗的头，也不知气不休的土坯头打了狗的头，还是那狗的头碰坏了气不休的土坯头。打北边来了个秃妞妞，手拿着油篓口去套狗的头。也不知秃妞妞的油篓口套了狗的头，还是那狗的头钻进了秃妞妞的油篓口。这正是狗啃油篓篓油漏，狗不啃油篓篓不漏油。

3. 要发音准

相声演员发音要准确。发音主要指的是唇、齿、牙、舌、喉五音要准。相声演员是用丹田发音，虽不像戏曲演员那样要求好嗓子，但也得能说能唱，丹田气足，声音要美，说出来好听，唱出来够味儿。过去演员中有好嗓子的不多，因为唱是竖音，说是横音，再加上那时生活所迫，一天要说七八段，这样就把嗓子说横了，也就是累坏了。现在很多段子是又说又唱，它就更要求演员有好嗓子。学说相声不但要锻炼吐字，还要练习发音。声音要美，要注意轻重音儿、高矮音儿，尽量要把语气说对，把话说得悦耳动听，避免怪声、怪调儿、尖音儿、炸音儿，别使观众听着不舒服。说唱出来，要使观众爱听。

4. 要气口匀

说贯口段子，更要气口均匀，像《地理图》一段一百多个地名，要连续不断说完，主要得会用气、偷气、换气，把气口掌握均匀，说出来如断线珍珠、珠落玉盘，这样观众才能叫好。一段贯口有一段贯口的内容，如《维生素》这段相声有三段贯口，第一段是服务员报菜名，说的是鸡、鸭、鱼、肉的菜名，这段是按照《报菜名》来说。第二段是二哥想吃的家庭炒菜，这段必须说得要美，让大家听着想听、爱吃。第三段是说这些菜有什么营养，介绍给观众。观众觉得说这些吃的很有学问，听着又顺耳，这样就叫起好来了。这三段贯口是根据内容设计气口。

贯口是如此，不是贯口的活也要把气口设计好。气口不匀，说得快了，使观众心忙，说得慢了，使观众截气。吐字要真，发音要准，气口要匀，三者都要给观众以美的感受。

贯口小段——《八扇屏之小孩子》

大宋朝文彦博，幼儿倒有浮球之智。司马温公，倒有破瓮救儿之谋。汉孔融，四岁让梨，懂得谦逊之礼。黄香九岁温席奉亲。秦甘罗，一十二岁身为宰相。吴周瑜，七岁学文，九岁习武，一十三岁官拜水军都督，执掌六郡八十一州之兵权，施苦肉、献连环、借东风、借雕翎、火烧战船，使曹操望风鼠窜，险些丧命江南。虽有卧龙、凤雏之相帮，那周瑜也算小孩子当中之魁首！

5. 要语气对

语气是表达感情的，分为高低、快慢、轻重。同样一句话，语气不对，意思就变了。比如乙摔碎一个茶碗。甲问："这茶碗是你摔的吗?"如果乙答的音调低，说得慢，重音在我字上："是我摔的。"这茶碗是他摔的。如果乙音调高，说得快，重音在摔字上，就成了反问语气"是我摔的?"这茶碗就不是他摔的了。

相声演员各有各的语气，但说相声时必须是说相声的语气，不然说出来就不像相声了。相声里的人物各有各的性格，人物的感情也多种多样。相声演员模拟人物说话，要把语气说对，也就是要把人物的感情表达准确。语气不对，人物的感情就变了，包袱儿也就响不了啦。比如《一贯道》的结尾：

甲：幸亏老太太死啦，要再病俩月，儿媳妇非剐了不可！老太太死了，儿媳妇这个哭哇！

乙：还哭她哪？甲：哪儿呀，她（指腿）疼啊！

最后这句疼字重音一改轻音，语气一慢，包袱儿就抖不响了。所以，演员必须要把语气表达准确。

6. 要动作稳

相声是表演艺术，它要求演员动作沉稳准确。相声表演人物，动作是辅助面部表情的。用手势动作，是为把听众的眼神引导到演员的面部表情上来，让听众看见演员面部表情的神儿（眼神）和像儿。演员的两只手不能乱动，不能乱比画，使观众眼花缭乱，那样就影响表情了。演员拿着扇子乱扇，乱比画，也影响表情。初学相声，还是学《倭瓜镖》为好，可以练习手势动作，好使两只手有地方放。手势动作是根据内容设计，千变万化。形体姿势要使人看着美。两只脚站立要稳，站立不稳，形同踩藕，使观众心慌意乱，听众就不爱听了。可见相声表演动作，无论大小，都要求沉稳准确。

7. 要攻模拟

模拟就是“学”。相声表演艺术是叙述中穿插着人物对话，人物对话中穿插着叙述。这一艺术特点，决定了相声表演离不开模拟表演。一段相声有几个人物，相声演员不化装，凭着语言和神儿、像儿，要把人物说活。怎样把人物说活呢？就是要抓住人物的性格特征，运用夸张表演的方法，模拟人物的说话、神情、动作，将人物活生生地摆在观众面前。观众从演员的说话、神儿、像儿，就可以感觉到人物的神情，辨别出人物的性格，从而引起笑声。这就如同一位漫画家给人画漫画像，也是先抓住特征，用夸张的手法，几笔就画成了，然后叫人家一看，还真像，其实就是特征突出。

唱哏，是说中有唱，唱中有说，也离不开模拟。学京剧演员表演，主要学的是流派唱腔、表情、动作，最主要的也是模拟戏曲中的人物性格。

倒口哏、学方言语音，学哪省人说话要像哪省人。不仅方言语音要学，还要根据内容，细腻刻画人物的性格特征。

相声要表演出人物性格特征，是很难的，所以说要攻模拟，就是在模拟上下苦功夫，这里说苦功夫，确实很苦。只要在生活中细致观察各种人的性格特征，然后再去苦练，是能表演好的。离开了生活，又不下苦功夫，那就很难表演得好了。

8. 要包袱儿寸

包袱儿寸，是说相声演员用艺术技巧抖包袱儿时，要掌握好寸劲儿。相声表演艺术要掌握迟疾顿寸，迟是慢，疾是快，顿是停顿，寸是寸劲儿。前辈艺人时常提醒说：“到底了，寸住了。”底是结尾，寸住了就是掌握好寸劲儿。一段相声有若干包袱儿，结尾是个大包袱儿。结尾的包袱儿抖不响，这段相声就算白说了。因此要求演员说到底的时候要掌握寸劲儿。这个寸劲儿，快了不行，慢了不行，高矮音不对也不行，必须是恰如其分。不仅到底时要掌握好寸劲儿，使其他包袱儿也要求这样。不但要求包袱儿寸，它还要求包袱儿准。这回说到这儿把包袱儿抖响，到下回说到这儿的时候，还得把包袱儿抖响。这次抖响，下次抖不响，那就叫包袱儿不准。

9. 要捧逗合

捧逗合是捧逗合作。甲为逗哏，乙为捧哏。甲乙二人要配合好，才能说好一段相声。过去学说相声，先学逗哏，老师给捧哏。由于段子是老师教，当然就配合得好。学会逗哏后，自然就知道什么地方需要捧哏说话了。抖包袱儿的迟疾顿寸，甲乙二人都要掌握好，才能抖响。抖包袱儿不能是光在逗哏这边，捧哏也很重要。捧哏掌握不好高矮音儿，逗哏抖不响包袱儿，听众就不能哄堂大笑。捧哏的掌握好迟疾顿寸了，逗哏的没有掌握好快慢，该慢说的，他快说了、抢话了，或者该快说的他慢说了、断气了，这样包袱儿都抖不响。所以说甲乙二人互相配合好，这是说好一段相声的关键。前辈艺人说："搭伙三年，不火自赚。"这句话就是强调甲乙二人长期合作，即使不响大名，也能挣钱。甲乙二人长期合作，共同学习和钻研艺术，互相取长补短，演出后不断地总结艺术经验，就会配合得越来越好，就能在艺术上取得成就。

10. 要风格新

相声表演艺术的风格、流派多种多样。不论哪种风格、流派，都要给观众清新之感。有成就的艺术家们，他们所说的段子尽量与众不同，从而创立自己的独特风格和艺术流派。初学者，先是按老师教的学习，学哪一种风格、流派的艺术，他使出活来就是哪一种风格、流派的艺术。然而他不应停留在所学的风格、流派艺术上，要继承流派，发展流派，要将所学的段子和表演风格加以改进创新，尽量与众不同，创立自己的独特风格和艺术流派。创立艺术风格、流派，不是一学就行，也不是说一两个新段子就成了，那要经名师指教，勤学苦练，勇于实践，刻苦钻研，更重要的是他绝不能离开时代的观众，因为相声是说给观众听的，观众对于艺术风格、流派欣赏不欣赏，起着决定的作用。自党的十一届三中全会以来，随着生产力的发展，现代化的建设取得很大的成就，人们有了物质生活享受以后，还要求精神上美的享受。人们所要求的美的享受是多种多样的。男、女、老、幼各有各的美的需求，你爱好这个，他爱好那个，各有各的爱好，各有各的情趣。有些青年艺术家就是适应当今时代观众的美的需求，创立了自己的独特艺术风格、艺术流派，这才受到广大观众的欢迎。

二、相声的表演技艺

相声除了说学逗唱以外，还有八种表演技艺。

1. 定场诗

是指演员在演出单口相声前，往往沿用评书习惯先念诵短小精悍、诙谐幽默的格律诗、打油诗或词等，以便快速吸引观众注意力，稳住情绪顺利表演，故称为“定场诗”。单口相声的“定场诗”内容，往往带有“包袱”，起到活跃开场气氛的作用，如《西江月》：“远看忽忽悠悠，近看飘飘摇摇；不是葫芦不是瓢，水中一冲一冒；那个说是鱼肚，这个说是尿脬；二人打赌江边瞧，原来和尚（一拍醒木）洗澡。”有时表演单口相声也省略“定场诗”，而直奔主题。

2. 开场小唱

又称“开门柳”，“柳”是对演唱的统称，是指相声演员为了聚拢观众所演唱的民歌、曲艺小调，多是演唱“十不闲”“莲花落”“怯快书”（又名“弦子腔”），或唱跑旱船的“吴桥落子”等民歌、曲艺小调。

3. 白沙撒字

是指用汉白玉研成粉末称为“白沙”，用手指搓成漏斗状使“白沙”顺着指缝撒落到地上，书写文字。此法最早始于清咸丰年间，相声艺人朱绍文，其随身携带一把笤帚、一副竹板和一个小布口袋，袋内装“白沙”。在其“撂地”演出时，蹲于场内，以地为纸，以沙为墨，右手撒字，左手击打竹板，口唱“太平歌词”。撒出的字要有笔锋变化，或实字，或双钩。

4. 太平歌词

约形成于清代初叶，其曲调是从“莲花落”演变成的，流行于北京城区、郊区。“太平歌词”有老调、新调之分。1920 年，相声演员汪（王）兆麟等到上海大世界游艺场演出的时候，汪兆麟对“太平歌词”的曲调进行加工，变成四句一反复的单曲体，比较婉转动听，称为“新调”，连演一个月，很受欢迎。同时，胜利唱片公司将《劝人方》《小上寿》《三婿拜寿》等曲目灌制成唱片，由此，“太平歌词”一度风行全国。

5. 要钱

这种技艺是相声在撂地时候必须掌握的本领，指在演出告一段落或结束的时候，向观众张罗敛钱。相声术语叫“楮门子”，相声艺人把“楮”字当作“钱”的别称。关于“楮门子”要钱有两种手段：“仁义纲”和“刮纲”。“纲”是“纲口”的意思，相声艺人称“说话”为“纲口”。“仁义纲”就是用良言好语博得观众同情，如：

诸位别走，有钱的帮个钱缘，没钱的帮个人缘。我们不是都要钱，这一场子好几百人，要都给钱，那我们说相声的早就发财了，有给的有不给的呀！

您别走，带钱的您给份钱，给您道谢了；没带钱的站脚助威，也知您的人情。谁要谁不要呢？周围街坊，我们不要钱，天天见面磕头碰脸的跟人要钱？周围做小买卖的，也是老见面，都在这块地上揸饭吃，您甭给。那个说：“我这头一次逛天桥，不知道怎么回事”，您甭给，您熟了再给。那位说：“没带零钱，都是大票找不开。”您甭给。“我也有零钱，我今儿就是不想给”，您甭给。嘶……都不给钱，我们吃什么？反正这么说吧，无君子不养艺人。我们从来不说我们有多大能耐，本来嘛，我们有什么能耐，不就会说几段吗？我们的能耐都在您兜里揣着，您扔下来归了我们，这才算能耐。我们就是您驾前的欢喜虫，什么叫欢喜虫？您好养个小猫小狗小鸟的，哎，我们就是。比如说养鸟，到时您不得给喂喂？您为什么？不就为听它叫唤吗？那我们小哥俩说了半天，叫唤了半天了，您不得喂喂吗？这也费不了您多少事：掏出来往地下一扔，摔碎了您都甭管。说了半天，哪位给带个头啊？哎，谢谢，谢谢，您瞧瞧，无君子不养艺人嘛！

艺人以“小猫小狗”自比，乞人喂食，把自己当作供人消遣解闷的欢喜虫，字字句句饱含着辛酸、凄凉，真实反映了旧社会艺人的悲惨境遇。

“刮纲”就是绵里藏针的方法：

我们也不容易，养家糊口，上有父母下有老婆孩儿，咱们人心都是肉长的，您既来这儿，拿个仨子儿、五个子儿也不在乎。既在江边站，就有望景心，您在这儿就有恻隐之心，恻隐之心人皆有之。您站住了，给钱不给钱没关系，给钱是人情，不给钱是本分，那位说：“那咱们就都守本分吧。”哎，别介，你们都守本分了，那我们吃什么？您有钱就给个零钱，没零钱站脚助威也知您的情。没有君子不养艺人，没有财神爷就没有我们这些号丧鬼。有钱给个钱缘，没钱帮个人缘，我们最腻味我们这儿正要钱呢，您说您要走，如同我们这一锅饭好了，正要吃，您掀开盖撒一把沙子。如果咱们换个个儿，你说完了，我要走，你心里痛快吗？不是也不痛快嘛！

要钱要抓住观众的心理，把话说得妥帖、有力。

6. 双簧

一个演员化装在前，模拟动作口形，称“前脸儿”；另一个演员在其身后说唱，称“后背”。“前脸儿”讲究“发科卖相”用形体表演，“后背”讲究“横竖嗓音”用声音说唱。“前脸儿”的口型动作必须与“后背”的说唱配合得天衣无缝，犹如一个人在说唱表演一样。

7. 口技

运用嘴、舌、喉、鼻等发音技巧模仿各种声音，使人产生一种身临其境的感觉，是我国文化艺术的宝贵遗产之一。

8. 数来宝、快板、快板书

“数来宝”是我国一种说唱艺术。双手打板，板起板落“三、三、七”的节奏，辙韵两句一组，可以一组一换辙，也可二、四、六、八组一换辙。“快板”与“快板书”都源自“数来宝”，简要来说“快板”侧重描景抒情，“快板书”侧重故事性。

三、相声表演的技巧

1. 迟、疾、顿、挫

相声说功技巧，即根据脚本内容对语言节奏的把握。

“迟”是放慢速度。如“甲：贤弟，愚兄有一事不明，要在台前领教，不知肯赐教否？乙：（放慢速度）不必客气，有话请讲，当面何言领教……我也受传染了不是！有话你就说吧！”

“疾”是加快速度。

“顿”是指表演时，为了突出某一件事，或强调某一句话，而使语气停顿。

“挫”又称“错”，一说是指话出口时不早不晚，恰到好处。

“迟、疾、顿、挫”的技巧，逗、捧、腻三者都使用，并要紧密配合，数“逗哏的”使用最多。凭借这四种技巧，控制说话的高低轻重、抑扬快慢，掌握相声表演的尺寸与火候。

2. 手、眼、身、法、步

高（元钧）派山东快书关于做功的总结与具体要求。

手：伸手眼要疾，出入胸前抵，双手同时舞，二肘稍弯曲。

眼：视物如翻掌，隐假不露虚，远望有真境，近看似钓鱼。

身：挺身立如松，体态避弯曲，往返面向外，周身成一体。

法：欲动先要静，视高先衬低，欲进先后退，指东先画西。

步：抬腿无须高，最怕碎步移，停步如山稳，行动分男女。

3. 瞪、谝、踹、卖

相声中捧哏者的表演技巧。按相声演员张寿臣的说法，“瞪”即瞪眼、撇嘴表示不满，表演时有容无声；“谝”，即谝能，指夸耀、显示之类表情，表演时亦有容无声；“踹”，即贬低、否定对方，如使用“不像话!”等短语，表演时有容有声；“卖”，即称赞对方，如使用“好!”“真不错!”等短语，表演时亦有容有声。

4. 倒口

又称“变口”。相声、评书的说功，即仿学某些特定人物的家乡方言，以突出其籍贯、社会地位、精神气质，既能反映丰富多彩的风情世态，又增强了说唱的语言魅力。评书最初的“变口”仅有三种：山东口音、山西口音、江南口音，20世纪40年代开始有了扩展。相声则多用山东、天津、广东、江苏、河北唐山、河南、东北等地方言。

5. 现挂

相声、评书、数来宝等曲种的说功。现挂指演员根据演出的实际情况，在适宜的情境里，联系当时当地发生的事件，现场进行即兴发挥。凭借演员的聪明才智，往往收到意想不到的火爆的艺术效果。一些相声、数来宝、评书表演艺术家，都曾有过许多优秀的“现挂”范例。相声的现挂，在说垫话和场上发生意外事故时使用最多。

四、相声文献资料

1. 相声贯口剧本《报菜名》

四干四鲜四蜜饯，四冷荤三个甜碗四点心。

四干就是黑瓜子、白瓜子、核桃蘸子、糖杏仁儿。

四鲜，北山苹果、申州蜜桃、广东荔枝、桂林马蹄。

四蜜饯，青梅、橘饼、圆肉、瓜条。

四冷荤，全羊肝儿、溜蟹腿、白斩鸡、炸排骨。

三甜碗，莲子粥、杏仁儿茶、糖蒸八宝饭。

四点心，芙蓉糕、喇嘛糕、油炸荟子、炸元宵。

大菜有：蒸羊羔、蒸熊掌、蒸鹿尾儿、烧花鸭、烧雏鸡、烧子鹅、炉猪、炉鸭、酱鸡、腊肉、松花、小肚儿、晾肉、香肠儿。什锦苏盘儿、熏鸡白肚儿、清蒸八宝猪、江米酿鸭子、罐儿野鸡、罐儿鹌鹑、卤什件儿、卤子鹅、山鸡、兔脯、菜蟒、银鱼、清蒸哈什蚂。

烩腰丝、烩鸭腰、烩鸭条、清拌鸭丝儿、黄心管儿、焖白鳝、焖黄鳝、豆豉鲇鱼、锅烧鲤鱼、锅烧鲶鱼、清蒸甲鱼、抓炒鲤鱼、抓炒对虾、软炸里脊、软炸鸡。

麻酥油卷儿、卤煮寒鸦儿、熘鲜蘑、熘鱼脯、熘鱼肚、熘鱼骨、熘鱼片儿、醋熘肉片儿。

烩三鲜儿、烩白蘑、烩全饤儿、烩鸽子蛋、炒虾仁儿、烩虾仁儿、烩腰花儿、烩海参、炒蹄筋儿。

锅烧海参、锅烧白菜、炸开耳、炒田鸡、桂花翅子、清蒸翅子、炒飞禽、炸什件儿、清蒸江瑶柱、糖熘芡仁米。

拌鸡丝、拌肚丝、什锦豆腐、什锦丁儿、糟鸭、糟蟹、糟鱼、糟熘鱼片、熘蟹肉、炒蟹肉、清拌蟹肉、蒸南瓜、酿倭瓜、炒丝瓜、酿冬瓜、焖鸡掌儿、焖鸭掌儿、焖笋、炝茭白、茄干晒炉肉、鸭羹、蟹肉羹、三鲜木樨汤。

红丸子、白丸子、熘丸子、炸丸子、南煎丸子、苜蓿丸子、三鲜丸子、四喜丸子、鲜虾丸子、鱼脯丸子、饹炸丸子、豆腐丸子、氽丸子。

一品肉、樱桃肉、马牙肉、红焖肉、黄焖肉、坛子肉、烀肉、扣肉、松肉、罐儿肉、烧肉、烤肉、大肉、白肉、酱豆腐肉。

红肘子、白肘子、水晶肘子、蜜蜡肘子、酱豆腐肘子、扒肘子。

炖羊肉、烧羊肉、烤羊肉、煨羊肉、涮羊肉、五香羊肉、爆羊肉。

氽三样儿、爆三样儿、烩银丝儿、烩散丹、熘白杂碎、三鲜鱼翅、栗子鸡、煎氽活鲤鱼、板鸭、筒子鸡。

2. 相声双簧剧本《习惯与文明》(编剧：柏培君)

甲、乙

道具：一把椅子、小辫子、化装粉

甲：亲爱的观众朋友们，大家下午好，欢迎大家的到来，今天我要为大家表演一个节目，我这个节目跟别的节目都不一样！我这个是……

乙：尊敬的各位来宾，各位朋友，女士们、先生们！Ladies and gentlemen！大家下午好，接下来……

甲：哎哎！等等！你谁呀？怎么跑上来捣乱啊？

乙：我，你都不认识啦！

甲：不认识！

乙：我是老黄啊！

甲：老黄是谁啊？

乙：你好好看看！

甲：哦！（呵呵）

乙：认识啦！

甲：还是不认识！

乙：嗐！你不认识费这么大劲干吗呀？

甲：实话啊！

乙：我告诉你啊！我爷爷的爷爷的爷爷的爷爷你肯定认识！

甲：谁啊？

乙：皇上啊！

甲：噢……（笑着说）我看你不像皇上。

乙：那我像？

甲：黄鼠狼！

乙：哎哟！这黄鼠狼像话吗？

甲：刚才是跟你开个玩笑！

乙：哦！没关系，我叫黄阿毛，来握个手吧！

甲：好啊！

乙：（打喷嚏）阿嚏！

甲：哎呀！你怎么这么不文明啊？

乙：呵呵！这不是习惯了嘛？

甲：你是我们小区的嘛？

乙：嗯！

甲：我们的社区那可是文明小区啊！怎么会出了你这么不讲文明的人呢？你是哪栋哪个单元的？

乙：7 栋一单元！

甲：不会吧？

乙：如假包换啊！

甲：文明的小区个个都是讲文明、懂礼貌的，可是你！

乙：我也是很讲文明的！

甲：就你这样？

乙：是啊！上次我在我们小区健身器材边上看到一块香蕉皮，我马上想到，这万一要是被人踩到摔倒了怎么办啊？

甲：是啊！

乙：于是我马上就把它捡起来了！

甲：嗯！这还差不多！

乙：回到单元楼，我一个人都没告诉！

甲：嗯！应该的呀！

乙：我悄悄地把它放到别人电瓶车的车篮子里了。

甲：啊？那还不如不捡呢！

乙：我做好事从来不留名！

甲：这还叫好事呢？

乙：当然，我还经常助人为乐呢！

甲：是嘛？都怎么帮别人的啊？

乙：我看到咱们小区里好多墙面上都贴着有虚假的小广告。

甲：乱贴小广告可是害人不浅，既污染了环境，又破坏了小区的美观。

乙：可不是吗，于是我就买了一桶油漆，买了一个刷子，把这些小广告统统刷起来了。

甲：这还不错。

乙：刷完了以后你再看咱们小区墙面。

甲：焕然一新。

乙：哪啊，跟斑马似的。

甲：啊？

乙：那是相当漂亮啊！

甲：你啊！这是不文明的表现，你这哪是什么助人为乐啊！

乙：我这是？

甲：害人不浅！

乙：呸！

甲：你看又来了！

乙：呵呵！这不是又习惯了嘛！

甲：看来非得好好治治他不可！哎！我跟你说啊！

乙：什么事啊！

甲：今天我俩就共同为大家表演一个节目怎么样啊？

乙：好啊！

甲：我们就表演一段双簧？对了！你知道什么叫双簧吗？

乙：我当然知道了！双黄嘛，就是“一个鸡蛋两个蛋黄”。我喜欢吃两个黄的，两个的好吃啊！对吧！两个的多啊，分量足啊，吃起来……

甲：等等……停！你这个都什么乱七八糟的。

乙：哦！不是鸡蛋啊！难道是鸭蛋？

甲：不对！双簧就是一个人在后面说，一个人在前面演，要演的不能说、说的不能演，做到“说学一人”。你的懂了吗？

乙：嗨！（学日本人）我的明白！

甲：这都什么毛病啊！

乙：那咱们谁说谁演呢？

甲：我说你演，给你露脸，行了吧！

乙：三克油！

甲：我还得给你化化装！

乙：还化装？

甲：当然了，来来，坐下！你以为这个脸是那么好露的啊？当然要给你化上妆啦！因为你在前面我在后面，当然要把你打扮得更加帅气一点喽，三分长相，七分打扮嘛！不打扮不好看，打扮起来你再看！

乙：怎么样？

甲：有更不是人样。

乙：啊？

甲：我的意思说是更漂亮了。

乙：是嘛！

甲：大家看，他长得多像长江七号啊？

乙：行了！快开始吧！

甲：好！老黄我今年三十三，体重已超过了二百三，餐餐饭菜堆成山，又有肉来，又有汤。我吃一口肉，啊唔（真好吃，骨头扔掉）！我喝一口汤，稀稀细！再吃个苹果！卡卡卡!! 咬口冰激凌!!! 再吃块蛋糕!! 再吃个西瓜!! 稀油稀油!! 饭粒散的满地上!!　我吃、我喝，我吃、我喝，我吃……哎哟喂我肚子疼，哎哟喂我脑袋疼，哎哟喂我牙疼、腿疼，哎哟喂屁股痛！哎哟喂我肚子疼，哎哟喂我牙疼，哎哟喂我脑袋疼，哎哟喂屁股痛，哎哟喂我脑袋疼，哎哟喂屁股痛，哎哟喂我脑袋疼，哎哟喂屁股痛！

乙：出来，出来！

甲：怎么了？

乙：没完没了的你，想疼死我呀！

甲：哦！不好意思！对了，你知道为什么会疼嘛？

乙：不知道。

甲：你呀！吃饭前不洗手，然后又乱吃那么多东西，能不疼嘛？

乙：哦！是这样啊？

甲：接着演吧！

乙：好的！（拍手）

甲：（安庆话）

一天，我走在回家的小路上，看见地上有个鼓鼓囊囊的黑色大垃圾袋，现在我要发挥我精湛的球技！我瞄了一眼垃圾箱，冲着垃圾袋就是一脚，啊！不好了，天女散花了，垃圾散了一地都是！有香蕉皮、西瓜皮，好多垃圾！突然间我想到了，我练过躲避功夫！于是我运了运气，提了提臀！我跳，我闪，我躲，我吧唧，摔在了地上！哎哟喂——好疼啊，我慢慢爬起来！没事我继续，我再跳，再闪，再躲，再吧唧，哎哟喂，更疼啊！还没事，我挺得住！我再慢慢爬起来！我吧唧，爬起来，我吧唧，爬起来，我吧唧，爬起来。

乙：不行了，不行了！不能演了。

甲：怎么了？

乙：再演要出人命了！

甲：哈哈！我说黄阿毛啊！这下你知道不文明的害处了吧！

乙：知道了！我彻底知道了！

甲：下次还犯不犯啦？

乙：不犯了。

甲：坏习惯改不改啊？

乙：坚决，保证一定改！

甲：这就对了！好的习惯从小养成，文明礼仪从我做起。

乙：文明社区你我他，创建文明靠大家。

甲、乙：耶！

3. 太平歌词《鹬蚌相争》

正月里阴天渭水寒

出了水的河蚌儿晒在了沙滩
半悬空落下鱼鹰子
紧翅收翎往下扦
那鹰扦蚌肉疼难忍
蚌夹鹰嘴两翅扇
打南边就来了渔翁一位
有一位渔翁是来到了岸边
他倒说欢喜欢喜真欢喜
捉来蚌儿下酒鹬子换钱
有鹬鹰落下了这伤心的泪
叫一声河蚌儿要你听言
早知道落在了渔人手
倒不如你归大海我上高山
你归大海饮天水
我上高山乐安然
这就是鹬蚌相争渔人得利
你是伸头容易是退头难

4. 单口相声《百家姓》

我小时候念私塾，教育方法跟现在不一样，死记硬背，背不上来，老师就打。挺聪明的学生，都让老师给打糊涂了，班里就有这么位同学，学了半个多月，背了上句忘下句，背了下句又忘上句，就怕老师叫他，老师偏叫他啦。

“背书！”“啊？背书？”

“赵钱孙李，周吴郑王。”

“赵钱孙李，周吴郑王，赵钱孙李，周吴郑王。”“记住了吗？”“记住了。”“背。”

“赵钱孙李，赵钱孙李……” “你怎么总赵钱孙李！下边哪？” “下边？——忘了。”“下边不是周吴郑王嘛！”“哦！对了，周吴郑王，周吴郑王……”“上边儿哪？”“上边儿？上边儿是房顶子。”

“房顶子干吗？唉，我给你讲讲吧。”《百家姓》没讲儿，老师也糊涂了，给他胡批乱讲。

“这个赵啊，我不是姓赵嘛，忘了不要紧，就想我，赵先生的赵。钱呢？要学钱的钱；孙，装孙子的孙；李，不讲理的理；周，瞎胡诌的诌；吴，无赖尤的无；郑，不正经的正；王，老王八的王。记住了吗？”

“先生，您这一讲呀，我都记住了。”他把正文儿没记住，把闲篇儿都记住了，由下往上背，嗬，这份儿难听。“老王八，不正经，无赖尤，瞎胡诌，不讲理，装孙子，要学钱，赵先生。”

啊？什么乱七八糟的！

5. 对口相声《口吐莲花》（侯耀文、石富宽）

甲：学相声占四个字：说、学、逗、唱。就是说不会变戏法儿，因为戏法儿得身上带着，不带着变不出来。有这么一手戏法儿叫空箱取酒。

乙：那可是真的？

甲：假的。在他胳肢窝那儿有一个尿泡，尿泡里头灌着水，尿泡那头那儿有一节气门芯，这头儿有一节笔管，笔管当中间不是有一个窟窿吗，上边堵有一个黄蜡疙瘩，变的时候，他拿手绢一盖。他得念咒，是这词儿：“一二三四五，金木水火土，要得戏法变，还得来点儿土。”他不为抓土，就为用手抓那个蜡疙瘩，抠下来往下一控，水就流出来啦。有一次他变露了，因为天热，蜡疙瘩软和了，一抠口儿，下来半拉，水堵住了出不来了。

乙：那怎么办哪？

甲：他有主意，他用手挤这尿泡。

乙：那楞挤多寒碜哪！

甲：他有主意，嘴里有话。

乙：说什么？

甲：“天荒荒、地荒荒，胳膊肘，好痒痒。”一挤，滋滋水流出来了。

乙：楞挤呀！

甲：你倒小心点儿，他这么一使劲，劲头大了尿泡破了，这水呀没顺袖口出来，从裤子流下来了，观众这个乐啦，好哇，变戏法儿的尿裤子啦！

乙：那多寒碜哪！

甲：变戏法儿的只有四手儿是真的。

乙：哪四手儿？

甲：剑、球、豆、环。吞宝剑，您知道怎么练吗？

乙：使什么练哪？

甲：乍练使白菜帮子练，白菜帮子练成了，再使竹子宝剑练，竹子宝剑练好了，换铁的。铁球，您知道怎么练吗？

乙：使铁球哇。

甲：不行，乍练是使棒子面，棒子面买来，揉成球，用蒸锅蒸好，拿出来蘸点儿凉水，往下这么一吞，吞到嗓子眼里用气托着，比方没托住，掉肚子里头了，没关系，来点咸菜，甭吃饭了。

乙：当窝头吃了。

甲：这是假的，我有一手儿真的。

乙：您也会变戏法儿，那一定也是假的。

甲：不，我这是真的。

乙：您这戏法儿什么名儿？

甲：我这叫“口吐莲花”。

乙：怎么叫“口吐莲花”？

甲：您给我倒过一杯水来，我就慢慢地掐诀念咒，把这水端起来，一憋气我咕嘟咕嘟的，喝了。乙：不怎么样，你还不如我哪。我这手儿比您强。您给我烙一斤饼，卷上来，我让您眼瞧着，吭哧吭哧的，给吃了。

甲：吃了哇，那不算功夫。

乙：吃了不算功夫，吃完了之后用不了五分钟，当当放屁。

甲：不怎么样。

乙：你这喝水也不怎么样。

甲：喝完之后有点儿功夫，我就蹲档骑马式用我丹田气功把水提上来，一张嘴还能把它喷出来。喷出来是个水球，这水球到半悬空“啪”这么一开，要变朵莲花，莲花当间站个小娃娃，冲台下三鞠躬，表示祝君晚安。鞠完躬，落在平地上，还是那点儿水。

乙：这手儿真好，您变一下我看看。

甲：喜欢看，您得帮我个忙。

乙：我不会变。

甲：不用你变，戏法儿少不了打锣的，您得给我借个锣。

乙：借锣可没地方。

甲：找个代替的。

乙：拿什么代替啊？

甲：脑袋当锣，拿扇子一打您这脑袋就算打锣了。我念几句咒，就是锣套子溜口辙，这可不为念咒，就为用我这念回头我好变。

乙：您念吧。

甲：听我念咒，一二三，二二三。变不了。

乙：怎么变不了？

甲：这锣不响。

乙：是呀！这脑袋是肉的，怎么能响呀？

甲：可以用你那嘴发音，我这儿打两下子，您那儿就："当！当！"

乙：可以。

甲：一二三，二二三。

乙：当当！

甲：不行，太慢，快着点。

乙：行了，当当！

甲：我还没打怎么就响了？

乙：这可难办，快了又快了，慢了又慢了，怎么合适？

甲：锤到锣鸣。

乙：行了。

甲：一二三，二二三。

乙：当当！

甲：跟我师父学艺在茅山。（乙：当当）茅山有个毛老道，他把戏法儿对我传，传会了徒弟整八个，倒有七个成了仙。因为我贪财没得道，我师一怒把我轰下山，轰下山来没有别的干，变个戏法儿大家观，变个珍珠倒卷帘，珍珠倒卷帘啊——（乙连打当）

甲：好。

乙：您变哪。

甲：现在变不了。

乙：怎么？

甲：我这是试试锣。

乙：啊！试试，白打了。那我这锣行不行啊？

甲：行。

乙：那您继续变吧。

甲：我正式请神。

乙：怎么您还请神？有神吗？

甲：没告诉您这是锣套子溜口辙吗？请神可是请神，您可别说话。因为我请这神仙脾气都大。您一说话他就走了，他一走我就变不出来了。

乙：好，那我不说话。

甲：老不说话也不行。

乙：什么时候说话呢？

甲：我念完咒，打完锣，水喝下去了，我往这儿一蹲，运这口气的时候，就用着您说话了。您这姿势要摆好了：前腿要弓，后腿要绷，眼睛瞪圆了，抱拳拱手，高高的声音，叫我这么一声："先生，您倒是喷哪！"我一张嘴，嗨，"啪"就喷出来了。

乙：喷多高？

甲：距离我这头二尺多高。

乙：这莲花有多大个儿？

甲：茶盘大小。

乙：您变吧。

甲：我正式念咒（同时乙打锣）。一请天地动，二请鬼神惊，三请毛老道，四请孙伯龄，五请桃花女，六请老周公，七请小悟禅，八请是沙僧，九请李丽华，十请陆露明。

乙：您别请了，这二位是演电影的呀。

甲：我知道，为什么李丽华、陆露明的片子那么好？

乙：人家演得好。

甲：不对，她有仙根。

乙：是呀！我不知道。

甲：不让您说话，您还说话，这下人家回去啦，还得打头起。一请天地动。

乙：又请天地动啦，十请陆露明。

甲：十请陆露明。请来金少山，又请裘盛戎，请来马连良，又请谭富英，请来奚啸伯，又请梁益鸣，请来侯宝林，再请高德明，请来花小宝，再请王桂英，请来王佩臣，又请宋慧玲。早请早到，晚请晚到，如若不到，铜锣相叫。接神接仙，八抬大轿。凉水泼街，黄土垫道。腊月二十三，糖瓜祭皂，请高香，抓草料，麻雷子，二踢脚，五百一堆，少了别要。腌菜瓜，酱青椒，喝豆汁儿，吃巴豆，跑肚拉稀，吃药就好，走走留神，汽车来到，大车切轴，三轮放炮，老头儿咳嗽，小孩儿撒尿，法院过堂，手铐脚镣，机关枪，迫击炮，快看新闻，今日晚报，哈咿叭嘎，顶好顶好，抬头一看，神仙来到哇……

乙：先生，您倒是喷哪！

甲：我全咽了！

乙：嗐！

6. 群口相声《金刚腿》（郭德纲、于谦、高峰）

（甲、乙、丙同时上台，丙站中间，甲在右）

乙：这回咱们三个人说段相声。

丙：咱怎么说呀？

乙：我出个主意，你们俩随着。

甲：说什么呢？

乙：咱们说一回金刚腿，又叫一百二十八条腿儿。

丙：怎么叫一百二十八条腿儿？

乙：比如说：咱们说出一样物件，不论是吃的、使的、用的，都得叫它带着四条腿儿。好比说，有这么一座山，山当然是没腿啦，也不能满街上溜达山哪！

甲：对啊！

乙：比如说这山叫“牛头山”，牛几条腿啊？

丙：四条腿儿啊。

乙：打这儿起，句句都不许离开牛啦。你们俩给数着点儿。

甲、丙：行。

乙：有这么一座山……

甲、丙：四条腿儿。

乙：山上有什么庙？

甲、丙：四条腿儿。

乙：庙里有什么神？

甲、丙：四条腿儿。

乙：庙门口有什么树？

甲、丙：四条腿儿。

乙：树上落着什么鸟儿？

甲、丙：四条腿儿。

乙：鸟嘴衔着什么果子？

甲、丙：四条腿儿。

乙：下山过的什么桥？

甲、丙：四条腿儿。

乙：上哪儿去？

甲、丙：四条腿儿。

乙：谁家里？

甲、丙：四条腿儿。

乙：叫门谁给开的门？

甲、丙：四条腿儿。

乙：里边给的什么坐？

甲、丙：四条腿儿。

乙：坐下说的什么故事？

甲、丙：四条腿儿。

乙：给什么吃的？

甲、丙：四条腿儿。

乙：给什么喝的？

甲、丙：四条腿儿。

乙：给的什么钱？

甲、丙：四条腿儿。

乙：这就完啦。

甲、丙：四条腿儿。

乙：（故意地说）你们俩人。

甲、丙：四条腿儿。

乙：起哄啊？

甲、丙：四条腿儿。

乙：没完啦？听明白了吗？

甲：丙：早明白啦。

乙：那么我先说，你（指丙）二说，你（指甲）末说。

丙：你先说什么山？

乙：二龙山。

甲：你等等吧。龙没有腿儿，龙有爪。

乙：啊？那爪在哪儿长着？

甲：在腿上。

乙：还是的。

丙：山上有什么庙哇？

乙："龙"王庙。

丙：庙里有什么神？

乙："龙"王。

丙：庙门口有什么树？

乙："龙"爪槐。

丙：树上落着什么鸟？

乙："龙"鹞子。

丙：鸟嘴衔着什么果子？

乙："龙"元果。

丙：下山走的什么桥？

乙：青"龙"桥。

丙：噢，京北呀！上哪儿去？

乙："隆"福寺。

丙：噢，北京啊！谁家里？

乙：老"龙"家。

丙：百家姓没有这姓！

乙：这是外姓。

丙：好嘛，外姓也来啦。叫门谁给开的门？

乙："聋"子。

丙：聋子？那你叫门他也听不见哪？

乙：这个……是啊，旁边有一个不聋的人告诉他的。

丙：这不像话。他还告诉聋子开门去，他不会给开门吗？

乙：讲这巧劲儿嘛！

丙：把你让进去给的什么坐？

乙：“龙”墩。

丙：嘿！龙墩！给什么喝的？

乙：“龙”井茶。

丙：什么碗？

乙：团“龙”盖碗。

丙：给的什么吃？

乙：“龙”凤饼。

丙：不娶媳妇哪来的龙凤饼啊？

乙：是啊，隔壁聘姑娘给我的。

丙：瞧这巧劲儿！那你给人讲的什么故事？

乙：《“龙”图公案》。

丙：噢，就是《包公案》。人家乐了吗？

乙：乐啦。

丙：给的什么钱？

乙：乾“隆”钱。哎！这钱必须都得带窟“窿”眼儿。

丙：行！还真没把你问短。

乙：唉！我说完啦。该你（指丙）说啦！你的什么山？

丙：我的首阳（羊）山。

乙：噢，伯夷、叔齐不吃周家饭，饿死首阳山。山上有什么庙？

丙：“杨”继业的庙。

乙：庙里有什么神？

丙：“杨”继业。

乙：庙门口有什么树？

丙：大叶“杨”。

乙：树上落着什么鸟？

丙：户巴腊（即伯劳鸟）。

乙：户巴腊没“羊”！

丙：啊，“洋”户巴腊！

乙：“洋”户巴腊呀！鸟嘴衔着什么？

丙：“羊”头。

乙：羊头？鸟嘴衔得动大羊头吗？

丙：小“羊”头。

乙：那也不像话呀！

丙：苹果。

乙：苹果也没“羊”啊？

丙：“洋”苹果。

乙：嘿！添上个“洋”就算。下山过的什么桥？

丙：“洋”灰桥。

乙：上哪儿去？

丙：沈“阳”路。

乙：谁家里？

丙：老“杨”家。

乙：叫门谁给你开的门？

丙：“杨”大娘。

乙：让进去给的什么坐？

丙：椅子。

乙：椅子没“羊”。

丙：“洋”椅子。

乙：给你什么喝？

丙：“羊”奶。

乙：给你使的什么碗？

丙：“洋”瓷碗。

乙：给你什么吃？

丙：面包。

乙：面包没“羊”。

丙、乙：“洋”点心。

乙：我就知道嘛。你给他们说的什么故事？

丙：《“杨”家将》。

乙：他们乐了吗？

丙：乐了。

乙：给的什么钱？

丙：给了十块大“洋”钱。

乙：洋钱没眼儿！

丙：我现凿！

甲：您把那银子渣给我点儿行吗？

乙：（指甲）问你了吗？

甲：你们俩都说上来啦。该我说了吧？

乙：好，你说吧。什么山？

甲：我的鸭鸡山。

丙：不行！

甲：啊，是啊，那不还有一只鸡吗？

乙：噢，凑腿儿来啦。什么庙哇？

甲：鸭鸡庙。

乙：庙里有什么神？

甲、乙：一只鸭，一只鸡。

乙：我就知道是这手儿嘛！

甲：“马”鞍山。

乙：噢，俞伯牙摔琴。山上有什么庙？

甲：“马”王庙。

乙：庙里有什么神？

甲：“马”王爷。

乙：好么！三只眼！庙门口有什么树？

甲：“马”尾松。

丙：大叶杨。

乙：配对儿来啦！树上落着什么鸟？

甲：“马”鹩儿。

乙：噢，黄胆马鹩儿。鸟嘴衔着什么果子？

甲：“马”蔺。

乙：马蔺干吗？

甲：拴他（指丙）那羊头。

乙：不行。羊头都没了，还马蔺哪！你得另找！

甲：枣！

乙："枣"没"马"！
甲：啊，是啊，"马"牙枣。
丙："洋"苹果。
乙：又来啦！让你们做小买卖来啦？下山过的什么桥？
甲："马"石桥。
乙：上哪儿去？
甲：四"马"路。
乙：谁家里？
甲：老"马"家。
乙：叫门谁给开的门？
甲："马"大哥。
乙：让进去给的什么坐？
甲："马"桶。
乙：给的什么喝？
甲："马"尿。
乙：给的什么吃？
甲："马"粪！
乙：这都什么呀！

思考题：

1. 表演快板书中开场板的打法与节奏是什么？
2. 谈谈快板说唱的技巧。
3. 演艺快板小段《吹牛皮》。
4. 相声表演要具备什么样的基本功？
5. 相声有哪些表演技艺？
6. 演艺传统对口相声《口吐莲花》。

第十二章　文化活动策划

第一节　节庆活动策划

一、节庆活动概述

（一）相关概念

1. Event（事件、活动）

Event（事件、活动）的DSMP四要素：

事件（活动）是短时发生的。同时，它也是其发生时间内场所（Setting）、管理（Management）和人员（People）的独特混合体。

DSMP四要素：

时间（节期Duration）+场所（Setting）+管理（Management）+人员（People）

2. Special Event（特殊事件、特殊活动）

Special Event有两种定义：

一是，与事件的赞助者或主办者的例行事务不同，特殊事件是发生在赞助主体或举办主体正常的项目或活动之外的一次性或者不是经常发生的事件。

二是，与消费者或顾客的日常俗事不同，特殊事件是为人们提供了一种超越日常生活体验或在正常选择范围之外出现的休闲、社交或文化体验机会。

3. Festival（节日）

节事（F+SE）= Festival + Special Event（Festival & Special Event），中文

译为“节日和特殊事件”，简称“节事”。

节庆：“节日庆典”的简称。

4. 传统节日的分类

传统节日（例）

- 按地域分
  - 世界性——国际儿童节
  - 民族性
    - 全国性——各国新年
    - 地区性——少数民族节日
- 按活动性质分
  - 艺术性——音乐节
  - 体育性——滑雪节
  - 娱乐性——风筝节
- 按来源分
  - 民间来源——中秋节
  - 宗教来源——圣诞节
- 按主题分
  - 农事节日——捕鱼节
  - 祭祀节日——女神节
  - 纪念节日——登城节
  - 庆贺节日——新年
  - 社交、游乐节日——芦笙会

二、节庆运营——详细计划

（一）节事活动详细计划的六步骤

（1）确立目标，明确目标市场。

（2）分析其中的关键成功要素。

（3）确定所需的专业技术及相关资源。

（4）建立所需的专业技术及相关资源与关键成功要素间的联系。

（5）制定相关战略。

（6）计划方案最后定稿。

（二）5个阶段的特征及相应的决策

（1）开发期：市场调研，只投入无产出；可行性研究，获取资源，建立标准程序。

（2）导入期：投入市场，成本高，回报少；满足快速增长的需要。

（3）成长期：市场接受度和收益快速增长；应对需求不确定和变动。

（4）成熟期：收益趋于稳定；服务和效率的改进。

（5）衰退期：收益大幅下降；对产品升级换代或开发新产品。

三、节庆活动策划与流程

（一）策划概述

（1）策划的过程：预测和决策。

（2）策划的内容：战略策划和战术策划。

（3）策划的性质：极为复杂的综合性思维过程。

（二）策划的要素

（1）要有明确的主题目标。

（2）必须有崭新的创意。

（3）必须有实现的可能性。

（三）节庆活动策划的流程

（1）策划需求调查。

（2）确立策划目标：选择目标市场；确定活动定位。

（3）收集策划信息。

（4）激发策划创意。

（5）拟定初选方案：选择主题；选定日期；选择地点；估算规模；估算费用。

（6）筛选策划方案。

（7）策划方案调整与修正。

（8）实施方案。

（9）后续工作和评估总结。

四、节庆活动策划书的写作

（一）编写策划书的内容

（1）市场背景。

（2）活动分析。

（3）目的。

（4）主题与形象。

（5）组织结构及任务分配。

（6）宣传推广计划。

（7）预算。

(8) 策划进度表。

(9) 现场规划与执行流程。

(10) 效果评估。

(二) 编写策划书的注意事项

(1) 坚持实事求是的原则。

(2) 为开展过程中的变化留一定的空间。

(3) 文字简洁生动、表现方式变化多样。

第二节 晚会组织策划

文艺晚会作为基层文艺工作的重要部分，离不开策划者的精心组织，这其中需要多方的考虑与配合。本节将从晚会主题、节目采集、节目初审、排练准备、节目终审、彩排练习、最后准备和正式演出等方面讲解如何策划一场完整的晚会。

一、晚会主题

晚会主题反映了一场晚会的主旨，是晚会的灵魂与核心，表达了活动的主题，显示了活动的意义，同时开门见山地让观众明白晚会的内容。换句话说，晚会的主题就是要知道为什么组织晚会或组织晚会干什么？明确晚会的主线，知道晚会要干什么，一般晚会主题由领导直接确定，相关工作人员主要把握住晚会的主题而确定后续的工作，例如基层文艺汇演、慰问演出、主题晚会等。

在此特别要提醒的是，晚会要区分场合，大可不必拘泥于固定的形式。

二、节目采集

当晚会的主题确定之后就应该开始征集晚会的节目了。此时征集的节目切记数量要多，因为只有足够多的节目，数量够了，才可以大幅地进行筛选。与此同时，相关工作人员开始多方准备，主要工作包括：演出的时间、演出的场地、相关单位的联系方式与负责人。晚会筹备工作从节目采集开始就很杂乱，各项工作都是相互交叉的。例如：晚会的场地会限制节目的种类；晚会的组织时间会影响到节目的准备和排练；节目的情况会反过来影响晚会筹备的正常进行。总之，在节目采集期间有三点小建议：多问，询问晚会的要求及相关注意事项；多跑，多在各个单位或上下级之间来回跑跑，主动找到潜在的问题；多听，听取各参演人员的困难和需求。在节目采集期间，组织者（一般是导演）要形成书面的第一份节目单，也就是“策划书”的雏形，此阶段形成的节目单的必备元素有节目名称、选送单位、参演人员、联系方式、备注等。

三、节目初审（粗审）

当晚会节目征集结束以后，就要开始正式的节目筛选了。与此同时，舞台的初期准备工作也正式开始。两项工作同时开展，但重点在节目上。

（一）节目筛选注意事项

（1）全部审阅。（只有在初期确保节目数量的足够多，才能在最后确定节目时可以大胆地毙本子，这样才能保证最后登台节目的质量）

（2）对节目进行归类，像语言类、小品类、歌曲类、乐器类等，方便我们进行筛选。同时，相关工作人员要认识到全都看不代表所有的节目一秒不差都要看，有些实在上不了台面的节目可以不用看。

（3）把握好标准。组织者必须要有一定的艺术水平，有相关专业基础，要会看，看得懂节目。

（4）把握好节目时长。

（5）把握好节目对场地等相关设施的要求。

（二）舞台准备工作

舞台准备工作包括以下内容：主持人；后台（晚会时后台安排，人员调度，道具）；后勤（PPT 保障，音乐保障等）；灯、服、道、效、化。

完成这一阶段工作以后要形成一份书面的详尽的节目单，包括：封面、内页，封底。反映的内容有：举办单位、承办单位、协办单位、时间、地点、节目、演出单位、演职人员、策划、监制、总监、撰稿、编导、主持人等。

四、排练准备

这期间主要是演员自行进行排练，但所有节目的文字稿必须在导演的手里。导演的主要工作是督促和辅助，同时开始构思晚会的串场、主持、场地安排、道具准备、各方协调等。

(1) 确定主持人：人员、形式、人数、风格。

(2) 看场地：场地如何组织、如何装饰、人员上下台、灯光音响、话筒调度、服装道具、场地划分、观众席、嘉宾席、领导席等。

五、节目终审（细审、指导）

此阶段的工作已开展过半，但根据经验而言，节目终审时通常是整个工作进行的疲劳期。所以在这个时候头脑一定要清醒，策划者要时刻提醒自己千万不能放弃自己的标准。

在节目初定和自主排练期间，节目的数量会持续下降，这也就是为什么最开始收集节目的数量要多，若没有足够的数量，排练到后期极有可能出现节目不够的尴尬境地，而这时强行增添节目反而无法保证节目的质量。这一次筛选过后留下的基本上就是晚会要登台演出的节目，筛选的标准是：节目质量、节目种类、节目时间及形式。在以上工作结束后，要形成一份书面的汇报上交，包括以下内容：主题、目的、晚会名、时间、地点、节目安排、演员阵容、应邀嘉宾、观众组织、流程、舞台装置（灯光、音响、背景、舞台搭设的规格，物品数量及使用）、氛围营造、人员安排及职责、费用预算（人员、服装、道具、化装、晚会会场布置的材料等费用）、文艺晚会主持词、主持人在节目进行过程中串联节目的串联词。

六、彩排练习

晚会筹备的彩排通常有三次，彩排期间会暴露出各种各样的问题，这是准备晚会的重点时期。

第一次：走整体场面，主要是让相关参演人员熟悉场地，协调配合场地布置，属于初次磨合，包括主持人的走位，灯、服、道、效、化配合以及其他小问题。

第二次：抓细节，包括舞台的摆放、人员上下场、整体感觉、人员调度等。

第三次：同正式演出一样，场地舞台等全部按照实战，是演员等相关人员的预热。

七、最后准备

场地布置完成，演员准备完成，各方面协调完成，演出开始前最后的一段时间，导演主要是多跑动，仔细检查，督促各方人员到位，协调全场，并在突发情况出现时及时有效地解决。

八、正式演出

正式演出开始后，策划者应该在前后台多走动，以备不时之需。

第三节 会展创意策划

一、会展策划主题

1. 会展策划的定义

会展企业为会展活动的顺利进行和会展目标的顺利实现，利用营销调研信息，对会展立项、会展招商和招展、会展预算与运营管理等各个环节的总体部署实施做预先的考虑和设想。

2. 会展策划的特点

目的性、前瞻性、动态性、可行性。

3. 会展策划的内容

会展项目策划、会展服务策划、会展营销策划、会展品牌策划。

4. 会展主题策划

会展主题是贯穿整个会展所反映的社会生活内容的中心思想，也可以称为会展主题思想，而主题策划则是提炼会展主题并实施的过程。

会展主题的确定应从会展行业全景、从实际出发，根据城市自身的特点明确宗旨，选准主题，进而使会展的相关信息在参观者和参展商的脑海里留下深刻的印象。

5. 主题策划的特点

先进性——如 Las Vegas 的 comdex 展。

广泛性——如北京国际科技博览会（科博会）。

可持续发展性——广交会。

行业垄断性——中国国际金融（银行）技术暨设备展览会。

区位集散性——科博会、高交会、义博会、药交会、食品交易会。

综合服务性——博览会、交易会。

6. 会展策划原则

（1）效益性原则：“投入—产出”最大化，社会—文化—生态，微观—宏观，近期—远期。

（2）可行性原则：在科学的方法与程序的基础上做出符合规律的决策。

（3）创新性原则：当今世界正走向知识经济，创造性的活动正逐渐取代重复性的非创造性活动。

（4）灵活性原则：危机管理能力，经过认真的分析和精心策划，及时调整方案。

第四节　策划案的编写

一、策划书名称

尽可能具体地写出策划名称并置于页面中央，当然可以写出正标题后将此作为副标题写在下面。

二、活动背景

应根据策划书的特点在以下项目中选取内容重点阐述，具体项目有：基本情况简介、主要执行对象、近期状况、组织部门、活动开展原因、社会影响，以及相关目的动机。同时，还应说明问题的环境特征，主要考虑环境的内在优势、弱点、机会及威胁等因素，对其作好全面的分析，将内容重点放在环境分析的各项因素上，对过去、现在的情况进行详细的描述，并通过对情况的预测制定计划。如环境不明，则应该通过调查研究等方式进行分析加以补充。

三、活动目的、意义和目标

活动的目的、意义应使用简洁明了的语言将目的要点表述清楚；在陈述目的要点时，该活动的核心构成或策划的独到之处及由此产生的意义（经济效益、社会利益、媒体效应等）都应该明确写出。活动目标要具体化，并需要满足重要性、可行性、时效性等要求。

四、资源需要

列出所需人力资源、物力资源，包括使用的地方，如教室或使用活动中心都详细列出。可以列为已有资源和需要资源两部分。

五、活动开展

作为策划的正文部分，表现方式要简洁明了，使人容易理解，但表述方面要力求详尽，写出每一点能设想到的东西，没有遗漏。

在此部分中，不仅仅局限于用文字表述，也可适当加入统计图表等；对策划的各工作项目，应按照时间的先后顺序排列，绘制实施时间表有助于方案核查。

人员的组织配置、活动对象、相应权责及时间地点也应在这部分加以说明，执行的应变程序也应该在这部分加以考虑。

会场布置、接待室、嘉宾座次、赞助方式、合同协议、媒体支持、校园宣传、广告制作、主持、领导讲话、司仪、会场服务、电子背景、灯光、音响、摄像、信息联络、技术支持、秩序维持、衣着、指挥中心、现场气氛调节、接送车辆、活动后清理人员、合影、餐饮招待、后续联络等。可根据实情自行调节。

六、经费预算

活动的各项费用在根据实际情况进行具体、周密的计算后，用清晰明了的形式列出。

七、活动负责人及主要参与者

注明组织者、参与者姓名、嘉宾、单位（如果是小组策划应注明小组名称、负责人）。

八、活动中应注意的问题及细节

（1）内外环境的变化，不可避免地会给方案的执行带来一些不确定性因素。因此，当环境变化时是否有应变措施、损失的概率是多少、造成的损失多大、应急措施有哪些等也应在策划中加以说明。

（2）本策划书提供基本参考方面，小型策划书可以直接填充；大型策划书可以不拘泥于表格，自行设计，力求内容详尽、页面美观。

（3）可以专门给策划书制作封页，力求简单、凝重；策划书可以进行包装，如用设计的徽标做页眉，图文并茂等。

(4) 如有附件可以附于策划书后面，也可单独装订。

(5) 策划书需从纸张的长边装订。

(6) 一个大策划书，可以有若干子策划书。

思考题：

1. 查找具有较大国际影响力的标志性节事活动，并对该活动的发展缘起、发展过程、活动流程及特色等做一总结。

2. 针对春节、清明节、端午节、中秋节、重阳节等中国传统文化节日中某一个节日，结合当地实际（从村、乡镇、县区或市），撰写一份节日活动策划方案。

附录1：中国（安庆）第二届黄梅戏艺术节文化艺术活动方案

为推动黄梅戏艺术的繁荣和发展，高扬精品，造就人才，弘扬民族文化，促进我市的改革开放，实现“大改革、大开放、大发展、大变样”的目标，根据艺术节“改革、开放、发展、繁荣”的主题，特制定第二届黄梅戏艺术节文化艺术活动方案。

一、化装表演

第一部分　迎宾

本部分的主题及要求：

本部分的主题要突出表现欢迎的热烈、节日的喜庆。因为迎宾活动是整个演出的前奏，是一种团体操式的表演，所以要求所有表演者的服装统一、精神饱满、步伐整齐、变换有序，使观众逐渐安静，进入欣赏期待的氛围。

本部分的各项参数：

（1）音乐：进行曲

（2）服装：整洁、简明、色彩鲜艳

（3）道具：会旗、会标、军鼓、气球、花环、和平鸽、吉祥物等

（4）演出单位：二中、三中、四照园小学、高崎小学、德宽路一小、石化小学、信鸽协会等

（5）人数：600 人

（6）时间：6 分钟

（7）节目负责人：许福喜、齐文斗

（8）指导教师：黄娟、陆选萍、许庆文、吴威华

实施方案：

第一节：在首长宣布“……表演开始”即起强烈欢快的音乐，身着鲜艳服装的少女们手挥鲜花从主席台正对面奔向表演区，排成方阵，表演团体操。

第二节：军鼓表演者在第一节表演接近尾声时，与第一节表演者融为一体，表演队列操，并缓缓退后。

第三节：天真活泼的孩子们手持气球从两侧涌向表演区，表演团体操，在护卫队的护卫下，会旗、会标出现。

第四节：会旗、会标到达指定地点后，场上一片欢腾，气球、和平鸽腾空而起。

第二部分　乡音

本部分的主题及要求：

本部分主要展现黄梅戏的优秀曲目，用现代的表演手法展示传统的艺术美。要求自始至终连贯，一气呵成，每个表演队的队形变化及舞蹈必须各具特色，充分展现黄梅戏之乡的艺术魅力。本部分是整个演出的“戏胆”，必须做到音乐优美、舞蹈整齐、浓淡相宜、跌宕有致。

本部分的各项参数：

（1）音乐：黄梅戏优秀曲目的串联组合

（2）服装：在传统的戏剧服装样式上进行改革创新

（3）道具：花篮、鲜花、纱巾、云彩、荷花、花灯

（4）演出单位：黄梅戏学校、四照园小学

（5）人数：350 人

（6）时间：20 分钟

（7）节目负责人：李梅青、孙舒汉

（8）指导教师：张谷芳、张焕君、张舒和、袁静芝

实施方案：

第一节：“打猪草”舞蹈。在第一部分完成背景排列后，在一片欢乐的气氛中，180 名小演员身着鲜艳的现代版戏服，手持插满鲜花的小花篮，欢呼着列队进场，至贵宾台前将篮中的鲜花献上贵宾台，然后做队列变换的舞蹈，演唱“对花”一段。

第二节：“西施”采莲舞。在第一节演出下场后，40 名女演员披纱巾、

着花裙、头戴荷花冠上场，10 人用 3 平方米的湖蓝色纱巾做象征湖水的舞蹈表演，用 4 个大的舞蹈调度来烘托，在悠扬的乐曲声中，4 人拥出两朵巨大的荷花，放烟雾。表演完毕不下场，为后续节目伴舞。

第三节："鹊桥"舞蹈。七仙女上场，40 名采莲舞女演员变换服装，分解荷花荷叶即成"云彩"。七仙女领舞领唱，"飘飘荡荡……""吹吹打打入洞房"两段。

第四节："闹花灯"舞蹈。突出节奏明快的打击乐和民乐，47 名男演员上场，七名领唱和七仙女组成七对夫妻观灯，采莲舞女演员和本节目 40 名男演员组成两大表演群体，伴舞助唱。

第五节："满工对唱"舞蹈。音乐转换后全场演员分成两部分，由七仙女和董永领唱领舞，做多声部多重唱的表演。

第六节："黄梅戏的风采"。由各表演队把气氛渲染至高潮后，簇拥出一位美丽清亮的现代少女，做点题压轴的演唱。演毕后，在第三部分的十番锣鼓声中，演员列队下场。

第三部分　热土

本部分的主题及要求：

本部分主要是展现安庆作为文化之乡、戏曲之乡的丰富的文化积淀。要求各个节目衔接紧凑，转换快速。

本部分的各项参数：

（1）音乐：具有浓烈地域特色的打击乐和民乐

（2）服装：色彩明快，具有浓烈的乡土气息

（3）道具：锣鼓、花梆、脸谱、莲湘杆、红伞等

（4）人数：500 人

（5）时间：16 分钟

（6）演出单位：怀宁、枞阳、桐城、太湖、望江

（7）负责人：许松山、陈奇杰、

（8）指导教师：陈奇杰、朱茂松、何成结

实施方案：

第一节：十番锣鼓，桐城。

第二节：戏剧脸谱舞，怀宁。

第三节：大红伞舞，枞阳。

第四节：花梆舞，太湖。

第五节：莲湘舞，望江。

第四部分　腾飞

本部分的主题及要求：

本部分用写意的手法展示当代安庆人的精神风貌，表达安庆各条战线朝气蓬勃、欣欣向荣的大好形势，通过龙腾狮跃的表演，把欢乐气氛推向高潮。

本部分的各项参数：

（1）音乐：以强烈的打击乐和唢呐为主的吹奏乐

（2）服装：色彩鲜艳、反差强烈、极具个性

（3）道具：腰鼓、龙、狮、花环

（4）人数：450 人

（5）时间：18 分钟

（6）演出单位：杂技团、大观区、迎江区、郊区、玉琳路小学、供电局、4812 厂、商业局、15 中、12 中、运输公司、纸厂、纺织厂、港务局、三建司、化工总厂

（7）节目负责人：吴松青

（8）指导教师：吴爵爵、姜敬生、余涧生、黄石生

实施方案：

第一节：吉庆武术。一阵优美的衔接音乐之后，即起强烈、激昂的打击乐，由 36 人身穿统一的舞狮服装，从两侧分层次的翻腾、跳跃、穿插进场。腾飞的跟头以及威武的亮相造型，必须给人以振奋和欢庆之感。演毕后退至后区作背景。

第二节：狮子舞。8 人身穿彩装，手持金色绣球，从舞台后区翻腾至前区，定格造型，然后做短暂的舞蹈表演，从两侧引出 8 只雄狮，做翻滚逗趣的狮舞，演毕后排列两厢做背景。

第三节：腰鼓。腰鼓声由远及近，做短暂的队形变化和击鼓节奏变化的表演。演毕，整齐地击鼓列队下场。

第四节：健美舞蹈。强有力的现代健美操音乐突起，140 名健美少女手持花环，舞蹈上场，表演优美的健美操，演毕下场。

第五节：龙舞。一节激昂欢快的吹奏乐后，即起强烈震撼的锣鼓声，9 条龙从四方舞台上表演区，表演中伴以呼声、鞭炮声，狮舞演员再度进入表演区。龙腾狮跃交相呼应，所有在场演员均做配合表演，将艺术节化装表演推上最高潮。此时，主持人宣布“……化装表演结束，谢谢大家”。

二、主题晚会

序　曲

黄梅戏之乡迎嘉宾　表现形式：领唱、合唱、舞蹈

时间：3 分钟

第一乐章

——黄梅戏·严凤英·一代宗师

1. 严凤英主题歌　表演形式：独唱、艺术造型

时间：3 分钟

2. 严凤英主演的优秀剧目片段展演

3. A. 《天仙配》

表演形式：独唱、对唱、舞蹈

时间：6 分钟

B. 《牛郎织女》选段

表演形式：对唱、舞蹈

时间：4 分钟

C. 《女驸马》选段

表演形式：演唱、表演

时间：6 分钟

第二乐章

——乡调、乡土、乡情

1. 《蓝桥会》选段

表演形式：演唱

时间：4 分钟

2. 《欢歌笑语闹花灯（龙船调）》

表演形式：狮子舞、灯舞、夫妻观灯

时间：7 分钟

3.《游春》选段

表现形式：宫扇舞、表演

时间：6 分钟

第三乐章

——对花调

表演形式：少年唱、做、练、打的歌舞表演

时间：20 分钟

第四乐章

——艺海 · 银狼 · 飞彩虹

1. 明星荟萃

茅威涛、马兰、黄新德、方安仁（中国台湾）、刘广慧、丁同、潘启才、江丽娜等

2. “西施”优美唱段组合精演

韩再芬扮演的西施在浣沙舞烘托下的唱做表演

时间：25 分钟

尾　声

——黄梅花香飘四海

表演形式：联唱（在主题歌声中组织演员谢幕）

时间：3 分钟

撰稿：黄复新

总策划：张斗文

总导演：主题晚会导演组

三、外地剧团演出

（一）特邀中国台湾五代艺术团

演出剧目：1. 大型古装传统黄梅戏《梁山伯与祝英台》

　　　　　2. 古装传统黄梅戏《女驸马》片段“洞房”一折

领衔主演：方安仁

（二）特邀湖北省黄梅戏剧团

演出剧目：大型现代黄梅戏《未了情》

领衔主演：杨俊、张辉

（三）特邀安徽省黄梅戏剧团

演出剧目：大型现代黄梅戏《草色青青》、古装传统黄梅戏《梁山伯与祝英台》片段

领衔主演：马兰、黄新德

四、市直专业剧团演出

（一）安庆市黄梅戏一团

演出剧目：大型移植古装黄梅戏《富贵图》

领衔主演：赵媛媛、马自俊、丁同

（二）安庆市黄梅戏二团

演出剧目：大型创作古装黄梅戏《孔雀东南飞》

领衔主演：韩再芬

（三）安庆市黄梅戏三团

演出剧目：大型创作古装黄梅戏《大乔和小乔》

领衔主演：李萍、孙娟

（四）安庆市杂技团

演出曲目：曾在国内外赛场获奖和多次出国访问演出的节目

领衔主演：许梅花、黄琴、李莉

五、全国黄梅戏“振风杯”大奖赛

1. 奖项设计：设演员奖和演出奖，演员奖主要奖励表现突出的中青年演员；演出奖主要奖励参加本届艺术节的各专业表演艺术团体

2. 设奖等级：演员奖设金奖 10 名，银奖 20 名，铜奖 30 名；演出奖设优秀演出奖和演出奖；

3. 奖项形式：演员奖颁发金、银、铜牌和“奖励证书”；金奖 2000 元，银奖 1000 元，铜奖 500 元；演出奖颁发奖旗和“振风杯”一尊

六、黄梅戏影视展映展播

（一）黄梅戏电影展映

承办单位：安庆市城区电影管理处及各影剧院

展映影片：《天仙配》《女驸马》《牛郎织女》《杜鹃女》《香魂》《朱门玉碎》等

（二）黄梅戏电视展播

承办单位：安庆市各电视台

展映电视：黄梅戏《郑小姣》《女驸马》《七仙女与董永》《小辞店》《挑战姑娘》《花田错》《三盖印》等

七、各文化部门类综合展

1. 严凤英生平展
2. 青年书画作品展
3. 安庆风情摄影展
4. 个人收藏展（包括集邮、钱币、火花等）
5. 根塑盘景展

八、组织机构

为保证各项文化艺术活动的顺利展开，本着精悍、高效的原则，在艺术节筹备领导小组的领导下，拟成立下列机构：

1. 综合组

任务：①负责艺术节期间文化艺术方面的各类文字材料撰写，新闻报道、艺术节文化艺术活动会刊编写，宣传材料、节目单编印；②各类艺术节纪念品制作，奖章、奖杯、证书的制作；③其他综合性协调工作

职能部门：办公室

负责人：胡枞生、李光南

2. 专业演出组：

任务：①负责主题晚会的编排；②负责黄梅戏及杂技节目的编排演出；③负责剧场的演出安排、调度

职能部门：艺术科

负责人：张斗文、舒劲草

3. 化装表演组

任务：大型化装表演组织、编排和演出

职能部门：社会文化部

负责人：许松山、娄东久、方文伟

4. 评奖组

任务：负责全国“振风杯”黄梅戏演员大奖赛的具体评委工作的安排和接待以及其他相关工作

职能部门：组干科

负责人：唐礼宏、张霞耀

5. 外地剧团接待组

任务：负责赴宜演出的外地各剧团的吃、住、行安排及相关事务

职能部门：办公室、艺术科

负责人：罗旺盛、鲍恩友、王康平

6. 影视展映展播及各类艺术展览组

任务：①负责安排调度艺术节期间黄梅戏电影、电视剧的展映展播工作；②负责艺术节期间的书画、照片等艺术品，以及其他综合类展览活动的安排、布置

职能部门：办公室、艺术科、社文科

负责人：程华德

7. 计划财务组

任务：①负责艺术节各项经费的落实到位；②负责各类设备添置的计划、预算、审计

职能部门：计财科

负责人：程绪生、程经斌

8. 后勤保障组

任务：①负责艺术节文化艺术方面的接待；②负责车辆的调度、后勤保障、供应

职能部门：办公室

负责人：鲍恩友、张安

附录2：1992年安庆市黄梅戏艺术节开幕式

——化装游行表演解说词

各位来宾，各位朋友，安庆黄梅戏艺术节将在今天开幕。历史名城安庆披上了节日的盛装。开幕式会场设在风景秀丽的菱湖公园之畔，宜城饭店门前，这里彩旗飘扬，花团锦簇，呈现出隆重、热烈、欢快的节庆场面。

今天，在主席台上就座的有：（略）国家、省、市负责同志、兄弟地市的负责同志，文艺界和其他知名人士代表。在嘉宾台上就座的还有海内外工商客户代表。

来宾们、朋友们，安庆黄梅戏艺术节开幕式化装游行表演开始了。这是一场规模盛大的群众性街头演出，表演队伍将由2500多人组成，将要呈现在您面前的六大方阵，分别是“欢迎嘉宾”“黄梅戏的风采、戏曲的故乡”“安庆民间艺术”“安庆名胜”“多彩的产品”“欢腾的节日”。

整个化装游行表演的主旋律是：繁荣文艺，发展经济。它再现古城安庆的艺术天地，它展示安庆经济的丰硕成果；它反映安庆辉煌灿烂的过去，它更显示出安庆人民喜迎改革开放大潮，加快开放开发的巨大气势和英姿风采。

第一方阵　欢迎嘉宾

朋友们，走在游行队伍最前面的第一方阵“欢迎嘉宾”过来了！“这是一个美好的时节，彩云朵朵飘过来，这是一次美好的相逢，百灵只只飞过来。”伴随着热情欢快的主题歌，拉开了整个化装游行表演的序幕。

当今的世界是开放的世界。今天，古老的安庆以崭新的姿态笑迎八方来客；以热烈的情怀连接整个世界。

开放、开发、友谊、桥梁，正如主题歌中唱到的那样，“真诚是爱的纽带”，安庆人民欢迎您——来自海内外的嘉宾！

第二方阵　黄梅戏风采、戏曲的故乡

现在，经过主席台的是第二方阵“黄梅戏风采、戏曲的故乡”。

安庆是黄梅戏的发祥地，是著名黄梅戏表演艺术家严凤英的故乡。

黄梅戏是中国五大地方戏剧种之一，它曲调优美，明快流畅，长于抒情，有丰富的表现力，表演风格质朴细腻，逼真传神，具有浓郁的生活气息和清新的乡土风味，给人以美的享受。

传统剧目《天仙配》《女驸马》，妇孺皆知，驰名中外。

在双百方针的指引下，安庆市文艺工作者辛勤耕作，创作出一大批优秀剧目。

这里有连续三次获得电视飞天奖的《郑小姣》《女驸马》《七仙女与董永》。

有《公主与皇帝》《玉带缘》《朱门玉碎》；

有《巾帼县令》《杜鹃女》《天柱情缘》；

有《香魂》《小辞店》《桂小姐选郎》；

有《失刑斩》《血孤帕》《双莲记》等。

黄梅戏剧目多姿多彩，黄梅戏表演人才辈出。在这块土地上孕育出许许多多的黄梅新蕾，马兰、韩再芬以及黄梅戏十佳演员。

今天，可以骄傲地说，黄梅戏事业后继有人，黄梅戏的艺术之花盛开在祖国的文艺百花园，分外夺目鲜艳。

戏曲的故乡

安庆不但是黄梅戏的故乡，而且更值得骄傲的是，京剧鼻祖程长庚就诞生在安庆市潜山县，一百多年前，他率领徽班进京，在京城首创京剧的班底，从此奠定了中国戏曲的基础。现在，通过主席台的是程长庚与安庆稀有剧种彩车，由安徽黄梅戏学校学生表演。

第三方阵　安庆民间艺术

安庆地处长江中下游，在这里生活了祖祖辈辈的八县人民，用勤劳勇敢的品质、丰富多彩的生活，编织了许多生活气息浓郁的舞蹈，自20世纪50年代开始至今，这些民间艺术逐渐走出安庆、走向全国。今天将系统地展现

八县有代表性的民间舞蹈艺术。

献茶舞

您现在欣赏到的是舞蹈《献茶舞》，来自革命老区和深山区的岳西姑娘，用她们那灵巧的双手，采制出享誉国内外的翠兰名茶，为您献上一份情，献上衷心的祝福。

孔雀东南飞

首先，进入您的视线的是《孔雀东南飞》，说起《孔雀东南飞》，大家都会想起焦仲卿、刘兰芝这对恩爱夫妻的悲欢离合。这个动人的故事就出自我们安庆市怀宁县境内。现在，你所欣赏到的就是以一群孔雀翩翩起舞的形式，歌颂了人间的真挚爱情地久天长。

十二月花神

由60名潜山少女装扮成的《十二月花神》簇拥着观音在古典声中载歌载舞。花神，美的象征，愿艳丽的鲜花把我们的生活装点得更加美好。

挑花舞

质朴的人生，质朴的妆裹，千百年来在质朴淳厚的古雷池沃土中滋生、流传、发展。舞蹈《挑花舞》表现田园姑娘朴实无华的风姿，再现了田野村民田园劳作、织布挑花的欢愉和谐。

珍珠舞

舞蹈《珍珠舞》，由望江县演出。

在碧波荡漾、云烟缥缈的水乡泽国里，农家姑娘用她们的智慧和勤劳叩开了幸运之门，把一束美丽的神话正编织在灿烂的现实生活里。

十番锣鼓

这是欢庆的锣鼓，这是喜悦的锣鼓。

您现在欣赏到的是安庆桐城民间艺术中的一枝奇葩——《十番锣鼓》，它节奏明快、气势壮观，它催人奋进，勇往直前。

花梆舞

听，《花梆舞》的花梆声正向我们走来。

粗犷有力、热情奔放的花梆声合上了时代的节奏，敲响了群体的力量和征服大自然、改造大自然的勇气和气势，体现了太湖人民不屈不挠、顽强奋进的精神。这个节目是太湖县表演的。

毽子舞

您现在欣赏的是宿松县表演的《毽子舞》。

相传自我们晋代起，民间就开始了踢毽游戏。自明、清开始，地处皖、鄂、赣三省结合部的宿松十分流行踢纸毽，每逢农闲时节，特别是春节期间，村庄男女老少就在屋内外踢了起来，踢跳中还和着节奏念民谣。

如今，宿松县文艺工作者把踢毽动作加以美化，配上民间乐曲，将这种古老的游戏形式改编成民间舞蹈奉献给大家。

东乡武术

吼声震天，刀光闪烁，似蛟龙出海，气势壮观。枞阳县东乡一带盛行武术，形成了自己独特的风格和套路。今天，他们将一展东乡武术之雄风。

第四方阵　风景名胜

朋友们，嘉宾们，安庆人杰地灵，风光绮丽，拥有许多风景名胜。现在，您就要领略到部分风景区的风采，它们是小孤山、浮山、振风塔、大龙山、天柱山。

走在第四方阵前面的是《小孤山》。

小孤山是长江中的一座石屿，被誉为“长江绝岛”，山高百米，山上树竹葱茏，山下湍流如沸，传说“海潮至此不得上”，故有“海门山”和“海门第一关”之称。

您若登上小孤山，不仅能领略到这山的风姿，还能听到小姑与彭郎的动人传说。

浮山

朋友，您一定以为这是一幅美丽的海岛风光图吧？不！这是安庆市枞阳县白荡湖滨的浮山，它三面环水，西连陆地，形如巨舟，浮于水面，独具海岛风光。

“空灵观不厌，一步一蓬莱。”浮山有奇峰、灵岩、幽洞、怪石、天池、流泉、飞瀑、松竹。

被誉为“浮山瑰宝”的是无以计数的摩崖石刻，历代文人墨客、名流雅士即兴题书遍及峰峰洞洞。

振风塔

巍巍振风塔，安庆的象征，这座被誉为“万里长江第一塔”始建于公元1570年，至今已有四百多年的历史，塔高八十二米七四，七层八角。在全国一百零八座砖石结构的宝塔中位居第二，享有“过了安庆不看塔”的盛誉。

古老的振风塔，有着一个神奇的传说：据传安庆是只巨轮，振风塔就是那船上的桅杆，有了振风塔，安庆人才会“一帆风顺”。看！这只张满风帆的巨轮，挺立在青龙头上，随着时代的潮流正乘风破浪的前进。

天柱山

在安庆市潜山县境内，有一座驰名遐迩的名山——天柱山。它是国家重点风景名胜区，素有“南国第一”之称。公元前106年的冬天，汉武帝南巡到此，登天柱，封天柱山为南岳。

天柱山的风景以雄、奇、美、秀著称于世，大诗人李白、白居易、王安石、苏轼、黄应庭等都为天柱山引吭高歌，留下了许许多多的诗歌词赋及游记。

天柱山有奇松、怪石、云海、溪流。它既有黄山之灵气，又具有泰山之威武，要识天柱真面目，请君身临天柱峰。

大龙山

在安庆城北，挺立着一幅自西向东绵延起伏的天然画屏，这就是拥有92峰、82岩、72岭、60洞、36壁、108奇石、4大溪流和6条瀑布的大龙山。秀丽多姿、风景如画的大龙山千姿百态。如今，巍巍大龙山张开友好的臂膀，笑迎远方的客人。

武术表演

旌旗招展，锣鼓齐鸣，掌破千斤，拳出生风。这是来自我市第一所武术气功学校振华武术气功学校的学员们，近年来，在国家及省市武术比赛中曾多次载誉归来，为我市开展群众性武术做出了贡献。

第五方阵　多彩的产品

各位朋友，下面将要进行的是第五方阵的“多彩的产品”的展演。从这多彩的产品广告中您可以领略到风格各异、形式独特的彩车和表演队的风姿，它真正体现了文化搭台和经贸唱戏的珠联璧合。虽然它不能展现安庆市整个工业概况，但却从一个侧面展示了安庆企业在改革开放中转换机制，焕发出勃勃生机。

保险公司

这只潇洒、倜傥的熊猫挥动着手臂频频向来宾们招手致意，表现了真诚的情意，这是由安庆保险公司为大会准备的吉祥物，它反映出保险事业无时无刻不在您的身边，朋友，欢迎您加入这一行列来，欢迎您参加保险，安庆保险公司以一流的服务和爱心使您放心、称心。

伞厂

伞花点点像鲜花朵朵，
车轮滚滚像春潮涌动。

不论你走到天涯海角，还是遮阳挡雨，您总离不开它——伞。安庆市伞厂的产品已经漂洋过海，在大西洋的彼岸，在东南亚的街头，在太平洋的海滨浴场，您都会看见它的芳影——安庆牌晴雨伞。

安庆肉厂

现在您看到的是安庆市肉蛋类品联合加工厂的表演。

这个厂以科工贸为龙头，大搞综合利用，先后完成国家下达的“酶化猪血”“毛发水解”二项国家级星火计划，在肉食行业严重亏损的困境中，独树一帜，成为同行业中佼佼者，连续获得了全省创最佳经济效益奖和市先进单位称号。

电视机厂

安庆电视机厂是熊猫电子集团的成员厂，是安徽省电子工业的重点骨干企业，是一个现代化的，具有年产30万台彩电和黑白电视机生产能力的专业化厂。产品主要有国优名牌熊猫牌电视机及电子应用产品，即将推出高科技产品——卫星电视接收机。

安庆汽车厂

安庆汽车厂是安徽省交通工业重点汽车改制厂家之一。雄厚的技术力量、精良的设备和完善的检测手段，是让用户称心如意的保证。中国道路安庆车，安庆车跑遍全中国。

烟酒公司

百年老店麦陇香食品厂创始于清代宣统年间，店名取自宋代大诗人苏东坡诗句：“麦陇风来饼饵香”。该厂生产的各种糕点，以取料严谨、做工精细、质量考究，色、香、味、形俱佳而居于同行业之首。连续四年被评为全省“最佳经济效益先进单位”，多次被评为省市“商业文明单位”。

合九铁路

朋友，您现在观赏的彩车，它不仅仅是一个建筑物的模型，它是合九铁路安庆车站，这个A字建筑的产生，宣告了安庆将结束没有铁路的历史，这条靠集资兴建的铁路对安庆市的工农业生产和扩大开放无疑起到了至关重要的作用。国务院副总理邹家华为这条铁路题词：“集资建铁路，利民又兴国”。

食品总厂

“借改革开放东风，展食品工业宏图”，这正是安庆市食品总厂全体职工的雄心壮志。这个厂技术力量雄厚，各色糕点远销省内外，拥有西德、意大利、日本等国引进的先进设备。先后在全国部分城市、风景旅游点设办窗口，产品倍受消费者青睐。

被单厂

斑斓的色彩，缤纷的世界，编织着少女的梦；矫健的身影，灵巧的双手，描绘出理想的画卷，这是市被单厂奉献给各位来宾的节目。

这个厂一直以质量取胜，产品远销海内外，最近他们又从国外引进先进设备，生产出的产品深受消费者青睐。朋友，这精美的床单会使您爱不释手。

第六方阵　欢腾的节日

龙，是吉祥的象征，安庆人自古就有舞龙的习俗，每逢重大节日，安庆人总要走上街头兴高采烈地舞龙。龙，给安庆人带来了希望；龙，使安庆人更加豪迈。

如今，安庆人在改革开放这个大潮中，正意气风发，团结一致地建设安庆，繁荣经济，振兴安庆，使安庆走向世界，走向未来。

多少年，流传着一个古老的故事，

多少年，期待着一个崭新的起点，

滔滔长江水轻轻在诉说，
巍巍振风塔声声在呼唤，
它在诉说一个美丽的梦幻，
它在呼唤一个灿烂的明天，
这里历史悠久山清水秀黄梅飘香，
这里风景独好人杰地灵名扬四方，
有人说安庆像一条古老的航船，
振风塔就是那不倒的桅杆，
八面来风鼓起风帆，
几代人的梦想将要变成一个红彤彤的太阳！
看今朝，风调雨顺政通人和，
看今朝，柳暗花明前程远大，
年迈的古城容颜焕发一派新气象，
青春的脚步意气风发伴随着新乐章，
让我们拥有一个共同的未来，
让我们捧起一个共同的太阳。
明天，山欢水笑兴旺发达宾朋自四方，
明天，经济腾飞捷报频传古城换新装，
有人说安庆像一条古老的航船，
振风塔就是那不倒的桅杆，
五百万双手像五百万双桨，
几代人的誓言将要成为一个光灿灿的辉煌！

这里是花的世界，
这里是歌的海洋，
这里是戏曲的故乡，
这里是文艺的大观园。

听锣鼓阵阵好似出征的呐喊，看龙腾虎跃正倒海翻江！
今天的相聚是为了明天的开拓，今天的团圆是为了明天的富强！
这就是历史，历史赋予了我们每一个龙的传人的神圣使命，安庆儿女为建设自己的家园奔小康！

这是一个世纪走向一个新世纪的交接点。

明天，一定是风光无限，

明天，一定是一片辉煌！

朋友们，嘉宾们，让我们永远记住这个难忘的日子吧！

朋友们，嘉宾们，让我们共同酿制庆功的美酒，等待重逢的那一天。

长江起舞，龙山歌唱，一曲天上人间的赞歌，唱出一个明媚的春天！

参考文献

[1] 钱仁康. 欧洲音乐简史 [M]. 北京：高等教育出版社，2007.

[2] 金达文. 中国古代音乐史 [M]. 北京：人民音乐出版社，1994.

[3] 周小燕. 声乐基础 [M]. 北京：高等教育出版社，1990.

[4] 隆荫培，徐尔充. 舞蹈艺术概论 [M]. 上海：上海音乐出版社，2017.

[5] 郑锦扬. 艺术概论 [M]. 北京：高等教育出版社，2008.

[6] 吴文科. 相声作品集 [M]. 北京：同心出版社，1996.

[7] 常智. 快板入门 [M]. 石家庄：河北美术出版社，2013.

[8] 侯宝林，薛宝琨，汪景寿，等. 相声溯源 [M]. 北京：中华书局，2011.

[9] 高奉仁. 合唱指挥与排练 [M]. 北京：高等教育出版社，2003.

[10] 张颂. 朗读学 [M]. 长沙：湖南教育出版社，1983.

[11] 罗莉. 文艺作品演播教程 [M]. 北京：北京大学出版社，2007.

[12] 曾致. 朗诵艺术指要 [M]. 北京：中国传媒大学出版社，2007.

[13] 伊恩·约曼，马丁·罗伯逊. 节庆活动的组织管理与营销 [M]. 吴恒，孙小珂，金鑫，译. 沈阳：辽宁科学技术出版社，2005.